SPOKEN - SANSKRIT

SPOKEN – SANSKRIT

Written by :

Ved Prakash Shastri
Dr. Shashi Kant Pandey

neeta

neeta prakashan

A-4, Ring Road, South Extension, Part-1,
New Delhi - 110049

प्रकाशक :

श्रीमती शान्तिदेवी गुप्ता

नीता प्रकाशन

ए-4, रिंग रोड, साउथ एक्सटेन्शन, भाग-1, नई दिल्ली - 110049

दूरभाष : 4636010, 30, 4653600   फैक्स : (91-11) 4636011

ई-मेल : neetabooks@vsnl.com
Visit us at : www.neetaprakashan.com

© सर्वाधिकार प्रकाशकाधीन सुरक्षित हैं।

प्रथम संस्करण 2003   2000 प्रतियाँ

मुद्रक :

प्रिन्स प्रिन्ट प्रोसेस, फोनः 011-7462938

सचिव
भारत सरकार
मानव संसाधन विकास मंत्रालय
माध्यमिक शिक्षा और उच्चतर शिक्षा विभाग
नई दिल्ली - 110 001

सत्यमेव जयते

महाराज कृष्ण काव
Maharaj Krishen Kaw
Tel. : 3386451
Fax : 3385807

SECRETARY
Government of India
Ministry of Human Resource Development
Department of Secondary Education & Higher Education
New Delhi - 110 001

दिनांक 30.3.2001

शुभाशंसा

संस्कृत के प्रचार-प्रसार तथा विकास के लिए नित नवीन प्रकाशनों का प्रार्दुभाव एवं प्राकट्य एक सुखद अनुभव है। किसी भी शास्त्रीय भाषा के विकास के लिए प्रचार व प्रकाशन न केवल आवश्यक है अपितु उसका व्यवहार भी उतना ही महत्वपूर्ण होता है "व्यवह्रियते भाष्यते इतिभाषा" की परिभाषानुसार यह निश्चित है कि जो भाषा लोगों के द्वारा नही बोली जाती उसे भाषा पदनाम दिया जाना सार्थक नहीं होगा। फ्रेंच, लैटिन, ग्रीक, आदि के व्यवहार ने ही इन भाषाओं को पुष्ट किया।

यह संस्कृत के समृद्ध परम्परा के रचनाधर्मियों तथा प्रयोगकर्मियों के लिए उत्साहप्रद तथा सुखद घटना है कि नीता प्रकाशन, दिल्ली के द्वारा व्यवहारिक संस्कृत (स्पोकन संस्कृत) नामक पुस्तक प्रकाशित हो रही है। इस कृति में संस्कृत व्याकरण को अधिक अधिमान न देते हुए संज्ञा, सर्वनाम, धातु रूपों, कृत् प्रत्ययों और अव्ययों को समाविष्ट किये जाने से कृति की गुणवत्ता बढ़ी है। सामान्य जीवन में प्रयुक्त होने वाले शब्दों से दैनिक विषयों को वार्तालाप के माध्यम से संस्कृत में प्रयुक्त किया जाना आवश्यक है।

मुझे प्रसन्नता है कि इस पुस्तक की महत्वपूर्ण सामग्री जनमानस को लाभान्वित करेगी और इससे संस्कृत का पूर्वसमृद्धसाहित्य व्यवहारिक प्रयोगों की दिशा में नये आयाम प्राप्त करेगा। प्रकाशक की यह संस्कृत सेवा प्रशंसनीय एवं श्लाघ्य है।

(महाराज कृष्ण काव)

प्रकाशक की ओर से

बहुत दिनों से मेरे मन में एक कामना थी कि संस्कृत-बोलचाल की एक ऐसी पुस्तक तैयार की जाए, जो सरल, सुबोध तथा दैनिक जीवन के विषयों से सम्बन्धित हो। इसके लिए विद्वानों की गोष्ठियों में मैंने अपने विचार रखे और चिरकाल के मन्थन के बाद जो परिणाम निकला उसी का व्यावहारिक रूप यह "SPOKEN-SANSKRIT" नामक पुस्तिका है।

मैं उन विद्वानों का आभारी हूँ, जिन्होंने गोष्ठियों में अपने अमूल्य सुझाव देकर मुझे कृतार्थ किया और मैं विशेष रूप से श्री वेदप्रकाश शास्त्री तथा डॉ. शशिकान्त पाण्डेय के प्रति भी हार्दिक कृतज्ञता प्रकट करता हूँ, जिन्होंने इस पुस्तक को आकार प्रदान कर इसको पूर्णतः प्रकाशित करने में सहयोग दिया।

पच्चीस दिनों में व्यावहारिक संस्कृत का ज्ञान कराने के लिये यह पुस्तक कितनी उपयोगी सिद्ध हो सकेगी, यह तो पुस्तक को पढ़कर व्यवहार में लाने वाले पाठकों पर छोड़ता हूँ। जहाँ तक इसके प्रकाशन का सम्बन्ध है, इसमें घर, बाग-बगीचे, यात्रा, खेल-विवरण, पशुओं पर दया, क्रय-विक्रय आदि दैनिक विषयों को वार्तालाप के माध्यम से सिखाने का प्रयास किया गया है। यद्यपि व्याकरण को बहुत अधिक महत्त्व नहीं दिया गया है, तथापि परिशिष्टों में संज्ञा, सर्वनाम, धातु आदि के रूपों, कुछ कृत् प्रत्ययों और अव्ययों को समाविष्ट कर दिया गया है, जिससे पाठक अपनी ज्ञानवृद्धि कर सकते हैं। दो सौ से अधिक वाक्य परिशिष्ट 6 में दिये गये हैं, जो प्रायः प्रयुक्त होते हैं। परिशिष्ट 7 में संख्याओं का भी बोध कराया गया है। हमारा प्रयास यही रहा है कि पुस्तक सरल, व्यावहारिक तथा जीवन-मूल्यों पर आधारित हो। मैं पुनः उन विद्वानों के प्रति आभार व्यक्त करता हूँ, जिनके सहयोग से मैं इस पुस्तक को प्रकाशित कर सका।

राधेश्याम गुप्ता
नीता प्रकाशन

विश्वसंस्कृतसम्मेलनम्
WORLD SANSKRIT CONFERENCE
5-9 April, 2001 Vigyan Bhawan, New Delhi
(Under the auspices of the Ministry of Human Resource Development, Govt. of India)

Patron
Dr. Murli Manohar Joshi
Honourable Minister, Human Resource Development Science & Technology and Ocean Development, Govt. of India

Chairman
Justice Ranganath Mishra
M.P. (Rajya Sabha)
Chairman, Central Sanskrit Board

Organising Committee
Dr. Kireet Joshi
Dr. K.P.A. Menon
Dr. Mandan Mishra
Dr. V.R. Panchmukhi
Prof. Ram Murti Sharma
Prof. V. Kutumba Sastry
Shri Srikrishna Semwal
Shri Chamukrishna Shastri

Secretary General
Prof. Vachaspati Upadhyaya

Venue
Vigyan Bhawan,
New Delhi - 110001
(INDIA)

Address
Secretary General
World Sanskrit Conference Secretariat
Shri Lal Bahadur Shastri
Rashtriya Sanskrit Vidyapeeth,
Qutub Institutional Area,
New Delhi - 110016
[INDIA]

Email
wscnd@rediffmail.com
wscnd1@rediffmail.com
wscnd11@rediffmail.com

Telephone
+91-011-6851253
+91-011-6564003

Fax No.
+91-011-6520255

30th March, 2001

Sanskrit is one of the oldest languages spoken on earth. It is believed that this was the language of gods in heaven and homosapiens on earth picked it up. The Vedas are accepted as the oldest composition known to mankind and their medium was Sanskrit. This language has sustained itself for over ten thousand years and is a living one – read and spoken – even today. Our Constitution accepts it as one of the modern Indian languages by including it in the eighth schedule.

Indian civilisation reached great heights. Human attainments were indeed superb and pervasive. Great care was bestowed to record elevating human experiences and knowledge gathered by systematic pursuits. All these were recorded in Sanskrit. That is how a magnificent store house has been built up.

Mantras were harnessed by systematic prayers and Sidhi was secured for them. If the mantras were uttered with perfection – both of intonation and chanting – the results were certain. Therefore, there has always been emphasis on spoken Sanskrit. That gives efficacy to the language and benefits the learner.

Two experienced scholars have devoted great attention to make learning of spoken Sanskrit easy and convenient. I congratulate the authors and the publishers and commend the book to every one genuinely interested to speak the divine language in a proper manner.

Ranganath Misra

Prof. Vachaspati Upadhyaya
Vice-Chancellor

Sh. Lal Bahadur Shastri
Rashtriya Sanskrit Vidyapeeth
(Deemed University)
Katwaria Sarai,
New Delhi - 110 016
Phones :
Office : 6851253, 664003
Resi : 6851250, 6855099
Fax : 011-6851253

FOREWORD

The sacred literature of India, inferior to none in variety or extent, is superior to many in nobility of thought, in sancitity of spirit, and is generality of comprehension. In beauty or prolixity, it can vie with any other literature ancient and modern. Despite the various impediments to the steady development of the language, despite the successive disturbances, internal and external, which India had to encounter ever since the dawn of history, she has successfully held up to the world her archaic literary map, which meagre outline itself favourably compares with the literature of any other nation of the globe. The beginnings of her civilization are yet in obscurity. Relatively to any other language of the ancient world, the antiquity of Sanskrit has an unquestioned priority. "Yet such is the marvellous continuity" says Max Muller "between the past and the present of India, that in spite of repeated social convulsions, religious reforms and foreign invasion, Sanskrit may be said to be still the only language that is spoken over the whole extent of the vast country. So says M. Winternitz: "Sanskrit is not a 'dead' language even today. There are still at the present day a number of Sanskrit periodicals in India, and topics of the day are discussed in Sanskrit pamphlets. Also, the Mahabharata is still today read aloudpublicaly. To this very day poetry is still composed and words written in Sanskrit and it is the language in which Indian scholars converse upon scientific questions. Sanskrit at the least plays the same part in India still, as Latin in the Middle Ages in Europe, or as Hebrew with the News."

"No county except India and no language except the Sanskrit can boast of a possession so ancient or venerable. No nation except the Hindus can stand before the world with such a sacred heirloom in its possession, unapproachable in grandeur and infinitely above all in glory."

In the back drop of the above statements it is very encouraging to note that M/s Neeta Prakashan one of the pioneer in the field of Sanskrit education and its propagation, has come out with a very useful book on "Spoken Sanskrit" authored by Shri Veda Prakash

Shastri and Dr. Shashi Kant Pandey. The avowed aim of the publisher is to present a referential book on Spoken Sanskrit written in easy style. The authors have made a good attempt to focus on the use of Sanskrit in day to day life. The melody embedded in this language has been projected in a logistic way. I am happy to observe that veritable information available in this language will reach to persons through a well modulated foundation course.

I have reasons to believe that this book will serve a good back ground for conversational Sanskrit as it will pave the way for understanding the rudiments of Sanskrit language. An admirer of this language will feel prompted to learn it through the method suggested in this book for understanding Sanskrit. The authors have very succinctly put the methodology they have followed in the preface of the book. I have no iota of doubt in my mind in observing that this book will be well received by the public.

Last but not least I once again take the opportunity of thanking the publisher specially Shri Radhyshyam Gupta Ji and Smt. Shanti Gupta Ji for serving the cause of Sanskrit in a number of ways.

(Vachaspati Upadhyaya)
Vice Chancellor

Secretary General
World Sanskrit Conference, 2001, New Delhi
and
Member Secretary,
Maharashi Sandipani Rashtriya
Veda Vidya Pratishthan
Ujjain

BOARD OF ADVISORS

- Prof. S. S. Rana
- Prof. Avanindra Kumar
- Prof. Ramesh Kumar Pandey
- Dr. Vedwati Vaidik
- Dr. C. K. Saluja
- Dr. Ashutosh Dayal Mathur
- Dr. Chandra Bhushan Jha
- Mrs. Shashi Prabha Goel
- Mrs. Santosh Kohli
- Radha Krishan Manori
- Dr. Sumanashree Sahoo

PREFACE

People think that learning Sanskrit language is difficult due to its vast grammar and vocabulary, but this misconception is getting dispelled. This sweet and soft language is the most scientific one. The treasure of human knowledge has been stored in its literature. So, for getting an opening into this store-house of knowledge, it becomes necessary for mankind to have some knowledge of Sanskrit.

All those who value this heritage, should have knowledge of this language. To become acquainted with a language, one should perforce open his mouth and speak it out. The general teaching of Sanskrit only gives the working knowledge but does not inculcate the fluent methods of speaking; connected to day-to-day living. Use of small simple sentences of conversational Sanskrit may create enthusiasm to learn it and the common fear of Sanskrit in the minds of the people will be removed.

As it is evident from the title of this book, the sentences of daily use are collected here. This has been written for those who have knowledge of either Hindi or English language. It has following features :-

1) Rather than grammatical aspect, practical aspects have been given more emphasis.

2) Conversational method has been used to explain the subjects in Sanskrit.

3) Examples from day-to-day life have been selected to illustrate the subject.

4) Question and answer method, practical method and translation method has been adopted in the exercises, so that learners, in addition to learning Sanskrit, may also use it in their conversation.

5) Important grammatical aspects have been explained in each appendix.

6) To mantain the simplicity of the book, Passive voice has been used at the minimum.

7) Appendix 6 contains important sentences used daily; so that learners may get enough practise in using them.

We hope that readers of this book who are interested in Sanskrit, in addition to learning its practical aspect, would also be motivated to acquire the indepth knowledge of its literature, the main medium of our cultural lore. We hope that this book will be like a tender-boat for them who desire to enter into the ocean of knowledge.

Sri Ved Prakash Shastri
Dr. Shashi Kant Pandey

संस्कृत वर्णमाला Alphabet of Sanskrit

स्वर Vowels

अ	*a*	आ	*ā*	इ	*i*	ई	*ī*	उ	*u*
ऊ	*ū*	ऋ	*ṛ*	ॠ	*ṝ*	ए	*e*	ऐ	*ai*
ओ	*o*	औ	*au*						

अनुस्वार (ं) ṁ विसर्ग (:) ḥ

व्यञ्जन Consonants

क	*ka*	ख	*kha*	ग	*ga*	घ	*gha*	ङ	*ṅa*
च	*ca*	छ	*cha*	ज	*ja*	झ	*jha*	ञ	*ña*
ट	*ṭa*	ठ	*ṭha*	ड	*ḍa*	ढ	*ḍha*	ण	*ṇa*
त	*ta*	थ	*tha*	द	*da*	ध	*dha*	न	*na*
प	*pa*	फ	*pha*	ब	*ba*	भ	*bha*	म	*ma*
		य	*ya*	र	*ra*	ल	*la*	व	*va*
		श	*śa*	ष	*ṣa*	स	*sa*	ह	*ha*

विशेष, Note :– सभी व्यञ्जनों में उच्चारण के लिए 'अ' मिला हुआ है, अन्यथा वे अगले स्वरयुक्त व्यञ्जन से मिले होते अथवा हलन्त होते = All consonants are added with *'a'* sound so that they may be pronounced, othervise they remain alone or pronounced with the help of the next consonant which is followed by a vowel.

(विषय-सूची CONTENTS)

दिवसाः Days	विषयाः Subjects	पृष्ठम् Page
प्रथमः (I)	बालकः, वृषभौ, कपोताः (Bālakaḥ, Vṛṣabhau, Kapotāḥ)	1
द्वितीयः (II)	मीरा, चटिके, ललनाः (Mīrā, caṭike, lalanāḥ)	6
तृतीयः (III)	मालाकारः (Mālākāraḥ)	11
चतुर्थः (IV)	मोहनस्य उदारता (Mohanasya udāratā)	18
पञ्चमः (V)	वनविहारः (Vanavihāraḥ)	26
षष्ठः (VI)	वृद्धस्य अभिनन्दनम् (Vṛddhasya abhinandanam)	32
सप्तमः (VII)	बालोद्यानम् (Bālodyānam)	39
अष्टमः (VIII)	रवेः उदयः (Raveḥ udayaḥ)	45
नवमः (IX)	ग्रीष्मकालः (Grīṣmakālaḥ)	52
दशमः (X)	विपणौ क्रयः (Vipaṇau krayaḥ)	59
एकादशः (XI)	आकाशे मेघाः (Ākāśe meghāḥ)	66
द्वादशः (XII)	पशून् प्रति दया (Paśūn prati dayā)	74
त्रयोदशः (XIII)	क्रिकेट-प्रतियोगिता-विवरणम् (Kriketa pratiyogitā-vivaraṇam)	83
चतुर्दशः (XIV)	दीपावल्याम् (Dīpāvalyām)	93
पञ्चदशः (XV)	उद्याने कार्यम् (Udyāṇe kāryam)	102

षोडशः (XVI)	यदाऽहं बाल आसम् (Yadā'haṁ bāla Āsam)	110
सप्तदशः (XVII)	दुर्घटना (Durghaṭanā)	119
अष्टादशः (XVIII)	बसारोहणम् (Basārohaṇam)	127
नवदशः (XIX)	स्वागत-समारोहः (Svāgata-samārohaḥ)	134
विंशः (XX)	पान्थालये स्थानम् (Pānthālaye sthānam)	143
एकविंशः (XXI)	पत्रालये सख्योः साक्षात्कारः (Patrālaye sakhyoḥ sākṣākāraḥ)	153
द्वाविंशः (XXII)	आपदि सहायता (Āpadi sahāyatā)	163
त्रयोविंशः (XXIII)	रोगी चिकित्सकश्च (Rogī cikitsakaśca)	172
चतुर्विंशः (XXIV)	विमानेनोड्डयनम् (Vimānenoḍḍayanam)	180
पञ्चविंशः (XXV)	प्रेरकाः श्लोकाः (Prerakāḥ ślokāḥ)	186

(परिशिष्टम् APPENDIX)

परिशिष्ट	विषय	पृष्ठ
(I)	संज्ञाओं तथा सर्वनामों की रूपावली (Declensions of nouns and pronouns)	193
(II)	धातुप्रकरण (Context of Roots)	210
(III)	विशेष विभक्तियों का प्रयोग (Use of special case-endings)	231
(IV)	सन्धि-नियम (Rules of sandhi)	232
(V)	अव्यय (Indeclinables)	235
(VI)	कुछ व्यावहारिक विशेष वाक्य (Some practical special sentences)	238
(VII)	संख्या (Numbers)	256

प्रथमः दिवसः / पहला दिन
Prathamaḥ Divasaḥ — First Day

बालकः, वृषभौ, कपोताः (Bālakaḥ, Vṛṣabhau, Kapotāḥ)
लड़का, दो बैल, बहुत से कबूतर (A boy, two oxen, pigeons)

प्रकाशः	– सः कः अस्ति ?	Prakāśaḥ	– Saḥ kaḥ asti?
प्रकाश	– वह कौन है ?	Prakash	– Who is he?
विकासः	– सः बालकः अस्ति।	Vikāsaḥ	– Saḥ bālakaḥ asti.
विकास	– वह लड़का है।	Vikas	– He is a boy.
प्रकाशः	– बालकः किं करोति ?	Prakāśaḥ	– Bālakaḥ kiṁ karoti?
प्रकाश	– लड़का क्या करता है ?	Prakash	– What does the boy do?
विकासः	– बालकः पठति।	Vikāsaḥ	– Bālakaḥ paṭhati.
विकास	– लड़का पढ़ता है।	Vikas	– The boy reads.
प्रकाशः	– तौ कौ स्तः ?	Prakāśaḥ	– Tau kau staḥ?
प्रकाश	– वे दो कौन हैं ?	Prakash	– Who are those two?
विकासः	– तौ वृषभौ स्तः।	Vikāsaḥ	– Tau vṛṣabhau staḥ.
विकास	– वे दो बैल हैं।	Vikas	– Those are two oxen.
प्रकाशः	– वृषभौ किं कुरुतः ?	Prakāśaḥ	– Vṛṣabhau kiṁ kurutaḥ?
प्रकाश	– दो बैल क्या करते हैं ?	Prakash	– What do the two oxen do?

विकासः	**– तौ खादतः।**	**Vikāsaḥ**	**– Tau khādataḥ**
विकास	– वे दोनों खाते हैं।	Vikas	– Those two eat.
प्रकाशः	**– ते के सन्ति ?**	**Prakāśaḥ**	**– Te ke santi?**
प्रकाश	– वे सब कौन हैं ?	Prakash	– Who are they?
विकासः	**– ते कपोताः सन्ति।**	**Vikāsaḥ**	– Te kapotāḥ santi.
विकास	– वे सब कबूतर हैं।	Vikas	– They are pigeons.
प्रकाशः	**– कपोताः किं कुर्वन्ति ?**	**Prakāśaḥ**	**– Kapotāḥ kiṁ kurvanti?**
प्रकाश	– कबूतर क्या करते हैं ?	Prakash	– What do the pigeons do?
विकासः	**– ते अपि खादन्ति।**	**Vikāsaḥ**	**– Te api khādanti**
विकास	– वे भी खाते हैं।	Vikas	– They also eat.
प्रकाशः	**– कः पठति ?**	**Prakāśaḥ**	**– Kaḥ paṭhati?**
प्रकाश	– कौन पढ़ता है ?	Prakash	– Who does read?
विकासः	**– बालकः पठति।**	**Vikāsaḥ**	**– Bālakaḥ paṭhati.**
विकास	– लड़का पढ़ता है।	Vikas	– The boy reads.
प्रकाशः	**– कौ खादतः ?**	**Prakāśaḥ**	**– Kau khādataḥ?**
प्रकाश	– कौन दो खाते हैं ?	Prakash	– Who do two eat?
विकासः	**– वृषभौ खादतः।**	**Vikāsaḥ**	**– Vṛṣabhau khādataḥ**
विकास	– दो बैल खाते हैं।	Vikas	– Two oxen eat.
प्रकाशः	**– के खादन्ति ?**	**Prakāśaḥ**	**– Ke khādanti?**
प्रकाश	– कौन सब खाते हैं ?	Prakash	– Who do all of them eat?
विकासः	**– कपोताः खादन्ति।**	**Vikāsaḥ**	**– Kapotāḥ khādanti.**
विकास	– सब कबूतर खाते हैं।	Vikas	– All the pigeons eat.
प्रकाशः	**– किं वृषभौ पठतः ?**	**Prakāśaḥ**	**– Kiṁ vṛṣabhau paṭhataḥ?**
प्रकाश	– क्या दो बैल पढ़ते हैं ?	Prakash	– Do the two oxen read?
विकासः	**– नैव, वृषभौ न पठतः।**	**Vikāsaḥ**	**– Naiva, vṛṣabau na paṭhataḥ.**

विकास	– नहीं, दो बैल नहीं पढ़ते हैं।	Vikas	– No, the two oxen do not read.
प्रकाशः	– **किं बालकः पठति ?**	**Prakāśaḥ**	– **Kiṁ bālakaḥ paṭhati?**
प्रकाश	– क्या लड़का पढ़ता है ?	Prakash	– Does the boy read?
विकासः	– **आम्, बालकः पठति।**	**Vikāsaḥ**	– **Ām, bālakaḥ paṭhati.**
विकास	– हाँ, लड़का पढ़ता है।	Vikas	– Yes, the boy reads.

शब्दकोश = Vocabulary :-

सः	**(saḥ)**	=	वह	(that one)
तौ	**(Tau)**	=	वे दो	(those two)
ते	**(te)**	=	वे सब	(they)
कः	**(kaḥ)**	=	कौन एक	who (one)
कौ	**(kau)**	=	कौन दो	who (two)
के	**(ke)**	=	कौन सब	who (all)
बालकः	**(bālakaḥ)**	=	लड़का	(a boy)
वृषभौ	**(vṛṣabhau)**	=	दो बैल	(two oxen)
कपोताः	**(kapotāḥ)**	=	बहुत से कबूतर	(many pigeons)
अस्ति	**(asti)**	=	है	(is)
स्तः	**(staḥ)**	=	दो हैं	(two) are
सन्ति	**(santi)**	=	सब हैं	(all) are
करोति	**(karoti)**	=	करता है	(does)
कुरुतः	**(kurutaḥ)**	=	दो करते हैं	(two do)
कुर्वन्ति	**(kurvanti)**	=	सब करते हैं	(they all do)
पठति	**(paṭhati)**	=	पढ़ता है	(reads)
खादतः	**(khādataḥ)**	=	दो खाते हैं	(two eat)
खादन्ति	**(khādanti)**	=	सब खाते हैं	(they all eat)
आम्	**(ām)**	=	हाँ	(yes)
नैव	**(naiva)**	=	नहीं	(no)
अपि	**(api)**	=	भी	(also)

नियम-1 यदि म् के बाद कोई व्यंजन आए तो म् को अनुस्वार हो जाता है। जैसे – **किम् + वृषभौ = किं वृषभौ।**

4 – SPOKEN-SANSKRIT

Rule-I If m is followed by a consonant, m is changed into ṁ; as **kim+ vṛṣabhau = kiṁ vṛṣabhau**.

नियम-2 इस पाठ में संज्ञाएँ और सर्वनाम पुँल्लिंग प्रथम पुरुषवाचक हैं। (The nouns and pronouns in this lesson are related to masculine gender third person.)

अभ्यासः (Exercise)

1. नीचे लिखे वाक्यों का अनुवाद कीजिए (Translate the following sentences):-
    1. सः किं करोति? (Saḥ kiṁ karoti?)
    2. तौ वृषभौ किं कुरुतः? (Tau vṛṣabhau kiṁ kurutaḥ?)
    3. ते अपि खादन्ति। (Te api khādanti.)
    4. नैव, वृषभौ न पठतः। (Naiva, vṛṣabhau na paṭhataḥ.)
    5. आम्, बालकः पठति। (Ām, bālakaḥ paṭhati.)

2. निम्नलिखित शब्दों के साथ विसर्ग लगाकर उच्चारण कीजिए और उनके अर्थ बताइए (Add **visarga(ḥ)** with the following words, pronounce and tell their meanings):- कपोत, बालक, वृषभ, रमेश, राजीव, राइट, ब्राइट, मुहसिन (kapota, bālaka, vṛṣabha, Rameśa, Rājīva, Rāiṭa, Brāiṭa, Muhasina).

3. निम्नलिखित शब्दों के साथ औ की मात्रा (ौ) लगाइए और उच्चारण करके अर्थ बताइए (Add 'au' with the following words, pronounce and tell their meanings):- बालक, वृषभ, कपोत, वृक्ष, छात्र, हंस, मयूर (bālaka, vṛṣabha, kapota, vṛkṣa, chātra, haṁsa, mayūra).

4. प्रश्न तीन में बताये शब्दों के साथ आ की मात्रा और विसर्ग (ाः) जोड़िये, उच्चारण कीजिए और अर्थ बताइए। (Add 'āḥ' with the words written in the third question, pronounce them and tell their meanings.)

5. 'सः, तौ, ते' में से रिक्त स्थान पर उचित शब्द भरिए (Fill in the blanks with proper words out of 'saḥ, tau, te'):-
    (1) ———— बालकः अस्ति। (............... bālakaḥ asti.)
    (2) ———— कपोताः सन्ति। (............... kapotāḥ santi.)
    (3) ———— बालकौ स्तः। (............... bālakau staḥ.)
    (4) ———— वृषभाः सन्ति। (............... vṛṣabhāḥ santi.)

(5) __________ कपोतः अस्ति। (.................................... kapotaḥ asti.)

(6) __________ कपोतौ स्तः। (.................................... kapotau staḥ.)

6. **'अस्ति, स्तः, सन्ति'** में से ठीक शब्द लेकर रिक्त स्थान पूर्ण कीजिए (Fill in the blanks with appropriate word out of **'asti, staḥ, santi'**) :-

(1) **सः कपोतः** __________ **(Saḥ kapotaḥ ....).**

(2) **ते बालकाः** __________ **(Te bālakāḥ ....).**

(3) **तौ वृषभौ** __________ **(Tau vṛṣabhau ....).**

(4) **सः वृषभः** __________ **(Saḥ vṛṣabhaḥ ....).**

(5) **तौ बालकौ** __________ **(Tau bālakau ....).**

(6) **ते कपोताः** __________ **(Te kapotāḥ ....).**

7. चित्र को देखकर निम्नलिखित प्रश्नों के उत्तर दीजिए (See the pictures and answer the following questions) :-

(1) **के खादन्ति? (Ke khādanti?)** ....

(2) **कौ खादतः? (Kau khādataḥ?)** ....

(3) **कः पठति? (Kaḥ paṭhati?)** ....

(4) **किं बालकः पठति? (Kiṁ bālakaḥ paṭhati?)** ....

(5) **किं बालकः खादति? (Kiṁ bālakaḥ khādati?)** ....

8. पढ़िए :- **'बालकः बालकौ बालकाः'**। इसी प्रकार **'वृषभ'** और **'कपोत'** के भी रूप लिखिए (Write the forms of **'vṛṣabha'** and **'kapota'** like **'bālakaḥ bālakau bālakāḥ'.)**

9. संस्कृत में अनुवाद कीजिए (Translate into Sanskrit) :-

(1) दो कबूतर भी खाते हैं। (Two pigeons also eat.)

(2) बालक नहीं खाता। (The boy does not eat.)

(3) हाँ, दो बैल खाते हैं। (Yes, two oxen eat.)

(4) कबूतर नहीं पढ़ते। (The pigeons do not read.)

(5) नहीं, वह नहीं पढ़ता। (No, he does not read.)

द्वितीयः दिवसः
Dvitīyaḥ Divasaḥ

दूसरा दिन
Second Day

मीरा, चटिके, ललनाः (Mīrā, Caṭike, Lalanāḥ)

सुधा	– सा का अस्ति?	Sudhā	– Sā kā asti?
सुधा	– वह कौन है?	Sudha	– Who is she?
रमा	– सा मीरा अस्ति।	Ramā	– Sā Mīra asti.
रमा	– वह मीरा है।?	Rama	– She is Mira.
सुधा	– मीरा किं करोति?	Sudhā	– Mīrā kiṁ karoti?
सुधा	– मीरा क्या करती है?	Sudha	– What does Mira do?
रमा	– सा गायति।	Ramā	– Sā gāyati.
रमा	– वह गाती है।	Rama	– She sings.
सुधा	– ते के स्तः?	Sudhā	– Te ke staḥ?
सुधा	– वे दो कौन हैं?	Sudha	– Who are those?
रमा	– ते चटिके स्तः।	Ramā	– Te caṭike staḥ.
रमा	– वे दो चिड़ियाँ हैं।	Rama	– Those are two sparrows.
सुधा	– चटिके किं कुरुतः?	Sudhā	– Caṭike kiṁ kurutaḥ?
सुधा	– दो चिड़ियाँ क्या करती हैं?	Sudha	– What do the two sparrows do?

रमा – ते खादतः।		Ramā –	Te khādataḥ.
रमा – वे दोनों खाती हैं।		Rama –	Those two are eating.
सुधा – ताः काः सन्ति?		Sudhā –	Tāḥ kāḥ santi?
सुधा – वे सब कौन हैं?		Sudha –	Who are all those?
रमा – ताः ललनाः सन्ति।		Ramā –	Tāḥ lalanāḥ santi.
रमा – वे सब औरतें हैं।		Rama –	Those are ladies.
सुधा – ताः किं कुर्वन्ति?		Sudhā –	Tāḥ kiṁ kurvanti?
सुधा – वे क्या करती हैं?		Sudha –	What do they do?
रमा – ताः चलन्ति।		Ramā –	Tāḥ Calanti.
रमा – वे चल रही हैं।		Rama –	They are walking.
सुधा – का गायति?		Sudhā –	Kā gāyati?
सुधा – कौन गाती है?		Sudha –	Who sings?
रमा – मीरा गायति।		Ramā –	Mīrā gāyati.
रमा – मीरा गाती है।		Rama –	Mira sings.
सुधा – के खादतः?		Sudhā –	Ke khādataḥ?
सुधा – कौन दो खाती हैं?		Sudha –	Who two do eat?
रमा – चटिके खादतः।		Ramā –	Caṭike khādataḥ.
रमा – दो चिड़ियाँ खाती हैं।		Rama –	Two sparrows eat.
सुधा – काः भ्रमन्ति?		Sudhā –	Kāḥ bhramanti?
सुधा – कौन (सब) घूमती हैं?		Sudha –	Who are walking?
रमा – ललनाः भ्रमन्ति।		Ramā –	Lalanāḥ bhramanti.
रमा – औरतें घूमती हैं।		Rama –	Ladies are walking
सुधा – किं मीरा अधुना खादति?		Sudhā –	Kiṁ Mīrā adhunā khādati?
सुधा – क्या मीरा अब खा रही है?		Sudha –	Is Mira eating now?
रमा – नैव, मीरा अधुना न खादति।		Ramā –	Naiva, Mīrā adhunā na khādati.
रमा – नहीं, मीरा अब नहीं खा रही है।		Rama –	No, Mira is not eating now.

सुधा - किं चटिके भ्रमतः ?
सुधा - क्या दो चिड़ियाँ घूमती हैं ?

रमा - नैव, चटिके न भ्रमतः।
रमा - नहीं, दो चिड़ियाँ नहीं घूमती हैं।

सुधा - किं ललनाः अधुना गायन्ति ?
सुधा - क्या औरतें अब गा रही हैं ?

रमा - नैव, ललनाः अधुना न गायन्ति।
रमा - नहीं, औरतें अब नहीं गा रहीं।

सुधा - किं मीरा अधुना गायति ?
सुधा - क्या मीरा अब गा रही है ?

रमा - आम्, मीरा अधुना गायति।
रमा - हाँ, मीरा अब गा रही है।

Sudhā — Kiṁ caṭike bhramataḥ?
Sudha — Do the two sparrows walk?

Ramā — Naiva, Caṭike na bhramataḥ.
Rama — No, the two sparrows do not walk.

Sudhā — Kiṁ lalanāḥ adhunā gāyanti?
Sudha — Are the ladies singing now?

Ramā — Naiva, lalanāḥ adhunā na gāyanti.
Rama — No, the ladies are not singing now.

Sudhā — Kiṁ Mīrā adhunā gāyati?
Sudha — Is Mira singing now?

Ramā — Ām, Mīrā adhunā gāyati.
Rama — Yes, Mira is singing now.

शब्दकोश = Vocabulary :-

सा	(sā)	=	वह	(she)
ते	(te)	=	वे दो	(those two)
ताः	(tāḥ)	=	वे सब	(all of those)
गाय्	(gāy)	=	गाना	(to sing)
ललनाः	(lalanāḥ)	=	स्त्रियाँ	(ladies)
अधुना	(adhunā)	=	अब	(now)
का	(kā)	=	कौन	(who, which)

के	(ke)	=	कौन दो	(who two, which two)
काः	(kāḥ)	=	कौन सब	(who all, which all)
चटिके	(caṭike)	=	दो चिड़ियाँ	(two sparrows)
भ्रम्	(bhram)	=	घूमना	(to walk.)
न	(na)	=	नहीं	(not)

नियम-1 सर्वनाम सभी लिंगों में भिन्न-भिन्न रूप रखते हैं; जैसे – **'सः, तौ, ते, कः, कौ, के'** (पुँल्लिंग) और **'सा, ते, ताः, का, के, काः'** (स्त्रीलिंग)।

Rule-I Pronouns have different forms in each gender; as :- **'sah, tau, te, kah, kau, ke'** (masculine) and **'sā, te, tāḥ, kā, ke, kāḥ'** (feminine).

नियम-2 संस्कृत में एकवचन, द्विवचन और बहुवचन — ये तीन वचन होते हैं। संज्ञा, सर्वनाम, विशेषण और क्रियाओं के रूप तीनों वचनों में भिन्न-भिन्न होते हैं।

Rule-II There are three numbers in Sanskrit :- Singular, Dual and Plural. Nouns, pronouns, adjectives and verbs have different forms in different numbers.

नियम-3 संस्कृत में सभी लिंगों की क्रियाएँ समान होती हैं; जैसे – पठति = पढ़ता या पढ़ती है।

Rule-III The verbs in sanskrit have the same forms for each gender as 'pāṭhati'.

अभ्यासः (Exercise)

1. नीचे लिखे वाक्यों का अनुवाद कीजिए (Translate the following sentences) :-
   1. **सा गायति।** **(Sā gāyati.)**
   2. **चटिके खादतः।** **(Caṭike khādataḥ.)**
   3. **ललनाः भ्रमन्ति।** **(Lalanāḥ bhramanti.)**
   4. **मीरा नैव भ्रमति।** **(Mīrā naiva bhramati.)**
   5. **किं ललनाः गायन्ति?** **(Kiṁ lalanāḥ gāyanti?)**
   6. **नैव, ताः अधुना न गायन्ति।** **(Naiva, tāḥ adhunā na gāyanti.)**

2. निम्नलिखित वाक्यों के अर्थों में अन्तर बताइए (Tell the difference in the meanings of the following sentences) :-
   1. **ते पठन्ति / ताः पठन्ति?** **(Te paṭhanti / Tāḥ paṭhanti.)**
   2. **ते भ्रमन्ति / ते भ्रमतः?** **(Te bhramanti / Te bhramataḥ.)**
   3. **के खादतः / के खादन्ति?** **(Ke khādataḥ / Ke khādanti.)**

3. **'पठ्'** धातु का अर्थ है 'पढ़ना'। जैसे इससे **'पठति पठतः पठन्ति'** क्रियाएँ बनती हैं, वैसे ही आप इन धातुओं से क्रियाएँ बनाइए :- गाय्, भ्रम्, खाद्। (**'Paṭh'** means 'to read'. Its forms are **'Paṭhati, paṭhataḥ, paṭhanti'.** Like this you should construct the forms of **'gāy, bhram, khād'**.

4. निम्नलिखित प्रश्नों के उत्तर दीजिए (Answer the following questions) :-
   1. **मीरा किं करोति? (Mīrā kiṁ karoti?)** ....
   2. **के खादतः ? (Ke khādataḥ?)** ....
   3. **काः भ्रमन्ति? (Kāḥ bhramanti?)** ....
   4. **किं मीरा भ्रमति? (Kiṁ Mīrā bhramati?)** ....
   5. **किं ललनाः खादन्ति? (Kiṁ lalanāḥ khādanti?)** ....

5. निम्नलिखित वाक्यों के कर्ता की संज्ञाएँ हटा कर उनके बदले **'सः, तौ, ते, सा, ते, ताः, कः, कौ, के, का, के, काः'** में से उचित शब्द लगाकर वाक्य लिखिए (Replace the subjects by the correct forms of pronouns out of **'saḥ, tau, te, sā, te, tāḥ, kaḥ, kau, ke, kā, ke, kāḥ'**) :-

   बालकः भ्रमति। **बालिका** गायति। किं **चटिका** भ्रमति? किं **वृषभौ** खादतः? किं **ललनाः** गायन्ति? किं **कपोताः** खादन्ति? **चटिके** खादतः। **वृषभौ** खादतः। **(Bālakaḥ bhramati. Balikā gāyati. Kiṁ caṭikā bhramati? Kiṁ vṛṣabhau khādataḥ? Kiṁ lalanāḥ gāyanti? Kiṁ kapotāḥ khādanti? Catike khādataḥ. Vṛṣabhau khādataḥ).**

6. ये रूप पढ़िये (Read the following forms) :-
   'चटका (caṭakā) चटिके (caṭike) चटकाः (caṭakāḥ)' इसी प्रकार 'ललना, बालिका' और सुधा के रूप बनाइए। (In the same way decline the forms of **'Lalanā, bālikā'** and **'sudhā'**.

7. संस्कृत में अनुवाद कीजिए (Translate into sanskrit) :-
   1. मीरा पढ़ती है। (Mira reads.)
   2. दो लड़के पढ़ते हैं। (Two boys read.)
   3. वे दो कौन गाते हैं? (Who are those two singing?)
   4. वे सब घूमते हैं। (They walk.)
   5. दो औरतें खाती हैं। (Two (ladies) eat.)
   6. वे दो नहीं पढ़तीं। (Those two (ladies) do not read.)
   7. वे खाते हैं। वे भी खाती हैं। (Those (males) eat. Those (females) also eat.)

तृतीयः दिवसः / तीसरा दिन
Tṛtīyaḥ Divasaḥ / Third Day

मालाकारः (Mālākāraḥ) = माली (The Gardener)

वीरभद्रः	– (मालाकारं दृष्ट्वा) त्वं कः असि?	Vīrabhadraḥ	– (Mālākāraṁ dṛṣṭvā) Tvaṁ kaḥ asi?
वीरभद्र	– (माली को देखकर) तुम कौन हो?	Virabhadra	– (On seeing the gardener) Who are you?
मालाकारः	– अहं मालाकारः अस्मि।	Mālākāraḥ	– Ahaṁ Mālākāraḥ asmi.
माली	– मैं माली हूँ।	Gardener	– I am a gardener.
वीरभद्रः	– अधुना त्वं कुत्र गच्छसि?	Vīrabhadraḥ	– Adhunā tvaṁ kutra gacchasi?
वीरभद्र	– अब तुम कहाँ जा रहे हो?	Virabhadra	– Now where are you going?
मालाकारः	– अहमधुना उद्यानमेव गच्छामि।	Mālākāraḥ	– Ahamadhunā udyānameva gacchāmi.
माली	– मैं अब बगीचे को ही जा रहा हूँ।	Gardener	– Now I am going to the garden only.
वीरभद्रः	– किं त्वमुद्याने एव कार्यं करोषि?	Vīrabhadraḥ	– Kiṁ tvamudyāne eva kāryaṁ karoṣi?

वीरभद्र	– क्या तुम बगीचे में ही काम करते हो?	Virabhadra	– Do you work in the garden only?
मालाकारः	– आम्, अहमुद्याने एव कार्यं करोमि।	Mālākāraḥ	– Ām, ahamudyāne eva kāryaṁ karomi.
माली	– हाँ, मैं बगीचे में ही कार्य करता हूँ।	Gardener	– Yes, I work in the garden only.
वीरभद्रः	– उद्याने त्वं किं किं करोषि?	Vīrabhadraḥ	– Udyāne tvaṁ kiṁ kiṁ karoṣi?
वीरभद्र	– बगीचे में तुम क्या-क्या करते हो?	Virabhadra	– What do you do in the garden?
मालाकारः	– तत्र अहं पादपान् आरोपयामि। वृक्षान् सिञ्चामि। अन्यानि अपि अनेकानि कार्याणि करोमि।	Mālākāraḥ	– Tatra ahaṁ pādapān āropayāmi. Vrikṣān siñcāmi. Anyāni api anekāni kāryāṇi karomi.
माली	– वहाँ मैं पौधे लगाता हूँ। वृक्षों को सींचता हूँ। अन्य भी अनेक कार्य करता हूँ।	Gardener	– There I do plantation. Water the trees. I do other jobs also.
वीरभद्रः	– उद्याने किं किं भवति?	Vīrabhadraḥ	– Udyāne kiṁ kiṁ bhavati?
वीरभद्र	– बगीचे में क्या-क्या होता है?	Virabhadra	– What things are there in the garden?
मालाकारः	– उद्याने वृक्षाः, लताः, पुष्पाणि, फलानि च भवन्ति।	Mālākāraḥ	– Udyāne vṛkṣāḥ, latāḥ, puṣpāṇi, phalāni ca bhavanti.
माली	– बगीचे में पेड़, पौधे, बेलें, फूल और फल होते हैं।	Gardener	– There are trees, creepers, flowers and fruits in the garden.

वीरभद्रः	– जनाः उद्यानं किमर्थं गच्छन्ति?	Vīrabhadraḥ	– Janāḥ udyānaṁ kimarthaṁ gacchanti?
वीरभद्र	– लोग बगीचे में क्यों जाते हैं?	Virabhadra	– Why do the people go to the garden?
मालाकारः	– ते तत्र भ्रमन्ति, व्यायामं कुर्वन्ति, उद्यानस्य च शोभां पश्यन्ति।	Mālākāraḥ	– Te tatra bhramanti, vyāyāmaṁ kurvanti, udyānasya ca śobhāṁ paśyanti.
माली	– वे वहाँ घूमते हैं, कसरत करते हैं और बगीचे की शोभा देखते हैं।	Gardener	– They walk there, take exercise and enjoy the beauty of the garden.
वीरभद्रः	– किं ललनाः अपि तत्र गच्छन्ति?	Vīrabhadraḥ	– Kiṁ lalanāḥ api tatra gacchanti?
वीरभद्र	– क्या औरतें भी वहाँ जाती हैं?	Virabhadra	– Do the ladies also go there?
मालाकारः	– आम्, पुरुषाः, ललनाः, बालकाः, बालिकाः च अपि उद्याने आगच्छन्ति, भ्रमन्ति, व्यायामं च कुर्वन्ति।	Mālākāraḥ	– Ām, puruṣāḥ, lalanāḥ, bālakāḥ bālikāḥ ca api udyāne āgacchanti, bhramanti, vyāyāmaṁ ca kurvanti.
माली	– हाँ, पुरुष, औरतें, लड़के और लड़कियाँ भी बगीचे में आते हैं, घूमते हैं और कसरत करते हैं।	Gardener	– Yes, men, ladies, boys and girls also come into the garden, walk and take exercise also.
वीरभद्रः	– उद्याने भ्रमणस्य कः लाभः?	Vīrabhadraḥ	– Udyāne bhramaṇasya kaḥ lābhaḥ?
वीरभद्र	– बगीचे में घूमने का क्या लाभ है?	Virabhadra	– What is the advantage of walking in the garden?

मालाकारः –	**उद्याने वृक्षाः सन्ति। ते शुद्धं पवनं यच्छन्ति। शुद्धे पवने ये याः च व्यायामं कुर्वन्ति, तेषां तासां च स्वास्थ्यम् शोभनम् भवति।**	**Mālākāraḥ** –	**Udyāne vṛkṣāḥ santi. Te śuddhaṁ pavanaṁ yacchanti. Śuddhe pavane ye yāḥ ca vyāyāmaṁ kurvanti, teṣāṁ tāsāṁ ca svāsthyaṁ śobhanaṁ bhavati.**
माली –	बगीचे में वृक्ष होते हैं। वे शुद्ध वायु देते हैं। शुद्ध वायु में जो (पुरुष) और जो (स्त्रियाँ) व्यायाम करते हैं; उन (पुरुषों और स्त्रियों) की सेहत अच्छी रहती है।	Gardener –	There are trees in the garden. They give away pure air. The men and women who take exercise in the pure air, their health remains good.
वीरभद्रः –	**मालाकार! धन्यवादः तव। तव उत्तराणि शोभनानि। गच्छ कार्याय यथासुखम्। अहमधुना गृहं गच्छामि।**	**Vīrabhadraḥ** –	**Mālākāra! dhanyavādaḥ tava. Tava uttarāṇi śobhanāni. Gaccha kāryāya yathāsukham. Ahamadhunā gṛhaṁ gacchāmi.**
वीरभद्र –	माली, तुम्हारा धन्यवाद। तुम्हारे उत्तर बढ़िया हैं। अब इच्छानुसार काम के लिए जाओ। मैं अब घर जाता हूँ।	Virabhadra –	Gardner, thank you. Your answers are very good. Now you may go for work as you wish. Now, I go home.

विशेष (Note) :- इस पाठ में मध्यम और उत्तम पुरुष के सर्वनामों और क्रियाओं का सामान्य प्रयोग है। (This lesson includes the pronouns and verbs of second and first persons.)

शब्दकोश = Vocabulary :-

मालाकारः	**(mālākāraḥ)**	=	माली	(gardener)
अहम्	**(aham)**	=	मैं	(I)
त्वम्	**(tvam)**	=	तू	(you one)
गच्छसि	**(gacchasi)**	=	जाता है	(you one go)
गच्छामि	**(gacchāmi)**	=	जाता हूँ	(I go).
करोषि	**(karoṣi)**	=	तू करता है	(you one do)
उद्याने	**(udyāne)**	=	बगीचे में	(in the garden)
पादपः	**(pādapaḥ)**	=	पौधा	(plant)
सिञ्च	**(siñc)**	=	सींचना	(to water)
क्षुपाः	**(kṣupāḥ)**	=	पौधे	(plants)
पश्य्	**(paśy)**	=	देखना	(to see)
ये, याः	**(ye, yāḥ)**	=	जो सब	(who, which)
तिष्ठ्	**(tiṣṭh)**	=	रहना, ठहरना, होना	(to remain, to stay)
दृष्ट्वा	**(dṛṣṭvā)**	=	देखकर	(after seeing)
अस्मि	**(asmi)**	=	हूँ	(am)
कुत्र	**(kutra)**	=	कहाँ	(where)
उद्यानम्	**(udyānam)**	=	बगीचे को	(to the garden)
एव	**(eva)**	=	ही	(only)
करोमि	**(karomi)**	=	करता हूँ	(I do)
तत्र	**(tatra)**	=	वहाँ	(there)
आरोपय्	**(Āropay)**	=	लगाना	(to plant)
भू (भव्)	**(bhū, bhav)**	=	होना	(to be)
गच्छ्	**(gacch)**	=	जाना	(to go)
यच्छ्	**(yacch)**	=	देना	(to give)
तेषाम् (पुं.),	**(teṣām) (mas.),**			
तासाम् (स्त्री.)	**(tāsām) (fem.)**	=	उनका	(of those)
तव	**(tava)**	=	तेरा	(your)
च	**(ca)**	=	और	(and)

16 – SPOKEN-SANSKRIT

नियम – 1 यदि म् के बाद स्वर आये तो उसमें स्वर की मात्रा मिला देते हैं। (If a vowel follows m, then the symbol of the vowel is added to m) जैसे – **उद्यानम् + एव = उद्यानमेव, त्वम् + उद्याने = त्वमुद्याने।**

अभ्यासः (Exercise)

1. शब्द-रचना कीजिए (Construct the words) :-
   1. **'उद्यानम्'** के समान निम्न शब्दों से 'म्' जोड़कर शब्द-रचना कीजिए (Construct the words by adding m at the end) :- गृह, विद्यालय, पादप, वृक्ष, पुष्प। **(gṛha, vidyālaya, pādapa, vṛkṣa, puṣpa).**
   2. **'कार्यालय'** के समान अन्तिम अ को 'आय' में बदल दीजिए। (Replace the last 'a' into **āya**) :- **गृह, विद्यालय, बालक, पुरुष, वृक्ष, पुष्प। (gṛha, vidyālaya, bālaka, puruṣa, vṛkṣa, puṣpa).**
2. निम्नलिखित वाक्यों का अनुवाद कीजिए (Translate the following sentences) :-
   1. **अधुना त्वं कुत्र गच्छसि? (Adhunā tvaṁ kutra gacchasi?)**
   2. **अहमधुना उद्यानमेव गच्छामि। (Ahamadhunā udyānameva gacchāmi.)**
   3. **ललनाः अपि उद्याने आगच्छन्ति भ्रमन्ति च। (Lalanāḥ api udyāne āgacchanti bhramanti ca.)**
   4. **अहं मालाकारः अस्मि। (Ahaṁ mālākāraḥ asmi.)**
   5. **अहमुद्याने एव कार्यं करोमि। (Ahamudyane eva kāryaṁ karomi.)**
3. निम्नलिखित वाक्यों के अर्थों में अन्तर बताइए (Differentiate between the meanings of the following sentences) :-
   1. **ये भ्रमन्ति ते स्वस्थाः तिष्ठन्ति। याः भ्रमन्ति ताः स्वस्थाः तिष्ठन्ति।**
      (Ye bhramanti te svasthāḥ tiṣṭhanti. Yāḥ bhramanti tāḥ savasthāḥ tiṣṭhanti.)
   2. **तेषां गृहं ग्रामे अस्ति। तासां गृहं ग्रामे अस्ति।**
      (Teṣāṁ gṛhaṁ grāme asti. Tāsāṁ gṛhaṁ grāme asti)
4. निम्नलिखित अव्ययों का अपने संस्कृत वाक्यों में प्रयोग कीजिए (Use the following indeclinables in your own Sanskrit sentences) :-

दृष्ट्वा, कुत्र, अधुना, एव, तत्र, किमर्थम्, अपि, च।

(Dṛṣṭvā, kutra, adhunā, eva, tatra, kimartham, api, ca.)

5. निम्नलिखित वाक्यों के उत्तर स्वयं सोचकर संस्कृत में दीजिए (Answer the following sentences in your own Sanskrit) :-
   1. तव गृहं नगरे अस्ति ग्रामे वा?
      Tava gṛhaṁ nagare asti grāme va ?
   2. उद्याने वृक्षान् कः सिञ्चति?
      Udyāne vṛkṣān kaḥ siñcati ?
   3. किं त्वमुद्याने भ्रमसि?
      Kiṁ tvamudyāne bhramasi ?
   4. किं ललनाः उद्याने भ्रमन्ति?
      Kiṁ lalanāḥ udyāne bhramanti ?
   5. किं त्वं विद्यालये पठसि?
      Kiṁ tvaṁ vidyālaye paṭhasi ?
   6. भ्रमणस्य कः लाभः?
      Bhramaṇasya kaḥ lābhaḥ ?

6. निम्नलिखित वाक्यों का संस्कृत में अनुवाद कीजिए (Translate the following sentences into Sanskrit) :-
   1. माली बगीचे में कार्य करता है। (The gardener works in the garden.)
   2. मैं भी वृक्षों को सींचता हूँ। (I also water the trees.)
   3. मैं प्रतिदिन व्यायाम करता हूँ। (I take exercise daily.)
   4. तू व्यायाम क्यों नहीं करता? (Why do you not take exercise ?)
   5. मैं फूलों के लिए बगीचे को जाता हूँ। (I go to the garden for flowers.)
   6. तू कहाँ पढ़ता है? (Where do you read ?)
   7. मैं वहाँ पढ़ता हूँ, जहाँ वह भी पढ़ता है। (I read there, where he also reads.)
   8. वे ज्ञान के लिए विद्यालय को जाते हैं। (They go to school for knowledge.)

चतुर्थः दिवसः   चौथा दिन
Caturthaḥ Divasaḥ   Fourth Day

मोहनस्य उदारता (Mohanasya Udāratā)
मोहन की उदारता (Generosity of Mohan)

मोहनः	– देवेन्द्र! नमस्ते। युवां दम्पती कुत्र गन्तुमुद्यतौ स्थः?	Mohanaḥ	– Devendra! namaste. Yuvāṁ dampatī kutra gantumudyatau sthaḥ?
मोहन	– देवेन्द्र! नमस्ते। तुम दोनों पति-पत्नी कहाँ जाने को तैयार हुए हो?	Mohan	– Devendra! Hello! For which place you both husband and wife are getting ready to go?
देवेन्द्रः	– यत्र सर्वे गच्छन्ति, तत्र एव आवामपि गन्तुमुद्यतौ स्वः।	Devendraḥ	– Yatra sarve gacchanti, tatra eva āvāmapi gantumudyatau svaḥ.
देवेन्द्र	– जहाँ सब जा रहे हैं, वहीं हम दोनों भी जाने को तैयार हैं।	Devendra	– Both of us are getting ready to go there, where all the people are going.
मोहनः	– सर्वे कुत्र गच्छन्ति?	Mohanaḥ	– Sarve kutra gacchanti?

मोहन	– सब कहाँ जा रहे हैं ?	Mohan	– Where are all of them going ?
देवेन्द्रः	**– मोहन! अद्य स्वतन्त्रतादिवसः अस्ति। जनाः स्वतन्त्रतादिवसस्य समारोहं द्रष्टुं गच्छन्ति। आवामपि तत्र एव गच्छावः।**	**Devendraḥ**	**– Mohana! Adya svatantratādivasaḥ asti. Janāḥ svatantratādivasasya samārohaṁ drasṭuṁ gacchanti. Āvāmapi tatra eva gacchāvaḥ.**
देवेन्द्र	– मोहन! आज स्वतन्त्रता-दिवस है। लोग स्वतन्त्रता-दिवस के समारोह को देखने जा रहे हैं। हम दोनों भी वहीं जा रहे हैं।	Devendra	– Mohan ! It is Independence day today. The people are going to see the function of the Independence day. Both of us are also going to see that.
मोहनः	**– अहं, मम भार्या, मम पुत्रः च वयं त्रयः अपि तत्र गमिष्यामः। वयं कारयानेन गमिष्यामः। युवामपि अस्माभिः सह मम कारयाने उपविशतम्।**	**Mohanaḥ**	**– Ahaṁ, mama bhāryā, mama putraḥ ca vayaṁ trayaḥ api tatra gamiṣyāmaḥ. Vayaṁ kārayānena gamiṣyāmaḥ. Yuvāmapi asmābhiḥ saha mama kārayāne upaviśatam.**
मोहन	– मैं, मेरी पत्नी और मेरा पुत्र-हम तीनों भी वहीं जाएँगे। हम कार द्वारा जाएँगे। तुम दोनों भी हमारे साथ मेरी कार में बैठ जाना।	Mohan	– I, my wife, and my son, three of us are also going there. We shall go by the car. Both of you also may sit in my car with us.
देवेन्द्रः	**– मित्र! किं तव कारयाने आवाभ्यां स्थानमस्ति ?**	**Devendraḥ**	**– Mitra! Kiṁ tava kārayāne āvābhyāṁ sthānamasti?**
देवेन्द्र	– मित्र! क्या तुम्हारी कार में हम दोनों के लिए जगह है ?	Devendra	– Friend! Is there space for both of us in your car?

मोहनः –	मित्र! मम कारयाने पञ्च जनाः सुखेन उपविशन्ति। द्वौ युवां स्थः। त्रयः च वयं स्मः। एवं वयं पञ्च जनाः कारयाने सुखेन उपवेक्ष्यामः।	Mohanaḥ –	Mitra! Mama kārayāne pañca janāḥ sukhena upaviśanti. Dvau yuvāṁ sthaḥ. Trayaḥ ca vayaṁ smaḥ. Evaṁ vayaṁ pañca janāḥ kārayāne sukhena upavekṣyāmaḥ.
मोहन –	मित्र! मेरी कार में पाँच आदमी आराम से बैठते हैं। दो तो तुम दोनों हो, और तीन हम सब हैं। इस प्रकार हम पाँच आदमी कार में बैठ जाएँगे।	Mohan –	Friend! Five persons can sit in my car easily. Two are both of you and we are three. In this way we five shall sit easily in the car.
देवेन्द्रः –	धन्यवादः तव। आवामुपविशावः।	Devendraḥ –	Dhanyavādaḥ tava. Āvāmupaviśāvaḥ.
देवेन्द्र –	तुम्हारा धन्यवाद। हम दोनों बैठते हैं।	Devendra –	Thank you. Both of us are sitting there.
मोहनः –	कारयानेन एव वयं गृहमपि सुखेन आगमिष्यामः। (पुत्रम् आकारयति) प्रिय सोम, मात्रा सह शीघ्रमागच्छ। कारयाने युवामपि उपविशतम्। अहम् एतत् चालयिष्यामि।	Mohanaḥ –	Kārayānena eva vayaṁ gṛhamapi sukhena āgamiṣyāmaḥ (putram ākārayati) Priya Soma, mātrā saha śīghramāgaccha. Kārayāne yuvāmapi upaviśatam. Aham etat cālayiṣyāmi.
मोहन –	कार द्वारा हम घर भी आराम से आ जाएँगे। (बेटे को बुलाता है) प्यारे सोम! माँ के साथ जल्दी आओ। कार में तुम दोनों भी बैठ जाओ। मैं इसको चलाऊँगा।	Mohan –	We shall easily return back to our house by the car. (Calls his son) Dear Soma! Come soon with your mother. Both of you also sit in the car. I shall drive it.

सोमः	- पितः! आवाम् आगच्छावः। (मात्रा सह आगच्छति। सर्वे कारयाने उपविशन्ति। मोहनः कारयानं चालयति।)	**Somaḥ**	– Pitaḥ! Āvām āgacchāvaḥ. (Mātrā saha āgacchati. Sarve kārayāne upaviśanti. Mohanaḥ kārayānaṁ cālayati).
सोम	- पिता जी! हम दोनों आ रहे हैं। (माँ के साथ आ जाता है। सभी कार में बैठते हैं। मोहन कार चलाता है)	Soma	– Father! Both of us are coming. (Comes with the mother. All of them sit in the car. Mohan drives the car).
देवेन्द्रः	- सोम! तव पिता अति उदारः अस्ति, यः आवामपि सुखेन नयति। दुर्लभाः सन्ति एतादृशाः सज्जनाः।	**Devendraḥ**	– Soma! Tava pitā ati udāraḥ asti, yaḥ āvāmapi sukhena nayati. Durlabhāḥ santi etādṛśāḥ sajjanāḥ.
देवेन्द्र	- सोम! तुम्हारे पिता जी बड़े उदार हैं, जो हम दोनों को भी आराम से ले जा रहे हैं। ऐसे सज्जन दुर्लभ होते हैं।	Devendra	– Soma! your father is very generous, who is carrying both of us also conveniently. Such good persons are very rare.

शब्दकोश = Vocabulary :-

युवाम्	**(yuvām)**	=	तुम दोनों	(both of you)
आवाम्	**(Āvām)**	=	हम दोनों	(both of us)
यूयम्	**(yūyam)**	=	तुम सब	(all of you)
वयम्	**(vayam)**	=	हम सब	(all of us)
दम्पती	**(dampatī)**	=	पति-पत्नी	(husband and wife)
यत्र	**(yatra)**	=	जहाँ	(where)
मम	**(mama)**	=	मेरा, मेरी, मेरे	(my)

गमिष्यामः	**(gamiṣyāmaḥ)**	=	हम सब जायेंगे	(we shall go)
अस्माभिः सह	**(asmābhiḥ saha)**	=	हमारे साथ	(with us)
पञ्च	**(pañca)**	=	पाँच	(five)
उपवेक्ष्यामः	**(upavekṣyāmaḥ)**	=	हम सब बैठेंगे	(we shall sit)
आ + गम्	**(Ā+gam=**			
(आ + गच्छ्)	**Ā+gacch)**	=	आना	(to come)
आकारयति	**(Ākārayati)**	=	बुलाता है	(calls)
चालय्	**(cālay)**	=	चलाना	(to drive)
तव	**(tava)**	=	तेरा, तेरी, तेरे	(your)
एतादृशाः	**(etādṛśāḥ)**	=	ऐसे	(such)
स्वः	**(svaḥ)**	=	हम दो हैं	(we two are)
स्मः	**(smaḥ)**	=	हम सब हैं	(we all are)
गन्तुम्	**(gantum)**	=	जाने को	(to go)
स्थः	**(sthaḥ)**	=	तुम दो हो	(both of you are)
कुत्र	**(kutra)**	=	कहाँ	(where)
द्रष्टुम्	**(draśṭum)**	=	देखने को	(to see)
भार्या	**(bhāryā)**	=	पत्नी	(wife)
उप + विश्	**(upaviś)**	=	बैठना	(to sit)
मित्र	**(mitra)**	=	दोस्त	(friend)
द्वौ	**(dvau)**	=	दो	(two)
त्रयः	**(trayaḥ)**	=	तीन	(three)
मात्रा सह	**(mātrā saha)**	=	माता के साथ	(with mother)
नी (नय्)	**(nī=nay)**	=	ले जाना	(to carry, to take away)

नियम–1 इस पाठ में तुमुन् (तुम्) प्रत्यय का प्रयोग है, जो उद्देश्य बताता है, जैसे – द्रष्टुम्। (Tumun (tum) suffix has been used in this lesson which shows purpose; as :- **draṣṭum.**

समझिए और याद कीजिए (Understand and learn by heart) :-

वर्तमानकाल में पठ् धातु के रूप
(Conjugation of Paṭh in present tense)

पुरुष **Persons**	एकवचन **Singular**	द्विवचन **Dual**	बहुवचन **Plural**
प्रथम Third	**पठति** **Paṭhati** पढ़ता है reads	**पठतः** **Paṭhataḥ** दो पढ़ते हैं two read	**पठन्ति** **Paṭhanti** सब पढ़ते हैं all read
मध्यम Second	**पठसि** **Paṭhasi** तू पढ़ता है you (one) read	**पठथः** **Paṭhathaḥ** तुम दो पढ़ते हो you (two) read	**पठथ** **Paṭhatha** तुम सब पढ़ते हो all of you read
उत्तम First	**पठामि** **Paṭhāmi** मैं पढ़ता हूँ I read	**पठावः** **Paṭhāvaḥ** हम दो पढ़ते हैं we two read	**पठामः** **Paṭhāmaḥ** हम सब पढ़ते हैं all of us read

इसी प्रकार अब तक पढ़े इन सब धातुओं के रूप आप चला सकते हैं (In the same way you can conjugate all the following roots) :-

खाद् (khād), गाय् (gāy), भ्रम् (bhram), गच्छ् (gacch), आ + रोपय् (Ā+ropay), भव् (bhav), पश्य् (paśy), आ + गच्छ् (Ā+gacch), यच्छ् (yacch), सिञ्च् (siñc), उप + विश् (upa+viś), चालय् (cālay), नय् (Nay), कथय् (Kathay).

अभ्यासः (Exercise)

1. निम्नलिखित प्रश्नों के संस्कृत में उत्तर दीजिए (Answer the following questions in Sanskrit) :-
   1. **मोहनः कुत्र गन्तुम् उद्यतः अस्ति? (Mohanaḥ kutra gantum udyataḥ asti?)**
   2. **एतत् कः पृच्छति – 'सर्वे कुत्र गच्छन्ति?' (Etat kaḥ pṛcchati - 'Sarve kutra gacchanti?')**

3. जनाः कं द्रष्टुं गच्छन्ति? (Janāḥ kaṁ draṣṭuṁ gacchanti?)
4. मोहनेन सह कः कः गच्छति? (Mohanena saha kaḥ kaḥ gacchati?)
5. कारयानं कस्य अस्ति? (Kārayānaṁ kasya asti?)
6. मोहनस्य कारयाने कति जनाः उपविशन्ति? (Mohanasya kārayāne kati janāḥ upaviśanti?)
7. मोहनस्य पुत्रस्य किं नाम? (Mohanasya putrasya kiṁ nāma?)

2. निम्नलिखित वाक्यों का अनुवाद कीजिए (Translate the following sentences) :-
   1. यत्र सर्वे गच्छन्ति, तत्र एव आवाम् अपि गन्तुमुद्यतौ स्वः। (Yatra sarve gacchanti, tatra eva āvām api gantumudyatau svaḥ.)
   2. युवामपि अस्माभिः सह कारयाने उपविशतम्। (Yuvāmapi asmābhiḥ saha kārayāne upaviśatam.)
   3. मित्र! किं तव कारयाने आवाभ्याम् स्थानमस्ति? (Mitra! Kiṁ tava kārayāne āvābhyām sthānamasti?)
   4. कारयानेन वयं गृहमपि सुखेन आगमिष्यामः। (Kārayānena vayaṁ gṛhamapi sukhena āgamiṣyāmaḥ.)
   5. दुर्लभाः सन्ति एतादृशाः सज्जनाः। (Durlabhāḥ santi etādṛśāḥ sajjanāḥ.)

3. जैसे 'सुखेन सह' का अर्थ है 'सुख के साथ' ऐसे ही इन शब्दों के साथ 'सह' लगाकर संस्कृत-शब्द बनाइए :- ज्ञान, धन, वृक्ष, पुष्प, बालक। (Just as 'Sukhena Saha' means 'with ease/easily', similarly form words by adding saha to **jñāna, dhana, vṛkṣa, puṣpa, bālaka**).

4. निम्नलिखित वाक्यों से पूर्व ठीक कर्ता लगाइए (Use the correct subjects before the following sentences) :-
   1. ———— कुत्र गच्छतः? (.................... kutra gacchataḥ).
   2. ———— उद्यानं गच्छावः। (.................... udyānaṁ gacchāvaḥ).
   3. ———— समारोहं द्रष्टुं गच्छन्ति। (.................... samārohaṁ draṣṭuṁ gacchanti).
   4. ———— किं पुस्तकं पठथ? (.................... kiṁ pustakaṁ paṭhatha).
   5. ———— गृहं गच्छामः। (.................... gṛhaṁ gacchāmaḥ).
   6. ———— पञ्च सुखेन उपवेक्ष्यामः। (.................... pañca sukhena upavekṣyāmaḥ).

5. निम्नलिखित शब्दों का अपने संस्कृत-वाक्यों में प्रयोग कीजिए (Use the following words in your own Sanskrit sentences) :-

कुत्र, यत्र, गन्तुम्, द्रष्टुम्, मम, तव, स्वः, स्मः, आगच्छ, आवाम्। (kutra, yatra, gantum, draṣṭum, mama, tava, svaḥ, smaḥ, āgaccha, āvām).

6. निम्नलिखित वाक्यों का संस्कृत में अनुवाद कीजिए (Translate the following sentences into Sanskrit) :-

1. वह माता के साथ जाता है। (He goes with his mother.)
2. सुख के साथ दुःख भी होता है। (There is woe with weal.)
3. हम पाँच हैं और तुम दो हो। (We are five and you are two.)
4. वे कार से समारोह देखने जाते हैं। (They go to see the function by the car.)
5. वृक्षों के साथ ही फल होते हैं। (Fruits grow with trees only.)
6. जहाँ तुम सब जाते हो, वहाँ हम भी जाते हैं। (Where ever all of you go, we also go there.)
7. हमारे साथ कौन जायेगा? (Who will go with us?)
8. हम यहीं बैठेंगे। (We shall sit only here.)

पञ्चमः दिवसः
Pañcamaḥ Divasaḥ
पाँचवाँ दिन
Fifth Day

वनविहारः (Vana-vihāraḥ) = वनविहार (Picnic)

प्रसूनः – प्रमोद, अद्य वयं वनविहाराय गमिष्यामः। सोमः शोभा च शीघ्रमेव आगमिष्यतः। त्रयः अन्ये परिवाराः अपि आगमिष्यन्ति।

Prasūnaḥ – Pramoda, adya vayaṁ vanavihārāya gamiṣyāmaḥ. Somaḥ Śobhā ca śīghrameva āgamiṣyataḥ. Trayaḥ anye parivārāḥ api āgamiṣyanti.

प्रसून – प्रमोद, आज हम पिकनिक पर जाएँगे। सोम और शोभा जल्दी आ जाएँगे। तीन अन्य परिवार भी आएँगे।

Prasun – Pramod, today we shall go for a picnic. Soma and Shobha will reach here soon. Three other families also will come.

प्रमोदः – मम मित्राणि अपि अस्माभिः सह गमिष्यन्ति। परन्तु गमनस्य कः प्रबन्धः?

Pramodaḥ – Mama mitrāṇi api asmābhiḥ saha gamiṣyanti. Parantu gamanasya kaḥ prabandhaḥ?

प्रमोद	– मेरे मित्र भी हमारे साथ जाएँगे। परन्तु जाने का प्रबन्ध क्या है ?	Pramod	– My friends also will go with us. But what is the arrangement for going there?
प्रसूनः	– अहं त्वं च सोमेन सह कारयाने उपवेक्ष्यावः। देवस्य कारयाने रमा उमा च उपवेक्ष्यतः। एवं सर्वः प्रबन्धः भविष्यति।	Prasūnaḥ	– Ahaṁ tvaṁ ca Somena sah kārayāne upavekṣyāvaḥ. Devasya kārayāne Ramā Umā ca upavekṣyataḥ. Evaṁ sarvaḥ prabandhaḥ bhaviṣyati.
प्रसून	– मैं और तुम सोम के साथ कार में बैठ जाएँगे। देव की कार में रमा और उमा बैठ जाएँगी। इस प्रकार सारा प्रबन्ध हो जाएगा।	Prasun	– I and you will sit in the car of Som. Rama and Uma will sit in the car of Dev. In this way there will be complete arrangement.
(दिवाकरः प्रभाकरः, च आगच्छतः।)		(Divākaraḥ Prabhākaraḥ ca āgacchataḥ).	
(दिवाकर और प्रभाकर आ जाते हैं।)		(Divakar and Prabhakar reach there).	
प्रमोदः	– दिवाकर, प्रभाकर! किं युवामपि वनविहाराय गमिष्यथः ?	Pramodaḥ	– Divākara, Prabhākara! Kiṁ yuvāmapi vanavihārāya gamiṣyathaḥ?
प्रमोद	– दिवाकर, प्रभाकर! क्या तुम दोनों भी पिकनिक के लिए जाओगे ?	Pramod	– Divakar, Prabhakar! Will both of you also go for picnic?
दिवाकरः	– वनविहाराय एव आवाम् अत्र आगच्छावः।	Divākaraḥ	– Vanavihārāya eva āvām atra āgacchāvaḥ.
दिवाकर	– हम दोनों यहाँ पिकनिक के लिए ही आए हैं।	Divakar	– Both of us have come here for the picnic itself.

प्रमोदः	**– युवां कस्य कारयाने उपवेक्ष्यथः।**	**Pramodaḥ**	**– Yuvāṁ kasya kārayāne upavekṣyathaḥ?**
प्रमोद	– तुम दोनों किसकी कार में बैठोगे?	Pramod	– In whose car will both of you sit?
दिवाकरः	**– जगदीशस्य कारयानम् अत्र आगच्छति। तस्मिन् एव आवामपि उपवेक्ष्यावः। तस्य कारयाने पञ्च जनाः आगच्छन्ति। तेन यानेन एव वयं सर्वे गमिष्यामः।**	**Divākaraḥ**	**– Jagadīśasya kārayānam atra Āgacchati. Tasmin eva āvāmapi upavekṣyāvaḥ. Tasya kārayāne pañca janāḥ āgacchanti. Tena yānena eva vayaṁ sarve gamiṣyāmaḥ.**
दिवाकर	– जगदीश की कार यहाँ आ रही है। उसी में हम दोनों भी बैठ जाएँगे। उसकी कार में पाँच आदमी आ जाते हैं। उसी गाड़ी से हम सभी जाएँगे।	Divakar	– Jagdish's car is coming here. Both of us will also sit into that car. Five persons can sit in his car. All of us shall go only by that vehicle.
प्रसूनः	**– भोजनस्य कः प्रबन्धः?**	**Prasūnaḥ**	**– Bhojanasya kaḥ prabandhaḥ?**
प्रसून	– भोजन का क्या प्रबन्ध होगा?	Prasun	– What will be the arrangement of food there?
प्रमोदः	**– भोजनाय वयं वस्तूनि नयामः। वनविहारस्थले एव भोजनं पक्ष्यामः।**	**Pramodaḥ**	**– Bhojanāya vayaṁ vastūni nayāmaḥ. Vanavihārasthale eva bhojanaṁ pakṣyāmaḥ.**
प्रमोद	– भोजन के लिए हम चीजें ले जा रहे हैं। पिकनिक के स्थान पर ही हम भोजन पकाएँगे।	Pramod	– We are taking provisions for food with us. We shall cook the food at the picnic spot.

दिवाकरः – तत्र कः कार्यक्रमः भविष्यति ?	**Divākaraḥ – Tatra kaḥ kārya-kramaḥ bhaviṣyati?**
दिवाकर – वहाँ क्या कार्यक्रम होगा ?	Divakar – What will be the programme there?
प्रसूनः – तत्र संगीतं, नृत्यं, हास्य-नाटिका, क्रीडाः च भविष्यन्ति। वनविहारे पूर्णतः मनोरञ्जनं भविष्यति।	**Prasūnaḥ – Tatra saṁgītaṁ, nṛtyaṁ, hāsyanāṭikā krīḍāḥ ca bhaviṣyanti. Vanavihāre pūrṇataḥ manorañjanaṁ bhaviṣyati.**
प्रसून – वहाँ संगीत, नृत्य, हास्य-नाटिका और खेल होंगे। पिकनिक में पूरे तौर से मन-बहलाव होगा।	Prasun – Music, dance, small comedy and games will be arranged there. There will be complete entertainment during the picnic.
(सर्वे जनाः तत्र एकत्रीभवन्ति। अनेकेषु च यानेषु उपविश्य सर्वे वनविहाराय गच्छन्ति।)	**(Sarve janāḥ tatra ekatrībhavanti. Anekeṣu ca yāneṣu upaviṣya sarve vanavihārāya gacchanti).**
(सभी लोग वहाँ इकट्ठे होते हैं। अनेक गाड़ियों में बैठकर सभी पिकनिक के लिए जाते हैं।)	(All persons join there. They sit into many vehicles and go for picnic).

शब्दकोश = **Vocabulary :-**

अद्य	**(adya)**	=	आज	(today)
वनविहारः	**(vanavihāraḥ)**	=	पिकनिक	(picnic)
गमिष्यामः	**(gamiṣyāmaḥ)**	=	हम सब जाएँगे	(all of us will go)
आगमिष्यतः	**(Āgamiṣyataḥ)**	=	दो आएँगे	(two will come)
अस्माभिः सह	**(asmābhiḥ saha)**	=	हमारे साथ	(with all of us)
उप + विश्	**(upa + viś)**	=	बैठना	(to sit)
उप + वेक्ष्यतः	**(upa + vekṣyataḥ)**	=	दो बैठेंगे	(two will sit)

कस्य	(kasya)	=	किसके	(of whose)
तस्य	(tasya)	=	उसके	(of his)
वस्तु	(vastu)	=	चीज	(thing)
वस्तूनि	(vastūni)	=	चीजें	(things)
पच्	(pac)	=	पकाना	(to cook)
पक्ष्यामः	(pakṣyāmaḥ)	=	हम पकाएँगे	(we shall cook)
एकत्रीभवन्ति	(ekatrībhavanti)	=	इकट्ठे होते हैं	(join)
उपविश्य	(upaviśya)	=	बैठकर	(sitting, having been seated)

समझिए (Note) :-

नियम-1 गमिष्यन्ति, आगमिष्यतः - इत्यादि शब्द भविष्यत्काल को बताते हैं। परिशिष्ट-2 में 'पठ्' धातु के भविष्यत्काल लृट् लकार के रूप देखकर प्रत्येक धातु का तालिका में से पहला रूप देखकर पूरे रूप चलाइए। (**Gamiṣyanti, āgamiṣyataḥ** - such type of words show the future tense. You should note the conjugation of **'Paṭh' in future tense** from the appendix-2 and also note the first form of all roots you have read from the table given there and conjugate in the future tense).

नियम-2 धातु के साथ 'त्वा' अथवा 'य' प्रत्यय 'करके' का अर्थ देते हैं। परिशिष्ट-2 की तालिका से प्रत्येक धातु के रूप जानिये। जैसे - **पठित्वा** (पढ़कर), **उपविश्य** (बैठकर)। (If a root has **'tvā'** or **'ya'** with it, this shows the completion of first verb, as **paṭhitvā** (after reading), **upāviśya** (after sitting). Note such forms of every root from the table given in the appendix-2).

अभ्यासः (Exercise)

1. निम्नलिखित प्रश्नों के संस्कृत में उत्तर दीजिए (Answer the following questions in sanskrit) :-
    1. सर्वे कुत्र गन्तुमुद्यताः सन्ति? (Sarve kutra gantumudyatāḥ santi?)
    2. कस्य मित्राणि अपि सह गमिष्यन्ति? (Kasya mitrāṇi api saha gamiṣyanti?)
    3. प्रसूनः कस्य कारयाने उपवेक्ष्यति? (Prasūnaḥ kasya kārayāne upavekṣyati?)
    4. रमा उमा च कुत्र उपवेक्ष्यतः? (Ramā Umā ca kutra upavekṣyataḥ?)

5. ते भोजनं कुत्र पक्ष्यन्ति? **(Te bhojanaṁ kutra pakṣyanti?)**

2. निम्नलिखित शब्दों का अपने वाक्यों में प्रयोग कीजिए (Use the following words in your own sentences) :-

उपविश्य, भविष्यति, आगच्छावः, गमिष्यामः, उपवेक्ष्यावः। (Upaviśya, bhaviṣyati, āgacchāvaḥ, gamiṣyāmaḥ, upavekṣyāvaḥ).

3. निम्नलिखित वाक्यों का अनुवाद कीजिए (Translate the following sentences) :-

   1. **अहं त्वं च सोमेन सह कारयाने उपवेक्ष्यावः। (Ahaṁ tvaṁ ca Somena saha kāra-yāne upavekṣyāvaḥ).**
   2. **किं युवामपि वनविहाराय गमिष्यथः? (Kiṁ yuvāmapi vanavihārāya gami-ṣyathaḥ?)**
   3. **भोजनाय वयं वस्तूनि नयामः। (Bhojanāya vayaṁ vastūni nayāmaḥ).**
   4. **वनविहार-स्थले एव भोजनं पक्ष्यामः। (Vanavihāra-sthale eva bhojanaṁ pak-ṣyāmaḥ).**
   5. **सर्वे जनाः तत्र एकत्रीभवन्ति। (Sarve janāḥ tatra ekatrībhavanti).**

4. **उप + विश्** के भविष्यत्काल में रूप लिखिए। (Conjugate **up+viś** in the future tense).

5. परिशिष्ट – 1 में 'देव' शब्द के रूप देखिए और उसी के समान 'सोम' शब्द के सातों विभक्तियों में रूप लिखिए (See the declensions of 'Deva' in the appendix - I and decline 'Soma' in the same way.)

6. निम्नलिखित वाक्यों का संस्कृत में अनुवाद कीजिए (Translate the following sentences into Sanskrit) :-

   1. मैं तेरे साथ नहीं जाऊँगा। (I shall not go with you.)
   2. मेरे मित्र यहाँ आएँगे। (My friends will come here.)
   3. हम राम की कार में बैठेंगे। (We shall sit in Ram's car.)
   4. मेरी माता भोजन पकाएगी। (My mother will cook the food.)
   5. हम गाड़ी में बैठकर वहाँ जाएँगे। (We shall go there by sitting in the vehicle.)
   6. मैं पढ़कर खेलूँगा। (I shall play after reading.)

षष्ठः दिवसः छठा दिन
Ṣaṣṭhaḥ Divasaḥ Sixth Day

वृद्धस्य अभिनन्दनम् (Vṛddhasya Abhinandanam)
वृद्ध का अभिनन्दन (Greeting to the old man)

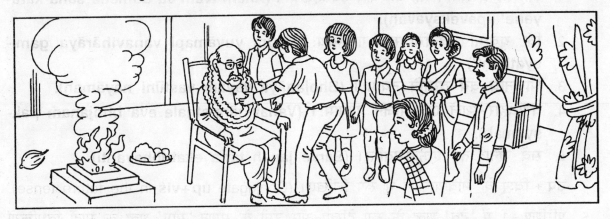

सोमदत्तः – (भार्यां प्रति) शोभे, अद्य अस्माकं पितुः जन्म-दिवसः अस्ति। वयमद्य हवनं करिष्यामः। पुनः च मालाभिः पितरं पूजयिष्यामः। भवती सर्वं प्रबन्धं करोतु।

Somadattaḥ – (Bhāryāṁ prati) Śobhe, adya asmākaṁ pituḥ janma-divasaḥ asti. Vayamadya havanaṁ kariṣyāmaḥ. Punaḥ ca mālābhiḥ pitaraṁ pujayiṣyāmaḥ. Bhavatī sarvaṁ prabhandhaṁ karotu.

सोमदत्त – (पत्नी की ओर) शोभा, आज हमारे पिताजी का जन्मदिन है। आज हम हवन करेंगे। फिर मालाओं से पिताजी को पूजेंगे। आप सारा प्रबन्ध कीजिए।

Somadutt – (To his wife) O Shobha, today is the birthday of our father. Today we shall perform fire-sacrifice

(Havana). After that we shall greet the father with garlands. You should manage all the things.

शोभा – सुदिवसः अद्य। प्रिय, भवान् वाटिकां गच्छतु, पुष्पाणि च आनयतु। अहं मालाः करिष्यामि। (पुत्रं प्रति) प्रिय निखिल, त्वं हवनाय स्थानं स्वच्छं कुरु।

Śobhā – Sudivasaḥ adya. Priya, bhavān vāṭikāṁ gacchatu, puśpāṇi ca ānayatu. Ahaṁ mālāḥ kariṣyāmi. (Putraṁ prati) Priya Nikhila, tvaṁ havanāya sthānaṁ svacchaṁ kuru.

शोभा – आज शुभ दिन है। प्रिय, आप वाटिका में जाइए और फूल ले आइए। मैं मालाएँ बनाऊँगी। (पुत्र को) प्यारे निखिल, तुम हवन के लिए जगह साफ कर दो।

Shobha – This is an auspicious day today. Dear, you should go to the garden and bring flowers. I shall prepare garlands. (To the son) Dear Nikhila, you should clean the place for havana.

निखिलः – अहं हवनाय स्थानमपि स्वच्छं करिष्यामि समिधादिकमपि च स्थापयिष्यामि।

Nikhilaḥ – Ahaṁ havanāya sthānamapi svacchaṁ kariṣyāmi, samidhādikamapi ca sthāpayiṣyāmi.

निखिल – मैं हवन के लिए जगह भी साफ करूँगा और समिधाएँ आदि भी रख दूँगा।

Nikhil – I shall clean the place for havana and also shall place pieces of wood etc.

शोभा – (पुत्रीं प्रति) दिव्ये, त्वमपि मया सह मालाः करिष्यसि।

Śobhā – (Putrīṁ prati) Divye, tvamapi mayā saha mālāḥ kariṣyasi.

शोभा – (पुत्री को) दिव्या, तू भी

Shobha – (To the daughter) Divya,

मेरे साथ मालाएँ बनाएगी।	you will also prepare garlands with me.
दिव्या – अहमपि मालाः करिष्यामि।	**Divyā – Ahamapi mālāḥ kariṣyāmi.**
दिव्या – मैं भी मालाएँ बनाऊँगी।	Divya – I shall also prepare garlands.
(सोमदत्तः पुष्पाणि आनेतुं गच्छति। निखिलः हवनसामग्रीं स्थापयति। शोभा दिव्या च मालाः रचयतः।)	**(Somadattaḥ puṣpāṇi ānetuṁ gacchati. Nikhilaḥ havanasāmagrīṁ sthāpayati. Śobhā Divyā ca mālāḥ racayataḥ).**
(सोमदत्त फूल लाने के लिए चला जाता है। निखिल हवन का सामान लगाता है। शोभा और दिव्या मालाएँ बनाती हैं।)	(Somadutt goes to bring the flowers. Nikhil arranges the things for havana. Shobha and Divya prepare garlands).
शोभा – (सोमदत्तं प्रति) प्रिय, अधुना समारोहस्य सज्जा भूता। मालाः सज्जाः सन्ति। हवनाय च सामग्री स्थापिता अस्ति। वयं सर्वे मिलित्वा हवनं करिष्यामः, पुनः च पितुः अभिनन्दनं भविष्यति।	**Śobhā – (Somadattaṁ prati) Priya, adhunā samārohasya sajjā bhutā. Mālāḥ sajjāḥ santi. Havanāya ca Sāmagrī sthāpitā asti. Vayaṁ sarve militvā havanaṁ kariṣyāmaḥ, punaḥ ca pituḥ abhinandanaṁ bhaviṣyati.**
शोभा – (सोमदत्त से) प्रिय, अब उत्सव की तैयारी हो गई है। हवन के लिए सामान रखा गया है। हम सब मिलकर हवन करेंगे और फिर पिता जी का अभि-	Shobha – (to Somadutt) Dear, preparation has been made for the function. The required things for havana have been placed. All of us together will perform havana

नन्दन करेंगे।	and after that we shall greet the father.
(सर्वे श्रद्धया हवनं कुर्वन्ति। हवनानन्तरं सर्वे वृद्धस्य अभिनन्दनं कुर्वन्ति।)	**(Sarve śraddhayā havanaṁ kurvanti. Havanānantaraṁ sarve vṛddhasya abhinandanaṁ kurvanti).**
(सभी श्रद्धा से हवन करते हैं। हवन के बाद सब वृद्ध महोदय का अभिनन्दन करते हैं।)	(All perform havana with devotion. After havana all greet the elder).
सोमदत्तः – (पितरं नमति, पुनः च मालां धापयति कथयति च) – पितः, जीवतु स्वस्थः च तिष्ठतु शरदः शतं भवान्।	**Somadattaḥ – (Pitaraṁ namati, punaḥ ca mālāṁ dhāpayati kathayati ca) - Pitaḥ, jīvatu svasthaḥ ca tiṣṭhatu śaradaḥ śataṁ bhavān.**
सोमदत्त – (पिता को नमस्कार करता है और फिर माला पहनाते हुए कहता है) – पिता जी, आप सौ साल तक जिएँ और स्वस्थ रहें!	Somadutt – (Bows to his father, then puts garlands on him and says) - Dear father, may you live long and remain healthy upto a hundred of years!
वृद्धः – सर्वेषां कल्याणं भवतु।	**Vṛddhaḥ – Sarveṣāṁ kalyāṇaṁ bhavatu.**
वृद्ध – सब का कल्याण हो!	The Elder – Welfare be to all of you!
(पुनः शोभा, निखिलः, दिव्या च अपि क्रमशः मालाः धापयन्ति, मंगलवचनानि	**(Punaḥ Śobhā, Nikhilaḥ, Divyā ca api kramaśaḥ mālāḥ dhāpayanti**

च वदन्ति। अन्ते सर्वे मिलित्वा सुस्वादु भोजनं कुर्वन्ति)।

maṅgalavacanāni ca vadanti. Ante sarve militvā susvādu bhojanaṁ kurvanti).

(फिर शोभा, निखिल और दिव्या भी बारी-बारी से मालाएँ पहनाते हैं और मंगल-वचन बोलते हैं। अन्त में सब मिलकर स्वादिष्ट भोजन करते हैं)।

(After that Sobha, Nikhil and Divya also garland the elder and speak auspicious words. At the end all enjoy delicious food together.)

विशेष Note :- इस पाठ में 'माला' आदि आकारान्त स्त्रीलिंग शब्दों का प्रयोग है। (This lesson has the feminine words ending in **ā**; as **mālā**.)

शब्दकोश = Vocabulary :-

भार्या	(bhāryā)	=	पत्नी	(wife)
पितृ	(pitṛ)	=	पिता	(father)
भवान्	(bhavān)	=	आप (पुं.)	(you)
कुरु	(kuru)	=	करो	(do)
आनेतुम्	(ānetum)	=	लाने के लिये	(to take away)
सज्जा	(sajjā)	=	तैयारी	(preparation)
स्थापिता	(sthāpitā)	=	रखी गई	(placed)
शरदः शतम्	(Śaradaḥ śatam)	=	सौ वर्ष तक	(upto a hundred years)
स्था (तिष्ठ्)	(sthā-tiṣṭh)	=	ठहरना, रहना	(to stay, to remain)
जीव्	(jīv)	=	जीना	(to live)
प्रति	(prati)	=	की ओर, तरफ	(towards)
भवती	(bhavatī)	=	आप (स्त्री.)	(you)
गच्छतु	(gacchatu)	=	जाएँ	(go)
आ-नय्	(ā+nay)	=	लाना	(to bring)
स्थापय्	(sthāpay)	=	रखना	(to place)
रचय्	(racay)	=	बनाना	(to make)
नम्	(nam)	=	नमस्कार करना	(to bow)
धापय्	(dhāpaya)	=	पहनाना	(to make one wear)

अभ्यासः (Exercise)

1. निम्नलिखित प्रश्नों के संस्कृत में उत्तर दीजिए (Answer the following questions in Sanskrit):-
   1. सोमदत्तस्य भार्यायाः किं नाम? (Somadattsya bhāryāyāḥ kiṁ nāma?)
   2. जन्मदिवसः कस्य अस्ति? (Janmadivasaḥ kasya asti?)
   3. सोमदत्तः पुष्पेभ्यः कुत्र गच्छति? (Somadattaḥ puṣpebhyaḥ kutra gacchati?)
   4. हवनाय स्थानं स्वच्छं कः करोति? (Havanāya sthānaṁ svacchaṁ kaḥ karoti?)
   5. मालाः का का रचयति? (Mālāḥ kā kā racayati?)
   6. कः कः वृद्धं मालाम् धापयति? (Kaḥ kaḥ vṛddhaṁ mālām dhāpayati.)

2. परिशिष्ट-1 में से 'देव' तथा 'लता' के रूप ध्यान से पढ़कर क्रमशः 'निखिल' और 'माला' शब्दों के रूप लिखिए। (Decline **'Nikhila'** and **'Mālā'** after noting carefully the declensions of **'Deva'** and **'Latā'** from the appendix-1).

3. 'पितुः, पितरम्' पितृ शब्द के किस विभक्ति और वचन के रूप हैं; देखिए परिशिष्ट-1 (Tell the case-endings and number of **'pituḥ'** and **'pitaram'** seeing the appendix-1).

4. निम्नलिखित वाक्यों का अनुवाद कीजिए (Translate the following sentences):-
   1. भवती सर्वं प्रबन्धं-करोतु। (Bhavatī sarvaṁ prabandhaṁ karotu).
   2. भवान् वाटिकां गच्छतु, पुष्पाणि च आनयतु। (Bhavān vāṭikāṁ gacchatu, puṣpāṇi ca ānayatu).
   3. दिव्ये! त्वमपि मया सह मालाः करिष्यसि। (Divye, tvamapi mayā saha mālāḥ kariṣyasi).
   4. वयं सर्वे मिलित्वा हवनं करिष्यामः। (Vayaṁ sarve militvā havanaṁ kariṣyāmaḥ).
   5. पितः, जीवतु स्वस्थः च तिष्ठतु शरदः शतं भवान्! (Pitaḥ, jīvatu svasthaḥ ca tiṣṭhatu śaradaḥ śataṁ bhavān!)

38 — SPOKEN-SANSKRIT

5. '**पठ्**' धातु के लोट् लकार के रूप परिशिष्ट-2 में देखिए और '**जीव्**' धातु के लोट् लकार के रूप उसी प्रकार लिखिए। (See the conjugation of '**paṭh**' root in '**Loṭ Lakāra**' in appendix-2 and conjugate '**jīv**' accordingly.)

6. निम्नलिखित शब्दों का अपने वाक्यों में प्रयोग कीजिए (Use the following words in your own sentences) :-

   प्रति, अद्य, करिष्यामः, भवान्, भवती, कुरु, मया सह, नेतुम्, पितुः, धापयन्ति।
   (Prati, adya, kariṣyāmaḥ, bhavān, bhavatī, kuru, mayā saha, netum, pituḥ, dhāpayanti)

7. संस्कृत में अनुवाद कीजिए (Translate into Sanskrit) :-
   1. रमेश वाटिका से फूल लाता है। (Ramesh brings flowers from the garden.)
   2. पिता जी के जन्मदिवस पर मैं उन्हें माला पहनाऊँगा। (I shall greet my father on his birthday with a garland.)
   3. आप सौ वर्ष तक जिएँ और स्वस्थ रहें! (May you live hundred of years and maintain good health !)
   4. हम सब मिलकर गीत गाएँगे। (All of us will sing a song together.)
   5. शोभे, तू फूलों से माला बना। (Shobhe, prepare a garland of flowers.)
   6. मैं विद्यालय जाकर अध्यापकों को नमस्कार करता हूँ। (I bow to the teachers after reaching the school.)
   7. हम श्रद्धा से ईश्वर की उपासना करते हैं। (We worship God with devotion.)
   8. तुम सब अब कहाँ जाओगे? (Where will all of you go now)?

सप्तमः दिवसः   सातवाँ दिन
Saptamaḥ Divasaḥ   Seventh Day

बालोद्यानम् (Bālodyānam) = बालोद्यान (Children's Park)

सुधा	– सुशीले, आगच्छ, बालोद्यानं गच्छाव।	Sudhā	– Suśīle, āgaccha, bālodyānaṁ gacchāva.
सुधा	– सुशीला, आ बालोद्यान को चलें।	Sudha	– Susila, come. Let us both go to the children's park.
सुशीला	– किमर्थम्?	Suśīlā	– Kimartham?
सुशीला	– किसलिए?	Sushila	– What for?
सुधा	– बालोद्याने बालानां क्रीडनाय विविधानि उपकरणानि सन्ति। तानि द्रक्ष्यावः। तत्र बालकाः बालिकाः च क्रीडन्ति। तेषां क्रीडाः अपि द्रक्ष्यावः। एतेन आवयोः मनोरञ्जनमपि भविष्यति।	Sudhā	– Bālodyāne balānāṁ krīḍanāya vividhāni upakaraṇāni santi. Tāni drakṣyāvaḥ. Tatra bālakāḥ bālikāḥ ca krīḍanti. Teṣaṁ krīḍāḥ api drakṣyāvaḥ. Etena āvayoḥ manorañjanamapi bhaviṣyati.
सुधा	– बालोद्यान में बच्चों के खेलने के	Sudha	– There are many playequi-

लिए अनेक प्रकार के उपकरण हैं। उनको हम दोनों देखेंगे। वहाँ लड़के और लड़कियाँ खेलते हैं। उनके खेल भी देखेंगे। इससे हमारा मन-बहलाव भी होगा।

pments for the children. We shall see them. Boys and girls play there. We shall see their games also. In this way we will have a fun.

सुशीला – मम पुत्रः अनुपमः बालोद्याने मित्रैः सह क्रीडितुं गतः अस्ति। तव पुत्रः तव च सुताऽपि तत्र एव स्तः। अतः चल मया सह।

Suśīlā – **Mama putraḥ Anupamaḥ Bālodyāne mitraiḥ saha krīḍituṁ gataḥ asti. Tava putraḥ tava ca sutā'pi tatra eva staḥ. Ataḥ cala mayā saha.**

सुशीला – मेरा पुत्र अनुपम बालोद्यान में मित्रों के साथ खेलने के लिए गया हुआ है। तेरा पुत्र और तेरी बेटी भी वहीं हैं। इसलिए मेरे साथ चल।

Sushila – My son Anupama has gone to the children's park to play with his friends. Your son and your daughter are also there. So, come with me.

(द्वे एव बालोद्यानं गच्छतः।)
(दोनों ही बालोद्यान को जाती हैं।)

(Dve eva Bālodyānaṁ gacchataḥ).
(Both of them go to the children's park).

सुधा – (बालोद्यानं प्राप्य) सुशीले, पश्य, तत्र बालकाः करपटक्रीडां क्रीडन्ति। तेषु एव बालकेषु तव पुत्रः अनुपमः मम च पुत्रः कृष्णः अपि क्रीडतः।

Sudhā – **(Bālodyānaṁ prāpya) Suśīle, paśya, tatra bālakāḥ karapaṭakrīḍāṁ krīḍanti. Teṣu eva bālakeṣu tava putraḥ Anupamaḥ mama ca putraḥ Kṛṣṇaḥ api krīḍataḥ.**

सुधा – (बालोद्यान में पहुँचकर) सुशीला, देख वहाँ लड़के रूमाल का खेल-खेल रहे हैं। उन्हीं लड़कों में तेरा

Sudha – (After reaching the children's park) Sushila, look there, the boys are play-

पुत्र अनुपम और मेरा पुत्र कृष्ण भी खेल रहे हैं।		ing the game of handker chief. Among those boys your son Anupama and my son Krishna are also playing.
सुशीला – पश्यामि सर्वान् बालकान्। सर्वे बालकाः करपटक्रीडां क्रीडन्ति। कृष्णः करपटस्य रक्षां करोति, अनुपमः च करपटम् उत्थापयितुं यतते।	**Suśīlā –**	**Paśyāmi sarvān bālakān. Sarve bālakāḥ karapaṭakrīḍāṁ krīḍanti. Kṛṣṇaḥ karapaṭasya rakṣāṁ karoti, Anupamaḥ ca karapaṭam utthāpayitum yatate.**
सुशीला – सभी लड़कों को देख रही हूँ। सभी लड़के रूमाल का खेल खेल रहे हैं। कृष्ण रूमाल की रक्षा कर रहा है और अनुपम रूमाल को उठाने की कोशिश कर रहा है।	Sushila –	I am looking at all the boys. All of them are playing the game of handkerchief. Krishna is protecting the handkerchief while Anupama is trying to pick it up.
(ते महिले बालकानां क्रीडां दृष्ट्वा पुनः कन्यानां क्रीडां द्रष्टुं गच्छतः)।		**(Te mahile bālakānāṁ krīḍāṁ dṛṣṭvā punaḥ kanyānāṁ krīḍāṁ draṣṭuṁ gacchataḥ).**
(वे औरतें लड़कों के खेल को देखकर फिर लड़कियों के खेल को देखने के लिए जाती हैं।)		(After seeing the game of the boys those ladies go to see the games of the girls.)
सुशीला – (तत्र प्राप्य) सुधे, पश्य पश्य। कन्याः रज्ज्वा कूर्दन्ते। दिव्यां पश्य। तस्याः कूर्दनम् अति मनोहरम् अस्ति।	**Suśīlā –**	**(Tatra, prāpya) Sudhe, paśya paśya. Kanyāḥ rajjvā kūrdante. Divyāṁ paśya. Tasyāḥ kūrdanam ati manoharam asti.**

सुशीला – (वहाँ पहुँचकर) सुधा, देख, देख। लड़कियाँ रस्सी से कूद रही हैं। दिव्या को देख। उसकी कूद बहुत सुन्दर है।

Sushila – (Reaching there) Sudha, look there. The girls are jumping with the string. Look at Divya. Her jumping is very attractive.

(कन्यानां क्रीडां दृष्ट्वा ते महिले बालोद्याने इतस्ततः भ्रमित्वा पुनः गृहं गच्छतः।)

(Kanyānāṁ krīḍāṁ dṛṣṭvā te mahile Balodyāne itastataḥ bhramitvā punaḥ gṛhaṁ gacchataḥ).

(लड़कियों का खेल देखकर वे औरतें बालोद्यान में इधर-उधर घूमकर फिर घर को चली जाती हैं।)

(Having seen the game of the girls, those ladies walk in the park here and there and then return home.)

विशेष Note :– इस पाठ में अकारान्त नपुंसकलिंग शब्दों तथा क्तान्त विशेषणों का प्रयोग है। (This lesson stresses on the use of the words of neuter gender ending in 'a' and adjectives made by suffix 'kta'.)

शब्दकोश = Vocabulary :-

उपकरणानि	(upakaraṇāni)	= उपकरण, साधन	(instruments)
द्रक्ष्यावः	(drakṣyāvaḥ)	= हम दोनों देखेंगे	(both of us will see)
क्रीडितुम्	(krīḍitum)	= खेलने को	(for playing)
गतः	(gataḥ)	= गया हुआ	(gone)
प्राप्य	(prāpya)	= पहुँचकर, प्राप्त करके	(on reaching)
करपटक्रीडा	(karapaṭakrīḍā)	= रूमाल का खेल	(game of the handkerchief)
उत्थापयितुम्	(utthāpayitum)	= उठाने को	(to pick up)
यतते	(yatate)	= कोशिश करता है, यत्न करता है	(tries)
रज्ज्वा	(rajjvā)	= रस्सी से	(with a string)
इतस्ततः	(itastataḥ)	= इधर-उधर	(here and there)

अभ्यासः (Exercise)

1. निम्नलिखित प्रश्नों के संस्कृत में उत्तर दीजिए (Answer the following questions in Sanskrit) :-
   1. **का का बालोद्यानं गता? (Kā kā bālodyānaṁ gatā?)**
   2. **बालकाः कां क्रीडां क्रीडन्ति स्म? (Bālakāḥ kāṁ krīḍāṁ krīḍanti sma?)**
   3. **रज्ज्वा काः कूर्दन्ते स्म? (Rajjvā kāḥ kurdante sma?)**
   4. **अनुपमस्य मातुः किं नाम? (Anupamasya mātuḥ kiṁ nāma?)**
   5. **सुधायाः माता का अस्ति? (Sudhāyāḥ mātā kā asti?)**

2. **'मातृ'** शब्द के रूप **'पितृ'** के रूपों को परिशिष्ट – 1 में देखकर उन्हीं के समान ही लिखिए परन्तु द्वितीया के बहुवचन में **'मातॄः'** लिखिए। (See the declension of **pitṛ** in appendix-1 and similarly decline **'mātṛ'** but in second case plural number write **'mātṝḥ'**).

3. **'क्रीडितुम्, उत्थापयितुम्, द्रष्टुम्, लेखितुम्, पठितुम्, गन्तुम्'** इन शब्दों में से उचित शब्द चुनकर रिक्त स्थानों में भरिए। (Fill in the blanks with appropriate words from the list of **Krīḍitum, utthāpayitum, drasṭum, lekhitum, paṭhitum, gantum.**)
   1. **ते चित्रपटं ____________ गच्छन्ति। (Te citrapaṭaṁ.................... gacchanti.)**
   2. **चौरः गृहात् वस्त्राणि ____________ यतते। (Cauraḥ gṛhāt vastrāṇi...... ....yatate.)**
   3. **छात्राः प्रातःकाले विद्यालयं ____________ सज्जाः भवन्ति। (Chātrāḥ prātaḥkāle vidyālayaṁ.......................... sajjāḥ bhavanti.)**
   4. **मनोहरः ____________ क्रीडाक्षेत्रं गच्छति। (Manoharaḥ...................... krīḍā-kṣetraṁ gacchati.)**
   5. **अधुना अहं ____________ न इच्छामि। (Adhunā ahaṁ...................... na icchāmi.)**

4. **'सुता + अपि = सुतापि'** के समान ही निम्नलिखित शब्दों में सन्धि कीजिए :– **विना + अपि, हिम + आलयः, वृक्ष + आवासः।** (As **'Sutā + api = sutāpi'**, in the same way join the words **'vinā + api, Hima + ālayaḥ, vṛkṣa + āvāsaḥ**).

5. निम्नलिखित वाक्यों का अनुवाद कीजिए (Translate the following sentences) :-

1. मम पुत्रः अनुपमः बालोद्याने मित्रैः सह क्रीडितुं गतः अस्ति। **(Mama putraḥ Anupamaḥ Balodyāne mitraiḥ saha krīḍitum gataḥ asti.)**
2. कन्याः रज्ज्वा कूर्दन्ते। **(Kanyāḥ rajjvā kūrdante.)**
3. अनुपमः करपटम् उत्थापयितुं यतते। **(Anupamaḥ karapaṭam utthāpayitum yatate.)**

6. नीचे दो-दो वाक्यों की जोड़ी है। पहली क्रिया के बदले **'त्वा'** या **'य'** वाला ठीक रूप लगाकर उन का एक-एक वाक्य बनाइये। (Below are given some pairs of sentences. The verb of the first sentence should be changed into the form of **'tvā'** or **'ya'** and then combine the two sentences into one) :–

उदाहरण – रामः गृहं गच्छति। रामः भोजनं करोति = रामः गृहं गत्वा भोजनं करोति।

Example - **Rāmaḥ gṛhaṁ gacchati. Rāmaḥ bhojanaṁ karoti = Rāmaḥ gṛhaṁ gatvā bhojanaṁ karoti.**

1. सः पठति। सः क्रीडति। **(Saḥ paṭhati. Saḥ krīḍati.)** ....

....

2. सुधा उद्यानं गच्छति। सुधा पुष्पाणि आनयति। **(Sudhā udyānaṁ gacchati. Sudhā puṣpāṇi ānayati.)** ....
3. सुधा पुष्पाणि आनयति। सुधा मालां करोति। **(Sudhā puṣpāṇi ānayati. Sudhā mālāṁ karoti.)** ....

7. **'फल'** शब्द के रूप परिशिष्ट-1 में देखकर **'कुसुम'** शब्द के रूप लिखिए। (See the declension of **'phala'** in the appendix-1 and decline **'kusuma'** in the same way.)

8. संस्कृत में अनुवाद कीजिए (Translate into Sanskrit) :-
   1. हम बच्चों का खेल देखकर घर जाएँगे। (We shall go home after seeing the game of the children).
   2. वह तेरी पुस्तकें ले जाने को तैयार है। (He is ready to take your books.)
   3. हम यह चित्र अवश्य देखेंगे। (We shall certainly see this picture.)
   4. वह कहाँ गया हुआ है? (Where has he gone?)
   5. वह पढ़ने के लिए यत्न करता है। (He tries for reading.)
   6. मेरी माता का नाम सुभद्रा है। (The name of my mother is Subhadra.)
   7. इस वृक्ष के फल मधुर हैं। (The fruits of this tree are sweet.)

अष्टमः दिवसः आठवाँ दिन
Aṣṭamaḥ Divasaḥ Eighth Day

रवेः उदयः (Raveḥ Udayaḥ) = सूर्योदय (Sun-rise)

रमेशः – प्रभे! सज्जा भव। पूर्वदिशायां रवेः प्रकाशः भवति। यदा रविः उदयति तदा एव आश्रमे मुनयः सन्ध्याम् अग्निहोत्रं च कुर्वन्ति। तदाऽऽश्रमस्य अनुपमा शोभा भवति। अधुनाऽऽवाम् आश्रमं गमिष्यावः, मुनीनां संगतौ च स्थास्यावः।

Rameśaḥ – Prabhe! Sajjā bhava. Pūrvadiśāyāṁ raveḥ prakāśaḥ bhavati. Yadā raviḥ udayati, tadā eva āśrame munayaḥ sandhyām agnihotraṁ ca kurvanti. Tadā'śramasya anupamā śobhā bhavati. Adhunā'vām āśramaṁ gamiṣyāvaḥ muninām saṅgatau ca sthāsyāvaḥ.

रमेश – प्रभा! तैयार हो जाओ। पूर्व-दिशा में सूर्य का प्रकाश हो रहा है। जब सूर्य उदय होता है, तब ही आश्रम में मुनि लोग सन्ध्या और हवन

Ramesh – Prabha! Get ready. The light of the sun can be seen in the east. At sunrise the saints per-

	करते हैं। तब आश्रम की शोभा अनोखी होती है। अब हम दोनों आश्रम को जायेंगे और मुनियों की संगति में बैठेंगे।		form sandhyā and havana. At that time the beauty of the hermitage is incomparable. Now both of us shall go to the hermitage and sit in the company of the saints.
प्रभा	अहं सज्जा एवास्मि। मुनिभ्यः फलानामुपहारमपि सह नेष्यावः। तत्र प्रधानमुनये उपहारं समर्पयिष्यावः। तस्य आशीर्वादान् च प्राप्स्यावः।	Prabhā	Ahaṁ sajjā evā'smi. Munibhyaḥ phalānām-upahāramapi saha neṣ-yāvaḥ. Tatra pradhāna-munaye upahāraṁ samarpayiṣyāvaḥ. Tasya āśīrvādān ca prāpsyāvaḥ.
प्रभा	मैं तैयार ही हूँ। हम दोनों मुनियों के लिए फलों की भेंट भी ले जाएँगे। वहाँ प्रधान मुनि को भेंट दे देंगे और उनके आशीर्वाद प्राप्त करेंगे।	Prabha	I am ready. Both of us will take a gift of fruits for the saints. Both of us will offer this gift to the chief saint and receive his blessings there.
रमेशः	उत्तमः तव विचारः। कारयाने उपविश। अर्धया होरया तत्र प्राप्स्यावः।	Rameśaḥ	Uttamaḥ tava vicāraḥ. Kārayāne upaviśa. Ardhayā horayā tatra prāpsyāvaḥ.
रमेश	तुम्हारा विचार बढ़िया है। कार में बैठो। आधे घंटे में हम दोनों वहाँ पहुँच जाएँगे।	Ramesh	Your suggestion is very good. Sit into the car. We shall reach there within half an hour.

(द्वौ एव कारयाने उपविशतः। रमेशः यानं चालयति।)

(दोनों ही कार में बैठ जाते हैं। रमेश गाड़ी को चलाता है।)

रमेशः – (आश्रमं प्राप्य दृष्ट्वा च) शोभनः अयमाश्रमः। नदीतटे एषः स्थितः अस्ति। मुनयः ध्यानमग्नाः सन्ति। विना शब्दमावामपि शान्त्या उपविशावः।

रमेश – (आश्रम में पहुँचकर और देखकर) यह आश्रम सुन्दर है। यह नदी के किनारे स्थित है। मुनि लोग ध्यान में डूबे हुए हैं। बिना आवाज किए हम दोनों भी बैठ जाते हैं।

प्रभा – एवमेव।
प्रभा – ठीक है।

(तौ अपि उपविशतः। सन्ध्यायाः अनन्तरमग्निहोत्रं भवति। अन्ते प्रधानः मुनिः उपदिशति। पुनः शान्तिपाठः भवति।)

(वे दोनों भी बैठ जाते हैं। सन्ध्या के बाद

(Dvau eva kārayāne upaviśataḥ. Rameśaḥ yānaṁ cālayati).

(Both of them sit into the car. Ramesh drives it.)

Rameśaḥ – (Āśramaṁ prāpya dṛṣṭvā ca) Śobhanaḥ ayamāśramaḥ. Nadītaṭe eṣaḥ sthitaḥ asti. Munayaḥ dhyānamagnāḥ santi. Vinā śabdamāvāmapi śāntyā upaviśāvaḥ.

Ramesh – (On reaching and seeing the hermitage) This hermitage is very beautiful. This is situated on the bank of the river. The saints are busy in meditation. Let both of us sit without making any noise.

Prabhā – Evameva.
Prabha – Let it be so.

(Tau api upaviśataḥ. Sandhyāyāḥ anantaramagnihotraṁ bhavati. Ante pradhānaḥ muniḥ upadiśati. Punaḥ śāntipāṭhaḥ bhavati).

(Both of them sit down. After sandh-

हवन होता है। अन्त में प्रधान मुनि उपदेश करता है। फिर शान्तिपाठ होता है।) ya havana begins. There after the chief saint delivers sermons. After that the hymn of peace is recited.

रमेशः – (प्रधानं मुनिमुपसृत्य) रमेशः अहम्। अभिवादये भवन्तम्।

Rameśaḥ – (Pradhānaṁ munimupasṛtya) Rameśaḥ aham. Abhivādaye bhavantam.

रमेश – (बड़े मुनि के पास जाकर) मैं रमेश हूँ। आपको प्रणाम करता हूँ।

Ramesh – (Going near the chief saint) I am Ramesh. I salute you.

मुनिः – आयुष्मान् भव रमेश!

Muniḥ – Āyuśmān bhava Rameśa!

मुनि – रमेश, चिरायु बनो! (तुम्हारी आयु लम्बी हो।)

Saint – Ramesh, may you live long!

प्रभा – अहं प्रभा अपि भवन्तम् अभिवादये।

Prabhā – Ahaṁ prabhā api bhavantam abhivādaye.

प्रभा – मैं प्रभा भी आपको प्रणाम करती हूँ।

Prabha – I, Prabha also bow to you.

मुनिः – सौभाग्यवती भव।

Muniḥ – Saubhāgyavatī bhava.

मुनि – सुहागिनी रहो।

Saint – May you enjoy conjugal happiness.

रमेशः – एतानि कानिचित् फलानि सन्ति। स्वीकरोतु भवान्।

Rameśaḥ – Etāni kānicit phalāni santi. Svīkarotu bhavān

रमेश – ये थोड़े से फल हैं। आप स्वीकार कीजिए।

Ramesh – These are some fruits, kindly accept them.

मुनिः – (फलानि गृहीत्वा) धर्म-परायणः भव।

Muniḥ – (Phalāni gṛhītvā) Dharma-parāyaṇaḥ bhava.

मुनि – (फल लेकर) धर्म परायण रहो।   Saint – (Receiving fruits) May you be devoted to morality!

विशेष Note :– इस पाठ में ह्रस्व इकारान्त शब्दों का प्रयोग है; जैसे 'मुनि' (Words ending in '**i**' are used in this lesson, as '**muni**'.)

शब्दकोश = Vocabulary :–

भव	(bhava)	=	होओ	(be)
रविः	(raviḥ)	=	सूर्य	(the sun)
अनुपमा	(anupamā)	=	अनोखी	(incomparable)
संगतिः	(saṁgatiḥ)	=	संगति	(company)
प्र + आप्	(pra + āp)	=	पाना	(to get)
अर्धा	(ardhā)	=	आधी	(half)
होरा	(hora)	=	घंटा	(hour)
अयम्, एषः	(ayam, eśaḥ)	=	यह	(this)
उप + दिश्	(upa + diś)	=	उपदेश करना	(to preach)
अभि + वादय्	(abhi + vāday)	=	प्रणाम करना	(to bow to)
उपसृत्य	(upasṛtya)	=	पास जाकर	(having gone near)
भवत्	(bhavat)	=	आप	(your goodself)
आयुष्मान्	(Āyuṣmān)	=	दीर्घायु वाला	(one blessed with long life)
सौभाग्यवती	(Saubhāgyavatī)	=	सुहागिन	(a lady endowed with conjugal happiness for ever.)
गृहीत्वा	(gṛhītvā)	=	लेकर	(after taking)

विशेष :– विशेषण के लिंग, विभक्ति और वचन वही होते हैं, जो उसके विशेष्य (संज्ञा) के होते हैं। जैसे :– **अनुपमा** शोभा, **अनुपमः** मनुष्यः, **अनुपमम्** दृश्यम्, **अर्धया** होरया, **अर्धेन** कार्येण।

Note :– The adjective has the same gender, case and number as that of the noun which is qualified; as :– **Anupamā** śobhā, **anupamaḥ** manuṣyaḥ, **anupamaṁ** dṛśyam, **ardhayā** horayā, **ardhena** kāryeṇa.

अभ्यासः (Exercise)

1. निम्नलिखित वाक्यों का अनुवाद कीजिए (Translate the following sentences) :-
   1. **आवां मुनीनां संगतौ स्थास्यावः। (Āvāṁ munīnāṁ saṅgatau sthāsyāvaḥ.)**
   2. **प्रधानमुनये उपहारं समर्पयिष्यावः। (Pradhānamunaye upahāraṁ samarpayiṣyāvaḥ.)**
   3. **रवेः प्रकाशः भवति। (Raveḥ prakāśaḥ bhavati.)**
   4. **मुनीनां संगतौ स्थास्यावः। (Munīnāṁ saṅgatau sthāsyāvaḥ.)**
   5. **आवामपि शान्त्या उपविशावः। (Āvāmapi śāntyā upaviśāvaḥ.)**

2. निम्नलिखित शब्दों का सन्धिच्छेद कीजिए और सन्धि का नाम भी लिखिए (Disjoin the following words and name the joining) :-
   एवाश्रमे, अधुनाऽऽवाम् (Evāśrame, adhunā'vām).

3. परिशिष्ट – 1 में देखकर **'मुनि, मति'** और **'भवत्'** शब्द के रूप लिखिए (Decline **muni, mati** and **bhavat** as given in the appendix-1).

4. निम्नलिखित अव्ययों का अपने वाक्यों में प्रयोग कीजिए (Use the following indeclinables in your own sentences) :-
   यदा, तदा, एव, अधुना, च, सह, तत्र, विना, अपि (yadā, tadā, eva, adhunā, ca, saha, tatra, vinā, api).

5. भविष्यत्काल की क्रियाओं से रिक्त स्थान पूर्ण कीजिए (Fill in the blanks with verbs of future tense) :-
   1. **अहं शीघ्रमेव गृहं ________ । (Ahaṁ śīghrameva gṛhaṁ ....).**
   2. **वयं सभायां शान्त्या ________ । (Vayaṁ sabhayāṁ śāntyā ....).**
   3. **श्रेष्ठाः बालकाः आशीर्वादान् ________ । (Śreṣṭhāḥ bālakāḥ āśīrvādān ....).**
   4. **युवामुद्यानात् कानि फलानि गृहम् ________ । (Yuvāmudyānāt kāni phalāni gṛham ....).**
   5. **ते श्रेष्ठानि पुस्तकानि एव ________ । (Te śreṣṭhāni pustakāni eva ......).**

6. निम्नलिखित प्रश्नों के उत्तर लिखिए (Answer the following questions) :-
   1. रमेशः 'सज्जा भव' इति कां कथयति? (Rameśaḥ 'sajjā bhava' iti kāṁ kathayati?)
   2. आश्रमस्य शोभा कदा भवति? (Āśramasya śobhā kadā bhavati?)
   3. रमेशः प्रभा च केन यानेन आश्रमं गच्छतः? (Rameśaḥ Prabhā ca kena yānena āśramaṁ gacchataḥ?)
   4. आश्रमः कुत्र स्थितः अस्ति? (Āśramaḥ kutra sthitaḥ asti?)
   5. सन्ध्यायाः अनन्तरं किं भवति? (Sandhyāyāḥ anantaraṁ kim bhavati?)

7. निम्नलिखित वाक्यों का संस्कृत में अनुवाद कीजिए (Translate the following sentences into Sanskrit) :-
   1. रवि के प्रकाश से अन्धकार नष्ट हो जाता है। (Darkness ends with the light of the sun.)
   2. उस आश्रम में मुनि रहते हैं। (The saints live in that hermitage.)
   3. ये फल मधुर हैं। (These fruits are sweet.)
   4. श्रेष्ठ लोग मुनियों की संगति में बैठते हैं। (Good people sit in the company of saints.)
   5. विद्या के विना मनुष्य की शोभा नहीं होती। (A man has no dignity without education.)
   6. सूर्य के साथ ही प्रकाश रहता है। (The light remains with the sun.)

विशेष :- 'विना' के योग में द्वितीया और 'सह' के योग में तृतीया विभक्ति लगाइए।
Note :- The word related to **'Vina'** should have second case-ending and the word related to **'Saha'** is placed in third case-ending.

नवमः दिवसः — नौवाँ दिन

Navamaḥ Divasaḥ — Ninth Day

ग्रीष्मकालः (Grīṣma-kālaḥ) = गर्मी का समय (Summer Season)

अरुणः – **भयंकरः अयं ग्रीष्मकालः। शरीरात् स्वेदः स्त्रवति। बहिः अतीवोष्णता वर्त्तते। उष्णः वायुः ज्वालयति। उष्णेन वायुना सर्वं वातावरणमुष्णं भवति। अत एवाहं शीघ्रमेव गृहमागतः। (सेवकं प्रति) रोहित! शीतलं पेयम् आनय।**

Aruṇaḥ – **Bhayaṅkaraḥ ayaṁ grīṣmakālaḥ. Śarīrāt svedaḥ sravati. Bahiḥ atīvoṣṇatā varttate. Uṣṇaḥ vāyuḥ jvālayati. Uṣṇena vāyunā sarvaṁ vātāvaraṇamuṣṇaṁ bhavati. Ata evāhaṁ śīghrameva gṛhamāgataḥ. (Sevakaṁ prati) Rohita! Śītalaṁ peyam ānaya.**

अरुण – यह गर्मी का समय बहुत भयंकर है। शरीर से पसीना बह रहा है। बाहर बहुत गर्मी है। गर्म हवा चल रही है। गर्म वायु से सारा वातावरण गर्म हो रहा है। इसीलिए मैं जल्दी

Arun – The summer is very dreadful. The body is sweating It is very hot outside. Hot wind is blowing. The whole atmosphere has be-

घर आ गया हूँ। (सेवक से) रोहित, ठण्डा पेय ले आओ।

come hot with the hot winds. Hence, I have come early. (To the servant) Rohita, please, bring some cold drink.

रोहितः – (पेयमानीय) एतत् शीतलं पेयमस्ति। पिबतु भवान्। अहं विद्युद्व्यजनं प्रशीतकं च चालयामि। (तथा करोति)

Rohitaḥ – (Peyamānīya) Etat śītalaṁ peyamasti. Pibatu bhavān. Ahaṁ vidyudvyajanaṁ praśītakaṁ ca cālayāmi. (Tathā karoti).

रोहित – (पेय लाकर) यह ठण्डा पेय है। आप पीजिए। मैं बिजली का पंखा और कूलर चला देता हूँ। (ऐसा ही करता है।)

Rohit – (Bringing the drink) Here is the cold drink. You may have it. I switch on the electric fan and the cooler. (does the same)

अरुणः – (पेयं पीत्वा) अधुना शान्तिः प्राप्ता। (पुत्रं प्रति) कमल, अधुना भोजनवेला वर्त्तते। यूयं सर्वे भोजनाय आसन्दीषूपविशत। तव माता खाद्यानि वस्तूनि आनेष्यति।

Aruṇaḥ – (Peyaṁ pītvā) Adhunā śāntiḥ prāptā. (Putraṁ prati) Kamala, adhunā bhojana-velā varttate. Yūyaṁ sarve bhojanāya āsandīśūpaviśata. Tava mātā khādyāni vastūni āneṣyati.

अरुण – (पेय पीकर) अब शान्ति मिल गई है। (पुत्र को) कमल, अब भोजन का समय है। तुम सब भोजन के लिए कुर्सियों पर बैठ जाओ। तुम्हारी माता खाने योग्य चीजें ले आएगी।

Arun – (After taking the drink) Now I have got relief. (To the son) Kamala, this is the time of meals. All of you may take your seats on the chairs. Your mother will bring all the edibles.

ऋचा	– (सेवकं प्रति) रोहित, हिम-करात् फलानि आनय। शीतलं जलं च भोजन-मञ्चे स्थापय। अहम् ओदनं, सूपं, शाकं, रोटिकाः च मञ्चे स्थापयामि।	Ṛcā	– (Sevakaṁ prati) Rohita, himakarāt phalāni ānaya. Śītalaṁ jalaṁ ca bhojanamañce sthāpaya. Aham odanaṁ, sūpaṁ, śākaṁ, roṭikāḥ ca mañce sthāpayāmi.
ऋचा	– (सेवक को) रोहित, फ्रिज में से फल ले आ और ठण्डा पानी भोजन की मेज पर रख दे। मैं भात, दाल, साग और रोटियाँ मेज पर रखती हूँ।	Richa	– (To the servant) Rohita, bring fruits from the fridge and also put cool water on the dining table. I am placing rice, pulse, vegetables and chapaties on the table.
अरुणः	– पुत्री विभा, पुत्रः च रवीन्द्रः कुत्र स्तः?	Aruṇaḥ	– Putrī Vibhā, putraḥ ca Ravīndraḥ kutra staḥ?
अरुण	– बेटी विभा और बेटा रवीन्द्र कहाँ हैं?	Arun	– Where are the daughter Vibha and the son Ravindra.
ऋचा	– तौ विद्यालये गतौ स्तः। अधुना तयोः आगमनकालः अस्ति। तौ अपि सहैव भोजनं करिष्यतः।	Ṛcā	– Tau vidyālaye gatau staḥ. Adhunā tayoḥ āgamanakālaḥ asti. Tau api sahaiva bhojanaṁ kariṣyataḥ.
ऋचा	– वे स्कूल में गये हुए हैं। अब उनके आने का समय है। वे दोनों भी साथ ही भोजन करेंगे।	Richa	– They both have gone to the school. It is the time of their arrival now. Both of them will take meals with us.

(विभा रवीन्द्रः चागच्छतः)	**(Vibhā Ravīndraḥ cāgacchataḥ).**
(विभा और रवीन्द्र आ जाते हैं।)	(Vibha and Ravindra arrive).
रवीन्द्रः - आवामपि आगतौ।	**Ravīndraḥ – Āvāmapi āgatau.**
रवीन्द्र - हम दोनों भी आ गए हैं।	Ravindra – Both of us have also come.
ऋचा - शोभनम्। आहाराय सज्जौ भवतम्।	**Ṛcā – Śobhanam. Āhārāya sajjau bhavatam.**
ऋचा - बढ़िया। तुम दोनों भोजन के लिए तैयार हो जाओ।	Richa – Very well. Now both of you be ready for lunch.
(रवीन्द्रः विभा चाहाराय सज्जौ भवतः। सर्वे आसन्दीषूपविशन्ति शान्त्या च भोजनं कुर्वन्ति।)	**(Ravīndraḥ Vibhā cāhārāya sajjau bhavataḥ. Sarve āsandīṣūpaviśa-nti, śāntyā ca bhojanaṁ kurvanti).**
(रवीन्द्र और विभा तैयार होते हैं। सभी कुर्सियों पर बैठ जाते हैं और शान्ति से भोजन करते हैं।)	(Ravindra and Vibha get ready. All of them sit on the chairs and take their meals peacefully).

विशेष Note :- परिशिष्ट–4 में से दीर्घ और गुण सन्धि के नियमों को समझिए। (Understand the rules of **Dīrgha** and **guṇa** joinings from appendix-4.)

शब्दकोश = Vocabulary :-

स्वेदः	**(svedaḥ)**	=	पसीना	(sweat)
स्रु-स्रव्	**(sru-srav)**	=	बहना	(to flow)
बहिः	**(bahiḥ)**	=	बाहर	(outside)
उष्णता	**(uṣṇatā)**	=	गर्मी	(heat)
उष्णः	**(uṣnaḥ)**	=	गर्म	(hot)
वृत्	**(vṛt)**	=	होना	(to be)
ज्वालय्	**(jvālay)**	=	जलाना	(to burn)

आगतः	**(Āgataḥ)**	=	आ गया	(has come)
आनीय	**(Ānīya)**	=	लाकर	(bringing, having brought)
पा-पिब्	**(pā-pib)**	=	पीना	(to drink)
व्यजनम्	**(vyajanam)**	=	पंखा	(fan)
प्रशीतकम्	**(praśītakam)**	=	कूलर	(cooler)
पीत्वा	**(pītvā)**	=	पीकर	(after drinking)
प्राप्ता	**(prāptā)**	=	प्राप्त हुई	(got)
वेला	**(velā)**	=	समय	(time)
आसन्दी	**(Āsandī)**	=	कुर्सी	(chair)
हिमकरः	**(himakaraḥ)**	=	फ्रिज	(fridge)
ओदनम्	**(odanam)**	=	भात	(cooked rice)
सूपः	**(sūpaḥ)**	=	दाल	(pulse)
गतः	**(gataḥ)**	=	गया हुआ	(gone)

अभ्यासः (Exercise)

1. परिशिष्ट-1 में से 'साधु' और 'मधु' शब्द के रूपों को देखकर बताइए कि ये रूप किस शब्द के किस विभक्ति और वचन में हैं :-

   वायोः, वायुना, शत्रोः, रिपौ, वस्तूनि, वस्तुने।

   See the declensions of **'Sādhu'** and **'Madhu'** in the appendix-1 and write the cases and numbers of the following words :- **Vāyoḥ, vāyunā, śatroḥ, ripau, vastūni, vastune.**

2. निम्नलिखित शब्दों का सन्धिच्छेद कीजिए (Disjoin the following words) :-

   अतीवोष्णता, वातावरणम्, आसन्दीषूपविशत, रवीन्द्रः, सहैव। (Atīvoṣṇatā, vātāvaraṇam, āsandīṣūpaviśata, ravīndraḥ, sahaiva.)

3. गुण और वृद्धि सन्धियों के कोई तीन-तीन उदाहरण लिखिए। (Write any three examples of each of **guṇa** and **vṛddhi** sandhis).

4. निम्नलिखित प्रश्नों के उत्तर संस्कृत में लिखिए (Answer the following questions in Sanskrit) :-

1. कस्य शरीरात् स्वेदः स्रवति स्म? (Kasya śarīrāt svedaḥ sravati sma?)
2. उष्णेन वायुना वातावरणं शीतं भवति, उष्णं वा? (Uṣṇena vāyuna vātāvaraṇaṁ śītaṁ bhavati, uṣṇaṁ vā?)
3. अरुणाय शीतलं पेयं कः आनयति? (Aruṇāya śītalaṁ peyaṁ kaḥ ānayati?)
4. ते सर्वे भोजनाय कुत्र उपविशन्ति? (Te sarve bhojanāya kutra upaviśanti?)
5. ऋचा भोजनमञ्चे किं किं स्थापयति? (Ṛcā bhojanamañce kiṁ kiṁ sthāpayati?)

5. निम्नलिखित वाक्यों को पूरा कीजिए (Complete the following sentences) :-
   1. ग्रीष्मकाले मनुष्यः शीतलं जलं पीत्वा ———— । (Grīṣmakāle manuṣyaḥ śītalaṁ jalaṁ pītvā ....)
   2. सः विद्यालयात् कदा ———— ? (Saḥ vidyālayāt kadā .... ?)
   3. ग्रीष्मकाले शरीरात् स्वेदः ———— । (Grīṣmakāle śarīrāt svedaḥ ....)
   4. प्रशीतकेन गृहं ———— । (Praśītakena gṛhaṁ ....)
   5. वयं हिमकरे फलानि, दुग्धं च ———— । (Vayaṁ himakare phalāni dugdhaṁ ca ....)

6. निम्नलिखित शब्दों का अपने वाक्यों में प्रयोग कीजिए (Use the following words in your own sentences) :-
   वर्त्तते, बहिः, आनीय, गतः, प्राप्य, प्राप्तः। (vartate, bahiḥ, ānīya, gataḥ, prāpya, prāptaḥ.)

7. निम्नलिखित वाक्यों का अनुवाद कीजिए (Translate the following sentences) :-
   1. अहं विद्युद्व्यजनं प्रशीतकं च चालयामि। (Ahaṁ vidyudvyajanaṁ praśītakaṁ ca cālayāmi.)
   2. तव माता खाद्यानि वस्तूनि आनेष्यति। (Tava mātā khādyāni vastūni āneṣyati.)
   3. रोहित, हिमकरात् फलानि आनय। (Rohita, himakarāt phalāni ānaya.)
   4. तौ विद्यालयं गतौ स्तः। (Tau vidyālayaṁ gatau staḥ.)

5. आहाराय सज्जौ भवतम्। (Āhārāya sajjau bhavatam.)

8. 'सेव्' धातु के लट् में रूप परिशिष्ट-2 देखकर लिखिए। (Conjugate 'sev' with the help of appendix-2.)

9. संस्कृत में अनुवाद कीजिए (Translate the following sentences into Sanskrit) :-
    1. हम भोजन के लिए तैयार हैं। (We are ready for meals).
    2. तू कहाँ गया हुआ था? (Where had you gone?)
    3. मेरा पुत्र अभी भी यहाँ नहीं पहुँचा। (My son has not arrived here yet.)
    4. गर्मी के समय बाहर मत जाओ। (Don't go outside at the time of heat.)
    5. कूलर चलाओ और शान्ति से भोजन करो। (Switch on the cooler and take your meals peacefully.)
    6. हम फ्रिज में अनेक वस्तुएँ रखते हैं। (We keep many things in the fridge.)
    7. ग्रीष्मकाल में सूर्य जलाता है। (The sun burns in the summer season.)
    8. वे गुरुओं की सेवा करते हैं। (They serve the preceptors.)

दशमः दिवसः / दसवाँ दिन
Daśamaḥ Divasaḥ — Tenth Day

विपणौ क्रयः (Vipaṇau Krayaḥ) = बाजार में खरीदारी (Shopping)

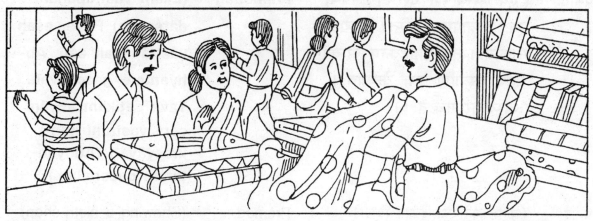

ललिता	– प्रिय! अहमेकां शाटिकां क्रेतुमिच्छामि। विपणिं मया सह चलतु भवान्।	Lalitā	– Priya! Ahamekāṁ śāṭikāṁ kretumicchāmi. Vipaṇiṁ mayā saha calatu bhavān.
ललिता	– प्रिय, मैं एक साड़ी खरीदना चाहती हूँ। आप मेरे साथ बाजार चलिए।	Lalita	– Dear, I wish to buy a sari. Please, accompany me to the market.
प्रमोदः	– अद्याहमपि वस्त्राणि क्रेतुमिच्छामि। अतः मया सह विपणिं गन्तुं सज्जा भव। अहमपि सज्जः भवामि।	Pramodaḥ	– Adyāhamapi vastrāṇi kretumicchāmi. Ataḥ mayā saha vipaṇiṁ gantuṁ sajjā bhava. Ahamapi sajjaḥ bhavāmi.
प्रमोद	– आज मैं भी कपड़े खरीदना चाहता हूँ। इसलिए मेरे साथ बाजार चलने को तैयार हो जाओ। मैं भी तैयार होता हूँ।	Pramod	– I also wish to purchase clothes. So, get ready to go with me to the market. I also get ready.

(द्वावेव सज्जीभूय विपणिं गच्छतः ।)   (Dvāveva sajjībhūya vipaṇiṁ gacchataḥ.)

(दोनों तैयार होकर बाजार जाते हैं।)   (Both become ready and go to the market.)

प्रमोदः – (एकं वस्त्रापणं दर्शयन्) प्रिये, एषः वस्त्रापणः अस्ति । अभ्यन्तरे गच्छावः । तव शाटिकाम् अन्यानि चापि वस्त्राणि इतः क्रेष्यावः । (अभ्यन्तरं गच्छतः ।)   Pramodaḥ – (Ekaṁ vastrāpaṇaṁ darśayan) Priye, eśaḥ vastrāpaṇaḥ asti. Abhyantare gacchāvaḥ. Tava śāṭikām anyāni cāpi vastrāṇi itaḥ kreṣyāvaḥ (Abhyantaraṁ gacchataḥ.)

प्रमोद – (कपड़े की एक दुकान दिखाते हुए) प्रिये, यह कपड़ों की दुकान है । अन्दर चलते हैं । तेरी साड़ी तथा अन्य भी कपड़े यहाँ से खरीदेंगे । (दोनों अन्दर जाते हैं ।)   Pramod – (Showing a cloth-shop) Darling, this is a cloth-shop. Let us enter into this. Your sari and other pieces of cloth also will be purchased from here. (Both go inside.)

प्रमोदः – (आपणिकं प्रति) भद्र ! आवां कानिचित् वस्त्राणि क्रेतुमिच्छावः । पूर्वं विविधाः शाटिकाः प्रदर्शय ।   Pramodaḥ – (Āpaṇikaṁ prati) Bhadra, āvāṁ kānicit vastrāṇi kretumicchāvaḥ. Pūrvaṁ vividhāḥ śāṭikāḥ pradarśaya.

प्रमोद – (दुकानदार से) हम दोनों कुछ कपड़े खरीदना चाहते हैं । पहले भाँति-भाँति की साड़ियाँ दिखाओ ।   Pramod – (To the shop-keeper) gentleman, both of us wish to buy some cloths. First show different kinds of saris.

आपणिकः – **(शाटिकाः आनीय) एताः विविधाः शाटिकाः सन्ति। (ललितां प्रति) भवती एतासां यथेच्छं चयनं करोतु।**

Āpaṇikaḥ – **(Śāṭikāḥ ānīya) Etāḥ vividhāḥ śāṭikāḥ santi. (Lalitāṁ prati) Bhavatī etāsām yathecchaṁ cayanaṁ karotu.**

दुकानदार – (साड़ियाँ लाकर) ये अनेक प्रकार की साड़ियाँ हैं। (ललिता के प्रति) आप इनमें से इच्छानुसार चुन लीजिए।

Shopkeeper – (After bringing saris) these are different kinds of saris. (to Lalita) You yourself may select out of these.

ललिता – **(शाटिकाः ध्यानेन पश्यति एकां च हस्ते गृहीत्वा) अहमेतां शाटिकामिच्छामि। एतस्याः शाटिकायाः किं मूल्यमस्ति ?**

Lalitā – **(Śāṭikāḥ dhyānena paśyati, ekāṁ ca haste gṛhītvā). Ahametāṁ śāṭikāmicchāmi. Etasyāḥ śāṭikāyāḥ kiṁ mūlyamasti?**

ललिता – (साड़ियों को ध्यान से देखती है और एक को हाथ में लेकर) मैं तो यह साड़ी चाहती हूँ। इस साड़ी का क्या मूल्य है ?

Lalita – (She looks at the saris carefully and taking one of them in her hand). I like this one. How much is the price of this sari?

आपणिकः – **एतस्याः मूल्यं केवलं पञ्चशतरूप्यकाणि।**

Āpaṇikaḥ – **Etasyāḥ mūlyaṁ kevalaṁ pañca-śata-rūpyakāṇi.**

दुकानदार	– इसका मूल्य केवल पाँच सौ रुपये है।	Shopkeeper	– Its price is only five hundred rupees.
प्रमोदः	– किञ्चित् अल्पं कथयतु भवान्	Pramodaḥ	– Kiñcit alpaṁ kathayatu bhavān.
प्रमोद	– आप कुछ कम कहिए।	Pramod	– Please, make some reduction.
आपणिकः	– अत्र न्यूनमधिकं वा न भवति। एतस्मिन् आपणे एकमेव मूल्यं भवति।	Āpaṇikaḥ	– Atra nyūnamadhikaṁ vā na bhavati. Etasmin āpaṇe ekameva mūlyaṁ bhavati.
दुकानदार	– यहाँ कम या अधिक नहीं होता। इस दुकान पर एक ही मूल्य होता है।	Shopkeeper	– Bargaining is not done here. The rates are fixed in this shop.
प्रमोदः	– बहु शोभनम्। अधुना मम परिधानयुग्माय वस्त्राणि दर्शय।	Pramodaḥ	– Bahu śobhanam. Adhunā mama paridhānayugmāya vastrāṇi darśaya.
प्रमोद	– बहुत अच्छा। अब मेरे सूट के लिए कपड़े दिखाइए।	Pramod	– Very well. Now show some cloth for my suit.
(आपणिकः विविधानि वस्त्राणि दर्शयति। प्रमोदः इच्छानुसारं क्रीणाति।)		(Āpaṇikaḥ vividhāni vastrāṇi darśayati. Pramodaḥ icchānusāraṁ krīṇāti).	
(दुकानदार अनेक प्रकार के कपड़े दिखाता है। प्रमोद अपनी इच्छा के अनुसार खरीद लेता है।)		(The shopkeeper shows different kinds of suitings. Pramoda buys one which he likes).	
ललिता	– सुतायै, सुताय चापि वस्त्राणि क्रीणातु भवान्।	Lalitā	– Sutāyai, sutāya cāpi vastrāṇi krīṇātu bhavān.

ललिता	– बेटी और बेटे के लिए भी आप कपड़े खरीद लें।	Lalita	– Buy some pieces of cloth for the daughter and the son also.
प्रमोदः	– तान्यपि क्रीणामि।	Pramodaḥ	– Tānyapi krīṇāmi.
प्रमोद	– उन्हें भी खरीद लेता हूँ।	Pramod	– I buy those also.

(वस्त्राणि क्रीत्वा मूल्यं च दत्त्वा तौ गृहं गच्छतः ।)

(कपड़े खरीदकर और मूल्य देकर वे दोनों घर को चले जाते हैं।)

(Vastrāṇi krītvā mūlyaṁ ca dattvā tau gṛhaṁ gacchataḥ).

(After parchasing the cloth and making the payment both return to their home.)

शब्दकोश = Vocabulary :-

विपणिः	(vipaṇiḥ)	=	बाजार	(market)
क्रयः	(krayaḥ)	=	खरीदारी	(purchase)
शाटिका	(śāṭikā)	=	साड़ी, धोती	(sari)
चल्	(cal)	=	जाना, चलना	(to go)
सज्जीभूय	(sajjībhūya)	=	तैयार होकर	(after getting ready)
वस्त्रापणः	(vastrāpaṇaḥ)	=	कपड़े की दुकान	(cloth shop)
अभ्यन्तरे	(abhyantare)	=	अन्दर	(inside)
इतः	(itaḥ)	=	यहाँ से	(from here)
क्री	(krī)	=	खरीदना	(to buy)
आपणिकः	(āpaṇikaḥ)	=	दुकानदार	(shopkeeper)
कानिचित्	(kānicit)	=	कुछ एक	(some)
इष् = इच्छ्	(iṣ-icch)	=	चाहना	(to wish)
प्रदर्शय्	(pradarśay)	=	दिखाना	(to show)
पञ्चशतरूप्यकाणि	(pañcaśata-rūpyakāṇi)	=	पाँच सौ रुपये	(Rs. 500/-)
अल्पम्, न्यूनम्	(alpam, nyūnam)	=	कम	(less)

कथय्	**(kathay)**	=	कहना	(to tell)
परिधानम्	**(paridhānam)**	=	पहनावा	(dress)
युग्मम्	**(yugmam)**	=	जोड़ा, सूट	(suit)

विशेष :- **'क्री'** और **'इष्'** धातुओं के रूप परिशिष्ट – 2 में से देखकर याद कर लें। (Note and learn the conjugation of **'krī'** and **'iṣ'** from the appendix-2).

अभ्यासः (Exercise)

1. निम्नलिखित वाक्यों का अनुवाद कीजिए (Translate the following sentences) :-
   1. **अद्याहमपि वस्त्राणि क्रेतुमिच्छामि। (Adyāhamapi vastrāṇi kretumicchāmi.)**
   2. **द्वावेव सज्जीभूय विपणिं गच्छतः। (Dvāveva sajjībhūya vipaṇiṁ gacchataḥ.)**
   3. **तव शाटिकामन्यानि चापि वस्त्राणि इतः क्रेष्यावः। (Tava śāṭikāmanyāni cāpi vastrāṇi itaḥ kreṣyāvaḥ.)**
   4. **एतस्मिन् आपणे एकमेव मूल्यं भवति। (Etasmin āpane ekameva mūlyaṁ bhavati.)**
   5. **सुतायै सुताय चापि वस्त्राणि क्रीणातु भवान्। (Sutāyai sutāya cāpi vastrāṇi krīṇātu bhavān.)**
   6. **वस्त्राणि क्रीत्वा मूल्यं च दत्त्वा तौ गृहं गच्छतः। (Vastrāṇi krītvā mūlyaṁ ca dattvā tau gṛhaṁ gacchataḥ.)**

2. सन्धिच्छेद कीजिए और सन्धियों के नाम भी बताइए (Disjoin the words and tell the names of joinings) :-

   अद्याहमपि, द्वावेव, वस्त्रापणम्, यथेच्छम्, इच्छानुसारम्, चापि, तान्यपि। (Adyāhamapi, dvāveva, vastrāpaṇam, yatheccham, icchānusāram, cāpi, tānyapi.)

3. निम्नलिखित शब्दों का अपने वाक्यों में प्रयोग कीजिए (Use the following words in your own sentences) :-

   सज्जीभूय, इतः, कानिचित्, न्यूनम्, परिधानम्। (Sajjībhūya, itaḥ, kānicit, nyūnam, paridhānam.)

4. कोष्ठ में दी हुई क्रियाओं में से उचित क्रिया रिक्त स्थान में भरिए (Fill in the blanks with the appropriate verbs from the brackets) :-

1. आपणिकः वस्त्राणि ________ ग्राहकः च ________ (क्रीणाति / विक्रीणाति)।
Āpaṇikaḥ vastrāṇi .... grāhakaḥ ca .... (Krīnāti / vikrīṇāti).
2. त्वं शाटिकाम् ________ अहं परिधानम् ________ (इच्छसि / इच्छामि)।
Tvaṁ śāṭikām .... ahaṁ paridhānam .... (Icchasi / icchāmi).
3. देवः इतः ________ सोमः च ततः ________ (आगमिष्यति / गमिष्यति)।
Devaḥ itaḥ .... Somaḥ ca tataḥ .... (Āgamiṣyati / gamiṣyati).

5. परिशिष्ट–4 में से देखकर **यण्** और **अयादि** सन्धि के नियम उदाहरण सहित लिखिए। (Write the rules of **yaṇ** and **ayādi** joinings with the help of appendix - 4.)

6. संस्कृत में अनुवाद कीजिए (Translate into Sanskrit) :-
1. मैं बाजार जाऊँगा। (I shall go to the market.)
2. वहाँ एक दुकान से वस्त्र खरीदूँगा। (I shall purchase clothes from a shop.)
3. दुकानदार मूल्य लेकर वस्तुएँ देते हैं। (shopkeepers give articles after receiving the price.)
4. हम इच्छानुसार वस्तुएँ खरीदेंगे। (We shall buy things of our choice.)
5. जो तू चाहता है, वह मुझे कह। (Tell me what you want.)
6. वह थोड़ा खाता है, परन्तु अधिक बोलता है। (He eats less but speaks a lot.)

एकादशः दिवसः / Ekādaśaḥ Divasaḥ
ग्यारहवाँ दिन / Eleventh Day

आकाशे मेघाः (Ākāśe Meghāḥ)
आकाश में बादल (Clouds in the sky)

रामकुमारः - सुनीते! वयं कृषकाः स्मः। कृषकाणां कृषिः तदैव फलति, यदा मेघाः आगत्य वृष्ट्या कृषिं सिञ्चन्ति। कुल्याभिः अपि सिञ्चनं भवति, परं कुल्यास्वपि मेघैः एव जलमागच्छति। प्रभोः कृपयाऽद्य आकाशः मेघैः पूर्णः अस्ति।

Rāmakumāraḥ – Sunīte! Vayaṁ kṛṣakāḥ smaḥ. Kṛṣakāṇāṁ kṛṣiḥ tadaiva phalati, yadā meghāḥ āgatya vṛṣṭyā kṛṣiṁ siñcanti. Kulyābhiḥ api siñcanaṁ bhavati, paraṁ kulyāsvapi meghaiḥ eva jalamāgacchati. Prabhoḥ kṛpayā'dya ākāśaḥ meghaiḥ pūrṇaḥ asti.

रामकुमार	सुनीति! हम किसान हैं। किसानों की खेती तभी फल देती है, जब बादल आकर वर्षा से खेती को सींचते हैं। नहरों से भी सिंचाई होती है, परन्तु नहरों में भी बादलों द्वारा ही पानी आता है। प्रभु की कृपा से आज आकाश बादलों से भरा हुआ है।	Ramkumar	Suniti, we are farmers. The crops of the farmers yield corns only when clouds come and irrigate the fields with rain. Canals also are means of irrigation but water into them also comes from clouds only. By God's grace, the sky is full of clouds today.
सुनीतिः	प्रिय, शोभनमिदम्। मेघाः आकाशे परिभ्रमन्ति। विद्युत् दीव्यति। ततः मेघाः गर्जन्ति। वृष्टिः अवश्यं भविष्यति।	Sunītiḥ	Priya, śobhanamidam. Meghāḥ ākāśe paribhramanti. Vidyut dīvyati. Tataḥ meghāḥ garjanti. Vṛṣṭiḥ avaśyaṁ bhaviṣyati.
सुनीति	प्रिय, यह बहुत अच्छा हो रहा है। बादल आकाश में मँडरा रहे हैं। बिजली चमकती है। उसके बाद बादल गरजते हैं। वर्षा अवश्य होगी।	Suniti	Dear, this is very good. Clouds are hovering in the sky. Lightning is shining. There after the clouds roar. It certainly will rain.
रामकुमारः	यदि वृष्टिः भवेत्, तदैवास्माकं कल्याणं भवेत्। 'मेघाः वर्षेयुः, वृष्टेः जलेन च क्षेत्राणि-	Rāmakumāraḥ	Yadi vṛṣṭiḥ bhavet tadaivāsmākaṁ kalyāṇaṁ bhavet.

	सिञ्चितानि भवेयुः' इत्यस्ति मम कामना।		'Meghāḥ varṣeyuḥ, vṛṣṭeḥ jalena ca kṣetrāṇi siñcitāni bhaveyuḥ' ityasti mama kāmanā.
रामकुमार	– यदि वर्षा हो, तभी हमारा कल्याण होगा। 'बादल बरसें और खेत वर्षा के पानी से सिंचित हों,' यही मेरी कामना है।	Ramkumar	– If it rains, it will be for our welfare. 'May it rain and the fields be irrigated with rain water', this is my very desire.
सुनीतिः	– प्रभोः कृपया तव कामना-ऽवश्यं पूर्णा भविष्यति। अधुना-ऽपणं गच्छेः, तैलं च आनयेः। गृहे तैलस्याभावः अस्ति।	Sunītiḥ	– **Prabhoḥ kṛpayā tava kāmanā'vaśyaṁ pūrṇā bhaviṣyati. Adhunā'paṇaṁ gaccheḥ, tailaṁ ca anayeḥ. Gṛhe tailasyābhāvaḥ asti.**
सुनीति	– प्रभु की कृपा से तुम्हारी कामना अवश्य पूरी होगी। अब तुम दुकान पर जाओ और तेल ले आओ। घर में तेल की कमी है।	Suniti	– By God's blessing your desire will be fulfilled. Now you go to the shop and bring some oil. There is shortage of oil in the house.
रामकुमारः	– अहं पशून् पशुशालायां बध्नामि। तेभ्यः आहारमपि सज्जीकरोमि। अतः त्वमेव आपणं गच्छेः। यत् यत् इच्छसि, तत् तत् आनयेः।	Rāmakumāraḥ	– Ahaṁ paśūn paśuśālāyāṁ badhnāmi. Tebhyaḥ āhāramapi, sajjīkaromi. Ataḥ tvameva āpa-

ṇaṁ gaccheḥ. Yat yat icchasi, tat tat ānayeḥ.

रामकुमार – मैं पशुओं को पशुशाला में बाँध रहा हूँ। उनका चारा भी तैयार कर रहा हूँ। अतः तुम ही दुकान पर जाओ। जो-जो चाहती हो, वह-वह ले आओ।

Ramkumar – I am tying the animals in the animal-shed. Also I am preparing their food. Therefore, you should go to the shop and bring all the things which you want.

सुनीतिः – अहमेव गच्छामि। परं किं किमानयेयम्? तस्मै रूप्यकाणि अपि यच्छेः। आपणिकः मूल्यं गृहीत्वैव वस्तूनि विक्रीणाति।

Sunītiḥ – Ahameva gacchāmi. Paraṁ kiṁ kimānayeyam ? Tasmai rūpyakāṇi api yaccheḥ. Āpṇikaḥ mūlayaṁ grhītvaiva vastūni vikrīṇāti.

सुनीति – मैं ही जाती हूँ। परन्तु क्या-क्या लाऊँ? उसके लिए रुपये भी दो। मूल्य लेकर ही दुकानदार चीजें बेचता है।

Suniti – I am going then. But what things should I bring? Give rupees for those. The shopkeeper sells the things after taking their price.

रामकुमारः – तैलं, शर्करां, चणक-चूर्णं चानयेः। पञ्चाशत् रूप्यकाणि ददामि। शीघ्रं

Rāmakumāraḥ – Tailaṁ, śarkarām, caṇaka-cūrṇaṁ cānayeḥ. Pañ-

	गच्छेः, नोचेत् यदि वृष्टिः भविष्यति तर्हि त्वमार्द्रा भविष्यसि।		cāśat rūpyakāṇi dadāmi. Śighraṁ gaccheḥ, nocet yadi vṛṣṭiḥ bhavişyati tarhi tvamārdrā bhavişyasi.
रामकुमार	– तेल, शक्कर और बेसन ले आना। पचास रुपये दे रहा हूँ। जल्दी जाओ। नहीं तो यदि वर्षा होगी, तो तुम भीग जाओगी।	Ramkumar	– Bring oil, sugar and gram-flour. I am giving you fifty rupees. Go soon, otherwise, if it rains, you will be wet.
सुनीतिः	**– एषा गच्छामि (गच्छति)।**	**Sunītiḥ**	**– Eśā gacchāmi (gacchati).**
सुनीति	– मैं जा रही हूँ।	Suniti	– I go here. (goes).

1 **विशेष :–** परिशिष्ट-4 में से **दीर्घ, गुण, वृद्धि, यण्** और **अयादि** सन्धियों के नियम ध्यान से पढ़ लीजिए। (Read the rules of **Dīrgha, guṇa, vṛddhi, yaṇ** and **ayādi** joinings carefully from the appendix-4.)

2 **विशेष :–** इस पाठ में विधिलिङ् के रूपों का प्रयोग है। (This lesson has the application of **Vidhiliṅ**.)

शब्दकोश = **Vocabulary :-**

कृषकः	**(kṛṣakaḥ)**	=	किसान	(farmer)
वृष्टिः	**(vṛṣṭiḥ)**	=	वर्षा	(rain)
परि + भ्रम्	**(pari + bhram)**	=	मँडराना	(to hover)
विद्युत्	**(vidyut)**	=	बिजली	(lightning)
ततः	**(tataḥ)**	=	उसके बाद, वहाँ से	(after that, from there)
मेघः	**(meghaḥ)**	=	बादल	(cloud)
भवेत्	**(bhavet)**	=	हो	(be)
बध्नामि	**(badhnāmi)**	=	बाँधता हूँ	(I tie)

विक्रीणाति	**(vikrīṇāti)**	=	बेचता है	(sells)
ददामि	**(dadāmi)**	=	मैं देता हूँ	(I give)
नो चेत्	**(no cet)**	=	नहीं तो	(otherwise)
ग्रह	**(grah)**	=	लेना	(to take)
फल्	**(phal)**	=	फलना	(to yield fruit)
कुल्या	**(kulyā)**	=	नहर	(canal)
दिव्	**(div)**	=	चमकना	(to shine)
गर्ज्	**(garj)**	=	गरजना	(to roar)
वृष्	**(vṛṣ)**	=	बरसना	(to rain)
बध्	**(badh)**	=	बाँधना	(to tie)
चणकचूर्णम्	**(caṇakacūrṇaṁ)**	=	बेसन	(gram-flour)
आर्द्रा	**(Ārdrā)**	=	गीली	(wet)

अभ्यासः (Exercise)

1. निम्नलिखित शब्दों में सन्धि कीजिए और उस सन्धि का नाम लिखिए जो आपने की है (Join the following words and name the joinings) :-
तदा + एव (tadā + eva), कुल्यासु + अपि (kulyāsu + api), कृपया + अद्य (krpayā + adya), एव + अस्माकम् (eva + asmākam), इति + अस्ति (iti + asti), अधुना + आपणम् (adhunā + āpaṇam), गृहीत्वा + एव (gṛhītvā + eva).

2. निम्नलिखित वाक्यों का अनुवाद कीजिए (Translate the following sentences) :-

   1. **कृषकाणां कृषिः तदैव फलति, यदा मेघाः आगत्य वृष्ट्या कृषिं सिञ्चन्ति। (Kṛṣakāṇāṁ kṛṣiḥ tadaiva phalati, yadā meghāḥ āgatya vṛṣṭyā kṛṣiṁ siñcanti.)**
   2. **'मेघाः वर्षेयुः, वृष्टेः जलेन च क्षेत्राणि सिञ्चितानि भवेयुः' इत्यस्ति मम कामना। ('Meghāḥ varṣeyuḥ, vṛṣṭeḥ jalena ca kṣetrāṇi siñcitāni bhaveyuḥ' ityasti mama kāmanā.)**
   3. **अधुनाऽऽपणं गच्छेः, तैलं च आनयेः। (Adhunā'paṇaṁ gaccheḥ tailaṁ ca ānayeḥ.)**
   4. **पञ्चाशत् रूप्यकाणि ददामि। (Pañcāśat rūpyakāṇi dadāmi.)**

5. **यदि वृष्टिः भविष्यति, तदा त्वमार्द्रा भविष्यसि। (Yadi vṛṣṭiḥ bhaviṣyati, tadā tvamārdrā bhaviṣyasi.)**

3. निम्नलिखित अर्थों में क्रिया के जिस-जिस लकार का प्रयोग होता है, उसका नाम सामने लिख दीजिए (Write the name of respective **Lakāra** against the meanings given below) :-

वर्तमान काल (Present Tense) : ....

भविष्यत्काल (Future Tense) : ....

आज्ञा देने के लिए (For Order) : ....

अनुमति लेने के लिए (For Permission) : ....

सम्भावना के लिए (For Probability) : ....

4. रिक्त स्थानों की उचित शब्दों से पूर्ति कीजिए (Fill in the blanks with appropriate words) :-

1. **सा जलेन आर्द्रा भविष्यति, सः च ______________ भविष्यति। Sā jalena ārdrā bhaviṣyati, saḥ ca .... bhaviṣyati).**

2. **ईश्वरस्य ______________ ते प्रसन्नाः सन्ति। (Īśvarasya .... te prasannāḥ santi).**

3. **शीघ्रं कार्यं कुरु, नो चेत् ______________ । (Śīghraṁ kāryaṁ kuru, no cet ....).**

4. **कृषकः पशून् पशुशालायां ______________ । (Kṛṣakaḥ paśūn paśuśālāyām ....).**

5. निम्नलिखित शब्दों के मूल शब्द, लिंग, विभक्ति और वचन लिखिए। एक उदाहरण देख लीजिए (Parse the following words as shown in the example given here) :-

शब्द Word	मूल शब्द original word	लिंग gender	विभक्ति case	वचन number
सुनीते Sunite	सुनीति Suniti	स्त्रीलिंग Feminine	सम्बोधन Vocative	एकवचन singular

शब्द :- **कृषकाणाम्, वृष्ट्या, प्रभोः, कृपया, आकाशे, पशून्।**

Words :- **Kṛṣakāṇām, vṛṣṭyā, prabhoḥ, kṛpayā, ākāśe, paśūn.**

6. पठ् धातु के विधिलिङ् के रूप परिशिष्ट–2 में देखकर **'गच्छ्'** के रूप लिखिए (Decline **'gacch'** like **paṭh** in vidhiliṅ as given in the appendix-2).

7. संस्कृत में अनुवाद कीजिए (Translate into Sanskrit) :-
   1. वृष्टि से खेत हरे हो जाते हैं। (The fields become green with rain.)
   2. सुनीति के पिता का नाम देव है। (The name of Suniti's father is Deva.)
   3. प्रभु की कृपा से हम प्रसन्न हैं। (With God's grace we are happy.)
   4. उद्यान में हम वृक्षों की शोभा देखेंगे। (We shall see the beauty of trees in the garden.)
   5. यदि मेघ बरसें, तो अन्न हो। (If clouds rain, then corns may grow.)
   6. यदि तू वहाँ जाये, तो मैं तेरे साथ जाऊँ। (If you go there, I may go with you.)
   7. ये फल गीले हैं। (These fruits are wet.)
   8. काले (कृष्ण) मेघों से सफेद (श्वेत) जल गिरता है। (White water falls from the black clouds.)

द्वादशः दिवसः बारहवाँ दिन
Dvādaśaḥ Divasaḥ Twelfth Day

पशून् प्रति दया (Paśūn Prati Dayā)

पशुओं के प्रति दया (Kindness to Animals)

मीरा – (वृषभं क्रूरतया ताडयन्तं यानचालकं दृष्ट्वा) नरेश! पश्य, सः क्रूरः यानचालकः वराकं वृषभं दण्डेन ताडयति। याने भारोऽत्यधिको वर्त्तते। वृषभः तं वोढुमसमर्थः।

Mīrā – **(Vṛṣabhaṁ krūratayā tāḍayantaṁ yānacālakaṁ dṛṣṭvā) Nareśa! Paśya, saḥ krūraḥ yānacālakaḥ varākaṁ vṛśabhaṁ daṇḍena tāḍayati. Yāne bhāro'atyadhiko vart-tate. Vṛṣabhaḥ taṁ voḍhu-masamarthaḥ.**

मीरा – (बैल को क्रूरतापूर्वक पीटते हुए गाड़ीवान को देखकर) नरेश! देखो, वह बेरहम गाड़ीवान बेचारे बैल को डण्डे से पीट रहा है। गाड़ी पर भार बहुत अधिक है। बैल उसको ढोने में असमर्थ है।

Mira – (Seeing the cart-driver beating the ox cruelly) Naresh, look there. The cruel cart-driver is beating the poor ox with a stick. There is too much load on the cart. The ox is un-able to carry so much.

नरेशः	– (दृष्ट्वा) सत्यम्, अयमतिक्रूरो मनुष्यः, यः एतावन्तं भारं वोढुमसमर्थमपि वृषभं क्रूरतया ताडयति। यानचालकस्य समीपे गत्वा तं पृच्छामि।	Nareśaḥ	– (Dṛṣṭvā) Satyam, ayamatikrūro manuṣyaḥ, yaḥ etāvantaṁ bhāraṁ voḍhumasamarthamapi vṛṣabhaṁ krūratayā tāḍayati. Yānacālakasya samīpe gatvā taṁ pṛcchāmi.
नरेश	– सच है, यह बहुत ज़ालिम आदमी है, जो इतने भार को ढोने में असमर्थ बैल को भी क्रूरता से पीटे जा रहा है। मैं गाड़ीवान के पास जाकर उससे पूछता हूँ।	Naresh	– It is true. This man is very cruel, who is going on beating the ox which is unable to carry so much load. I go to the cart-driver and ask him.
नरेशः	– (यानचालकस्य समीपे गत्वा) भद्र, यावान् एतस्मिन् याने भारोऽस्ति, तावानयं वृषभो वोढुमसमर्थः। त्वं क्रूरतयेमं कस्मात् ताडयसि?	Nareśaḥ	– (Yānacālakasya samīpe gatvā) Bhadra, Yāvān etasmin yāne bhāro'sti, tāvānayaṁ vṛṣabho voḍhumasamarthaḥ. Tvaṁ krūratayemaṁ kasmāt tāḍayasi?
नरेश	– (गाड़ीवान के पास जाकर) भले आदमी, इस गाड़ी में जितना भार है, उतना यह बैल ढोने में असमर्थ है। तू क्रूरतापूर्वक इसे क्यों पीटे जा रहा है?	Naresh	– (Going near the cart-driver) Gentleman, the ox is unable to carry so much load as is lying in this cart. Why are you beating him cruelly?
यानचालकः	– त्वं कोऽसि, यः एवं मां	Yānacālakaḥ	– Tvaṁ ko'si, yaḥ evaṁ māṁ

	पृच्छसि ? अयं वृषभो ममास्ति। इमं ताडयेयं न वा ताडयेयम्, इति ममाधिकारः।		**pṛcchasi? Ayaṁ vṛṣabho mamāsti. Imaṁ tāḍyeyaṁ na vā tāḍayeyam, iti mamādhikāraḥ.**
गाड़ीवान	– तू कौन है, जो मुझ से इस प्रकार पूछ रहा है? यह बैल मेरा है, इसे मैं पीटूँ या न पीटूँ, यह मेरा अधिकार है।	Cart-driver	– Who are you to question me in this way? This ox belongs to me. I may beat it or not. It is my right.
नरेशः	**– मानवतां धारय। क्रूरो मा भव।**	**Nareśaḥ**	**– Mānavatāṁ dhāraya. Krūro mā bhava.**
नरेश	– मानवता (दया) धारण करो। ज़ालिम मत बनो।	Naresh	– Be humane. Don't be cruel.

(सहसा पशु-दया-विभागस्य कर्मचारी तत्रागच्छति।)

(Sahasā paśu-dayā-vibhāgasya karmacārī tatrāgacchati).

(अचानक ही पशु-दया-विभाग का कर्मचारी वहाँ आ जाता है।)

(By chance an employee of the department of "Kindness to Animals," arrives there).

कर्मचारी	**– रे दुष्ट ! अस्मिन् दुर्बले वृषभेऽत्याचारं करोषि, कथयसि च – "एषः ममाधिकारः।" उन्मोचय वृषभम्। मया सह वृषभं गृहीत्वा चल। मुख्याधिकारी त्वामुचितं दण्डयिष्यति।**	**Karmacārī**	**– Re dusṭa! Asmin durbale vṛṣabhe'tyācāraṁ karoṣi, kathayasi ca - "Eṣaḥ mamādhikāraḥ.' Unmocaya vṛṣabham. Mayā saha vṛṣabhaṁ gṛhītvā cala. Mukhyādhikārī tvāmucitaṁ daṇḍayiṣyati.**
कर्मचारी	– अरे दुष्ट! इस कमज़ोर बैल पर जुल्म ढा रहा है और तू कह रहा है – "यह मेरा अधिकार है।" बैल को खोल।	Employee	– O cruel person! You are showing cruelty on this weak ox and yet you are saying,

	मेरे साथ बैल को लेकर चल। मुख्य अधिकारी तुझे उचित दण्ड देगा।		"This is my right." Untie the ox and follow me along with the ox. The chief officer will duly punish you.
यानचालकः	– कृपया क्षमस्व, पुनः क्रूरतां न करिष्यामि।	Yānacālakaḥ	– **Kṛpayā kṣamasva, punaḥ krūratāṁ na kariṣyāmi.**
गाड़ीवान	– कृपा करके माफ कर दो, फिर जुल्म नहीं करूँगा।	Cart-driver	– Kindly excuse me. I shall not do such cruelty again.
कर्मचारी	– न क्षंस्यामि, चल मया सह। (हस्तं गृहीत्वा वृषभेण सह तं मुख्याधिकारिणः समीपं नयति।)	Karmacārī	– **Na kṣaṁsyāmi. cala mayā saha. (Hastaṁ gṛhītvā vṛṣabheṇa saha taṁ mukhyā-dhikāriṇaḥ samīp-aṁ nayati).**

कर्मचारी	– मैं क्षमा नहीं करूँगा। मेरे साथ चल। (उसका हाथ पकड़कर बैल सहित उसको मुख्य अधिकारी के पास ले जाता है।)	Employee	– I will not excuse you. Come with me (Catches him by hand and takes him with his ox to the chief officer.)

नरेशः -	(मीरायाः समीपे आगत्य) भगिनि, अधुनाऽयं दुष्टो यानचालकः उचितं दण्डं प्राप्स्यति। ये पशुष्वत्याचारं कुर्वन्ति, ते दण्डनीयाः एव।	**Nareśaḥ** –	(Mīrāyāḥ samīpe āgatya) Bhagini, adhunā'yaṁ duṣṭo yānacālakaḥ ucitaṁ daṇḍaṁ prāpsyati. Ye paśuṣvatyācāraṁ kurvanti, te daṇḍanīyāḥ eva.
नरेश -	(मीरा के पास आकर) बहिन, अब यह दुष्ट गाड़ीवान उचित सजा पाएगा। जो पशुओं पर अत्याचार करते हैं, वे दण्ड के योग्य ही होते हैं।	Naresh –	(Going near Mira) Sister, now this cruel cart-driver will get due punishment. Those who show cruelty towards the animals, they really deserve punishment.
मीरा -	एतादृशान् मनुष्यान् यदि शासनं न दण्डयति, तदेश्वरः एव तान् दण्डयति। क्रूर-कार्यस्य फलं कष्टप्रदं भवति। अतः पशुषु अपि सदा दया कर्तव्या।	**Mīrā** –	**Etādṛśān manuṣyān yadi śāsanaṁ na daṇḍayati, tadeśvaraḥ eva tān daṇḍayati. Krūrakāryasya phalaṁ kaṣṭapradaṁ bhavati. Ataḥ paśuṣu api sadā dayā kartavyā.**
मीरा -	ऐसे मनुष्यों को यदि सरकार दण्ड नहीं देती, तब ईश्वर ही उन्हें दण्ड देता है। क्रूर कर्म का फल दुःखदायी होता है। इसलिए पशुओं पर भी सदा दया करनी चाहिए।	Mira –	If such persons are not punished by the government, then God punishes them. The result of a cruel work is always painful. So, one should be kind even towards the animals also.
नरेशः -	उचितमेव। अधुना कञ्चित् आपणं गत्वा गृहाय वस्तूनि क्रेष्यावः।	**Nareśaḥ** –	**Ucitameva. Adhunā kañcit āpaṇaṁ gatvā gṛhāya vastūni kreṣyāvaḥ**

नरेश	– ठीक ही है। अब हम दोनों किसी दुकान पर जाकर घर के लिए चीजें खरीदेंगे।	Naresh	– It is right. Now we shall go to a shop and purchase things for the home.

1. विशेष (Note) :- 'अत्' और 'इन्' से समाप्त होने वाले शब्दों के रूप परिशिष्ट – 1 से समझकर याद कीजिए। (The declensions of the words ending in **'at'** and **'in'** should be noted from appendix-1).
2. विशेष (Note) :- शतृ प्रत्यय के विषय में परिशिष्ट – 2 को देखिए। (See the appendix-2 for **'satṛ'** suffix).
3. विशेष (Note) :- इदम् शब्द के रूप परिशिष्ट – 1 में देखिए। (See the declension of 'Idam' in appendix-1).

शब्दकोश = **Vocabulary :-**

ताडयत्	**(tāḍayat)**	=	पीटता हुआ	(beating)
वराकः	**(varākaḥ)**	=	बेचारा	(poor)
वह्	**(vah)**	=	बहना, ढोना	(to flow, to carry)
प्रच्छ्-पृच्छ्	**(pracch-pṛcch)**	=	पूछना	(to ask)
तावत्	**(tāvat)**	=	उतना	(that much)
श्रु	**(śru)**	=	सुनना	(to hear)
उन्मोचय	**(unmocaya)**	=	खोल दे	(untie)
क्षम्	**(kṣam)**	=	क्षमा करना, माफ करना	(to excuse)
ताडय्	**(tāḍay)**	=	पीटना	(to beat)
भारः	**(bhāraḥ)**	=	भार, वज़न	(weight, load)
वोढुम्	**(voḍhum)**	=	ढोने को	(to carry)
यावत्	**(yāvat)**	=	जितना	(as much)
मा	**(mā)**	=	मत	(don't)
श्रोतुम्	**(śrotum)**	=	सुनने को	(to hear)
चित्	**(cit)**	=	अनिश्चयार्थक अव्यय	(an indeclinable showing uncertainty)

80 – SPOKEN-SANSKRIT

अभ्यासः (Exercise)

1. निम्नलिखित शब्दों का सन्धिच्छेद कीजिए और परिशिष्ट-4 से सन्धि-नियम समझकर सन्धियों के नाम भी लिखिए (Disjoin the following words and name the sandhis noting their rules from the appendix-4) :-

   भारोऽत्यधिको वर्त्तते, भारोऽस्ति, क्रूरतयेमम्, कोऽसि, ममास्ति, क्रूरो मा, वृषभेऽत्याचारम्। (Bhāro'tyadhiko varttate, bharo'sti, krūratayemam, ko'si, mamāsti, krūro mā, vṛṣabhe'tyācāram).

2. पूर्वरूप सन्धि और विसर्गों को उ की सन्धियों को **परिशिष्ट-4** में से समझकर तीन-तीन उदाहरण दीजिए (Learn **Pūrvarūpa** and 'u' to visarga joining from the appendix-4 and then give three examples of each).

3. निम्नलिखित वाक्यों का अनुवाद कीजिए (Translate the following sentences) :-

   1. वृषभः तं वोढुमसमर्थः। (Vṛṣabhaḥ taṁ voḍhumasamarthaḥ.)
   2. यानचालकस्य समीपे गत्वा तं पृच्छामि। (Yānacālakasya samīpe gatvā taṁ pṛcchāmi.)
   3. यावान् एतस्मिन् याने भारोऽस्ति, तावान् अयं वोढुमसमर्थः। (Yāvān etasmin yāne bhāro'sti, tāvān ayaṁ voḍhumasamarthaḥ.)
   4. न क्षंस्यामि, चल मया सह। (Na kṣaṁsyāmi, cala mayā saha.)
   5. ये पशुष्वत्याचारं कुर्वन्ति, ते दण्डनीयाः एव। (Ye paśuṣvatyācāraṁ kurvanti, te daṇḍanīyaḥ eva.)

4. निम्नलिखित शब्दों के निर्दिष्ट विभक्तियों में रूप परिशिष्ट-1 की सहायता से लिखिए। (Decline the following words in the given case-endings with the help of Appendix-I) :-

शब्द Word	लिंग Gender	विभक्ति Case	एकवचन Singular	द्विवचन Dual	बहुवचन Plural
देव (Deva)	पुं. (M.)	प्रथमा (I)			
पुरुष (Puruṣa)	पुं. (M.)	तृतीया (III)			

SPOKEN-SANSKRIT – 81

बाला (Bālā)	स्त्री. (F.)	तृतीया (III)			
मुनि (Muni)	पुं. (M.)	षष्ठी (VI)			
विपणि (Vipaṇi)	स्त्री. (F.)	द्वितीया (II)			
गुरु (Guru)	पुं. (M.)	षष्ठी (VI)			
प्रभु (Prabhu)	पुं. (M.)	सप्तमी (VII)			
पितृ (Pitṛ)	पुं. (M.)	तृतीया (III)			
मातृ (Mātṛ)	स्त्री. (F.)	द्वितीया (II)			
गच्छत् (Gacchat)	पुं. (M.)	प्रथमा (I)			
बलवत् (Balavat)	पुं. (M.)	द्वितीया (II)			
स्वामिन् (Śvāmin)	पुं. (M.)	षष्ठी (VI)			
अधिकारिन् (Adhikārin)	पुं. (M.)	प्रथमा (I)			
वस्तु (Vastu)	नपुं. (Neu.)	प्रथमा (I)			
नदी (Nadī)	स्त्री. (F.)	तृतीया (III)			
फल (Phala)	नपुं. (Neu.)	प्रथमा (I)			

पुष्प (Puṣpa)	नपुं. (Neu.)	द्वितीया (II)	______	______	______

5. निम्नलिखित शब्दों का अपने वाक्यों में प्रयोग कीजिए (Use the following words in your own sentences) :-

क्रूरतया (Krūratayā), वोढुम् (Voḍhum), असमर्थः (Asamarthaḥ), पृच्छामि (Pṛcchāmi), एतस्मिन् (Etasmin), क्षंस्यामि (Kṣaṁsyāmi), आगत्य (Āgatya), दण्डनीयः (Daṇḍanīyaḥ, कृपया (Kṛpayā), श्रोतुम् (Śrotum).

6. निम्नलिखित वाक्यों का संस्कृत में अनुवाद कीजिए (Translate the following sentences into Sanskrit) :-
   1. मुझे क्षमा कर दो, मैं फिर चोरी (चौर्यम्) नहा करूँगा। (Pardon me, I shall not steal again.)
   2. यह घोड़ा इतना भार ढोने में असमर्थ है। (This horse is unable to carry so much load.)
   3. इस घर में पाँच सदस्य रहते हैं। (Five members live in this house.)
   4. फूलों के सुगन्ध से वातावरण प्रिय हो जाता है। (With fragrance of the flowers the atmosphere becomes lovely.)
   5. मैं तुमसे पूछता हूँ कि तुम कहाँ रहते हो? (I ask you, "where do you live?")

त्रयोदशः दिवसः / तेरहवाँ दिन
Trayodaśaḥ Divasaḥ / Thirteenth Day

क्रिकेट-प्रतियोगिता-विवरणम् (Krikeṭa-pratiyogitā-vivaraṇam)
क्रिकेट के मैच का विवरण (The report of cricket match)

राकेशः	- रजनीश! नमस्ते	Rākeśaḥ	– Rajanīśa! Namaste.
राकेश	- रजनीश, नमस्ते।	Rakesh	– Rajanish, namaste.
रजनीशः	- (दृष्ट्वा) राकेश, नमस्ते। चिरात् दृष्टोऽसि। कुत्र आसीः?	Rajanīśaḥ	– (Dṛṣṭvā) Rakeśa, namaste. Cirāt dṛṣṭo'si. Kutra āsīḥ?
रजनीश	- (देखकर) राकेश, नमस्ते। देरी से दिखाई दे रहे हो? कहाँ थे?	Rajnish	– (Seeing) Rakesh, namaste. I am seeing you after a long time. Where had you been?
राकेशः	- किं त्वं न जानासि? (बैटं दर्शयन्) मम हस्ते किमस्ति?	Rākeśaḥ	– Kiṁ tvaṁ na jānāsi? (Baiṭaṁ darśayan) Mama haste kimasti?

राकेश	– क्या तुम नहीं जानते। (बैट दिखाते हुए) मेरे हाथ में क्या है?	Rakesh	– Do you not know? (Showing the bat) what is this in my hand?
रजनीशः	**– तव हस्ते बैटमस्ति। एतत् किमर्थम्?**	**Rajanīśaḥ**	**– Tava haste baiṭamasti. Etat kimartham?**
रजनीश	– तुम्हारे हाथ में बैट है। यह किसलिए है?	Rajnish	– There is a bat in your hand. What for is this?
राकेशः	**– एतत् दर्शनार्थम् अस्ति। एतेनाहं दर्शयामि यत् अहमप्यधुना क्रिकेटक्रीडायाः अभ्यासं करिष्यामि?**	**Rākeśaḥ**	**– Etat darśanārtham asti. Etenāhaṁ darśayāmi yat ahamapyadhunā kriketakrīḍāyāḥ abhyāsaṁ kariṣyami.**
राकेश	– यह दिखाने के लिए है। इससे मैं दिखा रहा हूँ कि मैं भी अब क्रिकेट के खेल का अभ्यास करूँगा।	Rakesh	– This is to show only. I want to show that I will also practise the game of cricket.
रजनीशः	**– किं त्वं कुत्रचित् क्रिकेटक्रीडां द्रष्टुं गतः आसीः?**	**Rajanīśaḥ**	**– Kiṁ tvaṁ kutracit kriketa-krīḍāṁ draṣṭuṁ gataḥ āsīḥ?**
रजनीश	– क्या तुम कहीं क्रिकेट का खेल देखने गए हुए थे?	Rajnish	– Had you been to witness the game of cricket somewhere?
राकेशः	**– आम्, एवमेव। तस्मादेव अहमत्र नासम्।**	**Rākeśaḥ**	**– Ām, evameva. Tasmādeva ahamatra nāsam.**
राकेश	– हाँ, यही बात है। इसी कारण से मैं यहाँ नहीं था।	Rakesh	– Yes, this is true. That is why I was not here.
रजनीशः	**– तर्हि कुत्र आसीः?**	**Rajanīśaḥ**	**– Tarhi kutra āsīḥ?**
रजनीश	– तो तुम कहाँ थे?	Rajnish	– Then where were you?

राकेशः – अहं कर्णपुरं क्रिकेटप्रतियोगितां द्रष्टुं गतः आसम्।	**Rākeśaḥ**	–	**Ahaṁ Karṇapuraṁ kriketa-pratiyogitāṁ draṣṭuṁ gataḥ āsam.**
राकेश – मैं कानपुर में क्रिकेट का मैच देखने गया हुआ था।	Rakesh	–	I went to Kanpur to see the cricket match.
रजनीशः – कस्याः मण्डल्याः कया मण्डल्या सह प्रतियोगिताऽऽसीत्?	**Rajanīśaḥ**	–	**Kasyāḥ maṇḍalyāḥ kayā maṇḍalyā saha pratiyogitā'sīt?**
रजनीश – किस टीम का किस टीम से मैच था?	Rajnish	–	Which team played against which team?
राकेशः – भारतीयक्रीडकानां मण्डल्याः जाम्बवे-क्रीडकानां मण्डल्या प्रतियोगिताऽऽसीत्। इमां प्रतियोगितामेव द्रष्टुमहं कर्णपुरे क्रीडाक्षेत्रं गतः आसम्।	**Rākeśaḥ**	–	**Bhāratīyakrīḍakānāṁ maṇḍalyāḥ Jāmbave-krīḍakānāṁ maṇḍalyā pratiyogitā'sīt. Imāṁ pratiyogitāmeva draṣṭumahaṁ Karṇapure krīḍākṣetraṁ gataḥ āsam.**
राकेश – भारतीय खिलाड़ियों की टीम का जिम्बाब्वे के खिलाड़ियों की टीम के साथ मैच था। मैं इसी मैच को देखने कानपुर में खेल के मैदान में गया था।	Rakesh	–	The team of Indian players had match against the team of Zimbabve. I went to Kanpur to see this match only.
रजनीशः – किं त्वं पूर्णां प्रतियोगितामपश्यः?	**Rajanīśaḥ**	–	**Kiṁ tvaṁ pūrṇāṁ pratiyogitāmapaśyaḥ?**
रजनीश – क्या तुमने पूरा मैच देखा था?	Rajnish	–	Did you see the complete match?

राकेशः	**– आम्, आम्! अहं पूर्णां प्रतियोगितामपश्यम्। प्रत्येकं मण्डल्यामेकादश क्रीडकाः आसन्।**	**Rākeśaḥ**	**– Ām, ām! ahaṁ pūrṇāṁ pratiyogitāmapaśyam. Pratyekaṁ maṇḍalyāmekādaśa krīḍakāḥ āsan.**
राकेश	– हाँ, हाँ मैंने पूरा मैच देखा। हर एक टीम में ग्यारह-ग्यारह खिलाड़ी थे।	Rakesh	– Oh yes, I saw the complete match. Every team had eleven players.
रजनीशः	**– कस्य विजयः कस्य च पराजयोऽभवत्?**	**Rajanīśaḥ**	**– Kasya vijayaḥ kasya ca parājayo'bhavat?**
रजनीश	– किसकी जीत और किसकी हार हुई?	Rajnish	– Who was victorious and who was defeated?
राकेशः	**– भारतमण्डल्याः एवाद्भुतो विजयोऽभवत्। तस्याः मण्डल्याः केवलं द्वावेव क्रीडकौ बहिरभवताम्। एवं सा नवभिः विकिटैः विजिताऽभवत्।**	**Rākeśaḥ**	**– Bhāratamaṇḍalyāḥ evādbhuto vijayo'bhavat. Tasyāḥ maṇḍalyāḥ kevalaṁ dvāveva krīḍakau bahirabhavatām. Evaṁ sā navabhiḥ vikiṭaiḥ vijitā'bhavat.**
राकेश	– भारतीय टीम की अनोखी ही जीत हुई। उस टीम के केवल दो ही खिलाड़ी आऊट हुए। इस प्रकार वह टीम नौ विकेटों से जीत गई।	Rakesh	– The victory of the Indian team was astonishing. Only two players of this team became out, while it won the match by nine wickets.
रजनीशः	**– अति शोभनम्। कि त्वं किंचित् तत्रत्यं छायाचित्रमानयः?**	**Rajanīśaḥ**	**– Ati śobhanam, Kiṁ tvaṁ kiñcit tatratyaṁ chāyācitramānayaḥ?**
रजनीश	– बहुत बढ़िया। क्या तुम वहाँ	Rajnish	– Very well. Have you

	का कोई फोटो लाए हो?			brought any photograph of that match?
राकेशः	**– मम समीपे तस्य क्रीडाक्षेत्रस्य छायाचित्रमस्ति। तत् इदमस्ति। पश्य।**	**Rākeśaḥ**	**–**	**Mama samīpe tasya krīḍākṣetrasya chāyā-citramasti. Tat idama-sti. Paśya.**
राकेश	– मेरे पास उस खेल के मैदान का फोटो है। वह यह है। देखो।	Rakesh	–	I have the photo of that field. Here is the same. Please see it.
रजनीशः	**– का मण्डली पूर्वं बैटिंगक्रीडामकरोत्, का च कन्दुकक्षेपणम्?**	**Rajanīśaḥ**	**–**	**Kā maṇḍalī pūrvaṁ baiṭiṅgakriḍāmakarot, kā ca kandukakṣepa-ṇam?**
रजनीश	– किस टीम ने पहले बैटिंग की और किस ने बॉलिंग की?	Rajnish	–	Which team did the ba-tting first and which did the balling?
राकेशः	**– पूर्वं जाम्बवेमण्डली बैटिंगक्रीडामकरोत्, भारतमण्डली च कन्दुकक्षेपणमकरोत्।**	**Rākeśaḥ**	**–**	**Pūrvaṁ Jambaveman-ḍalī baiṭiṅgakriḍāma-karot, Bharatamaṇḍalī ca kandukakṣepaṇa-makarot.**
राकेश	– पहले जिम्बाब्वे की टीम ने बैटिंग की और भारतीय टीम ने बॉलिंग की।	Rakesh	–	The Zimbabve team did the batting first and the Indian team balling.
रजनीशः	**– तत्र मध्यस्थः कः आसीत्?**	**Rajanīśaḥ**	**–**	**Tatra madhyasthaḥ kaḥ āsīt?**
रजनीश	– वहाँ रैफरी कौन था?	Rajnish	–	Who was referee there?
राकेशः	**– तस्याभिधानं न जानामि, परं सः कश्चिद् यौरुपीयः आसीत्। सः**	**Rākeśaḥ**	**–**	**Tasyābhidhānaṁ na jānāmi, paraṁ saḥ ka-**

	न्यायपूर्वकं सर्वं निर्णयं करोति स्म।		**ścid Yaurupīyaḥ āsīta. Saḥ nyāyapūrvakaṁ sarvaṁ nirṇayaṁ karoti sma.**
राकेश	– उसका नाम मैं नहीं जानता, परन्तु वह कोई यूरोपीय था। वह न्याय-पूर्वक सब फैसला करता था।	Rakesh	– I don't know the name of that person, but he was a European. He decided every thing with justice.
रजनीशः	**– एषः शुभः समाचारः। धन्यवादः तव। किं त्वमपि क्रिकेट-क्रीडायै यतसे ?**	**Rajanīśaḥ**	**– Eṣaḥ śubhaḥ samācāraḥ. Dhanyavādaḥ tava. Kiṁ tvamapi krikeṭakrīḍāyai yatase?**
रजनीश	– यह शुभ समाचार है। तुम्हारा धन्यवाद। क्या तुम भी क्रिकेट के खेल के लिए यत्न कर रहे हो?	Rajnish	– This is good news. Thank you. Are you also trying for cricket game.
राकेशः	**– आम्। अहमिच्छामि यत् कदाचिदहमपि कस्यांचित् प्रतियोगितायां गच्छेयम्। अत एव बैटमक्रीणाम् येन ममाभ्यासः भवेत्।**	**Rākeśaḥ**	**– Ām. Ahamicchāmi yat kadācidahamapi kasyañcit pratiyogitāyāṁ gaccheyam. Ata eva baiṭamakrīṇām, yena mamābhyāsaḥ bhavet.**
राकेश	– हाँ, मैं चाहता हूँ कि कभी मैं भी किसी मैच में जाऊँ। इसीलिए मैंने बैट खरीद लिया है, जिससे मेरा अभ्यास हो सके।	Rakesh	– Yes, I wish that someday I may also participate in a match. For this reason I have purchased this bat, so that I may practise.
रजनीशः	**– शोभनम्। तर्ह्यागच्छ अधुना चायपानाय।**	**Rajanīśaḥ**	**– Śobhanam. Tarhyāgaccha adhunā cāyapānāya.**

रजनीश	– बढ़िया। तो अब चाय पीने के लिए आओ।	Rajnish	– Very well. Now come to have tea.
राकेशः	**– यथेच्छसि, तथैव करिष्यामि।**	**Rākeśaḥ**	**– Yathecchasi, tathaiva kariṣyāmi.**
राकेश	– जैसा चाहते हो, वैसा ही करूँगा।	Rakesh	– I shall do as you wish.

(द्वावेव चायपानं कुरुतः) **(Dvāveva cāyapānaṁ kurutaḥ)**

(दोनों चायपान करते हैं) (Both of them take tea).

1. विशेष (Note) :- इस पाठ में अनद्यतन भूतकाल के लिए लङ् लकार का प्रयोग किया गया है। लङ् लकार के रूपों तथा प्रयोग के सम्बन्ध में परिशिष्ट-2 देखिए। (In this lesson the use of **Laṅ Lakāra** is taught which is for the past tense excluding today. See the appendix-II for the conjugation and use of **Laṅ Lakāra**).

2. विशेष (Note) :- इस पाठ में **'दर्शयन्'** में शतृ तथा **'दृष्टः'** में क्त प्रत्यय का प्रयोग है। इन दोनों प्रत्ययों को परिशिष्ट-2 में ही देखिए। (Learn about the **śatṛ** and **kta** suffixes, from the appendix-2, which are used in this lesson.)

3. विशेष (Note) :- **किम्** के रूपों के साथ **चित्** या **चन** जोड़ने से वे शब्द 'कोई, किसी, किन्हीं, कुछ' आदि अनिश्चयात्मक शब्दों का अर्थ देते हैं। किम् के रूप बनाकर ही चित् या चन का सन्धियुक्त प्रयोग करना चाहिए; जैसे – **'कश्चित्, काचित्, किञ्चित्, कस्मिंश्चित्'** आदि। (If **'cit'** or **'cana'** is added to the forms of **'kim'** then these forms show the uncertainity of the thing, as **'kaścit** (anybody), **kiñcit** (somewhat) etc.)

शब्दकोश = Vocabulary :-

नमः	**(namaḥ)**	=	नमस्कार	(greetings)
चिरात्	**(cirāt)**	=	देर के बाद	(after a long time)
दर्शयन्	**(darśayan)**	=	दिखाते हुए	(showing)
अर्थम्	**(artham)**	=	के लिए	(for)
मण्डली	**(maṇḍalī)**	=	टीम	(team)

एकादश	**(ekādaśa)**	=	ग्यारह	(eleven)
नव	**(nava)**	=	नौ	(nine)
छायाचित्रम्	**(chāyācitram)**	=	फोटो	(photograph)
कन्दुकक्षेपणम्	**(kandukakṣepaṇam)**	=	बॉलिंग	(balling)
मध्यस्थः	**(madhyasthaḥ)**	=	रैफ़री	(referee)
जानामि	**(jānāmi)**	=	जानता हूँ	(I know)
ते	**(te)**	=	तुम्हें	(for you)
दृष्टः	**(dṛṣṭaḥ)**	=	देखा गया	(seen)
कर्णपुरम्	**(karṇapuram)**	=	कानपुर	(kanpur)
क्रीडकः	**(krīḍakaḥ)**	=	खिलाड़ी	(player)
बहिर्	**(bahir)**	=	बाहर, आऊट	(out)
तत्रत्यम्	**(tatratyam)**	=	वहाँ का	(of that place)
श्रुतः	**(śrutaḥ)**	=	सुना गया	(heard)
अभिधानम्	**(abhidhānam)**	=	नाम	(name)

अभ्यासः (Exercise)

1. निम्नलिखित वाक्यों का अनुवाद कीजिए (Translate the following sentences) :-

   1. **चिरात् दृष्टोऽसि। कुत्राऽऽसीः ? (Cirāt dṛṣṭo'si. Kutrā'sīḥ?)**
   2. **एतेनाहं दर्शयामि यत् अहमप्यधुना क्रिकेटक्रीडायाः अभ्यासं करिष्यामि। (Etenāhaṁ darśayāmi yat ahamapyadhunā kriketakrīḍāyāḥ abhyāsaṁ kariṣyāmi.)**
   3. **तस्मादेव अहमत्र नासम्। (Tasmādeva ahamatra nāsam.)**
   4. **भारतमण्डल्याः एवाद्भुतो विजयोऽभवत्। (Bhāratamaṇḍalyāḥ evādbhuto vijayo'bhavat.)**
   5. **मम समीपे तस्य क्रीडाक्षेत्रस्य छायाचित्रमस्ति। तत् इदमस्ति, पश्य। (Mama samī-pe tasya krīḍākṣetrasya chāyācitramasti. Tat idamasti, paśya.)**
   6. **अहमिच्छामि यत् कदाचिदहमपि कस्याञ्चित् प्रतियोगितायां गच्छेयम्। (Ahamicchāmi yat kadācidahamapi kasyāñcit pratiyogitāyāṁ gaccheyam.)**

2. निम्नलिखित शब्दों का सन्धिविच्छेद कीजिए (Disjoin the following words) :-

रजनीश, राकेश, दृष्टोऽसि, नमस्ते, दर्शनार्थम्, एतेनाहम्, अहमप्यधुना, तस्मादेव, नासम्, प्रत्येकम्, पराजयोऽभवत्, द्वावेव, तस्याभिधानम्। (Rajanīśa, Rākeśa, dṛsto'si, namaste, darṣanārtham, etenāham, ahamapyadhunā, tasmādeva, nāsam, pratyekam, parājayo'bhavat, dvāveva, tasyābhidhānam.)

'**दृष्टोऽसि**' का सन्धिच्छेद है '**दृष्टः + असि**'। इसमें विसर्ग को उ, गुण और पूर्वरूप नामक तीन सन्धियाँ हुई है। इसी प्रकार '**तस्मादेव**' में '**त्**' को '**द्**' हो गया है। सन्धि के सब नियम परिशिष्ट-4 में देखिए। (See all rules of sandhi in appendix-4 to understand the rules of u to **visarga, guṇa** and **pūrvarūpa** also.)

3. '**ते**' के अर्थ हैं, 'वे सब (पुं.), वे दो (स्त्री.), तेरे लिए, तेरा' इन सभी अर्थों में '**ते**' का प्रयोग कीजिए (Use the 'te' in the senses of 'all those (mas.) 'those two (femminine)' and 'for you, your' etc.)

4. '**यत्**' का तीन रूपों में प्रयोग होता है; (Yat is used in three ways) :-

   1. धातु के रूप में – **यतते, यतसे** (**Yat** as root means 'to try').
   2. अव्यय के रूप में '**कि**' के अर्थ में। (**Yat** as indeclinable means 'that).
   3. **यत्** – सर्वनाम 'जो' अर्थ के रूप में। (**'Yat'** as pronoun means which, who).

   इन तीनों प्रकारों में '**यत्**' से वाक्य बनाइए (Make sentences using **'yat'** in these three ways.)

5. निम्नलिखित प्रश्नों के संस्कृत में उत्तर दीजिए (Answer the following questions in Sanskrit) :-

   (क) राकेशः कुत्र गतः आसीत्? **(Rakeśaḥ kutra gataḥ āsīt?)**

   (ख) सः तत्र किमर्थं गतः आसीत्? **(Saḥ tatra kimartham gataḥ āsīt?)**

   (ग) क्रिकेटक्रीडायामेकस्यां मण्डल्यां कति क्रीडकाः भवन्ति? **(Kriketa-krīḍāyāme_kasyaṁ maṇḍalyāṁ kati krīḍakāḥ bhavanti?)**

   (घ) भारतस्य कति क्रीडकाः बहिरभवन्? **(Bhārātasya kati krīḍakāḥ bahira-bhavan?)**

   (ङ) अस्यां प्रतियोगितायां कस्य विजयः अभवत्? **(Asyāṁ pratiyogitāyāṁ kasya vijayaḥ abhavat?)**

   (च) राकेशः किमिच्छति स्म? **(Rākeśaḥ kimicchati sma?)**

6. निम्नलिखित क्रियाओं के धातु, लकार, पुरुष और वचन लिखिए (Write the roots, lakaras, persons and numbers of the following verbs) :-
असि, आसीः, करिष्यामि, अपश्यः, अपश्यम्, अभवत्, आनयः, पश्य, अकरोत्, जानामि, यतसे, आगच्छ। (Asi, āsīḥ, kariṣyāmi, apaśyaḥ, apaśyam, abhavat, ānayaḥ, paśya, akarot, jānāmi, yatase, āgaccha.)

7. पुँल्लिंग में बीस तक की संख्या परिशिष्ट-7 को देखकर लिखिए (See appendix-VII & write the numbers upto twenty in Sanskrit.)

8. संस्कृत में अनुवाद कीजिए (Translate into Sanskrit) :-
    1. मैं गाँव में गया हुआ था। (I had gone to the village.)
    2. तूने वहाँ क्या-क्या देखा? (What things did you see there?)
    3. वह कहाँ था और तू कहाँ था? (Where was he and where were you?)
    4. मैं भ्रमण करना चाहता हूँ। (I wish to walk.)
    5. मैं वही करूँगा, जो मेरे पिता कहेंगे। (I shall do the same, which my father says.)
    6. तुम दोनों बाजार से क्या लाये? (What have both of you brought from the market?)
    7. मैं कुछ नहीं लाया, परन्तु वह एक पुस्तक लाया है। (I have not brought anything but he has brought a book.)
    8. वह परीक्षा में सफलता के लिए यत्न करता है। (He tries to get success in the examination.)
    9. किसी कन्या का कोई भाई किसी दर्शनीय स्थान को देखने गया। (A brother of a girl went to visit some worth-seeing place.)
    10. मैं कुछ नहीं चाहता। (I want nothing.)

चतुर्दशः दिवसः
Caturdaśaḥ Divasaḥ

चौदहवाँ दिन
Fourteenth Day

दीपावल्याम् (Dīpāvalyām) = दीवाली पर (On Divali)

प्रमोदः – (उपहारं दर्शयन्) रवीश, तुभ्यम् दीपावली मंगलमयी भवतु। कुत्रास्ति ते पिता?

प्रमोद – (भेंट दिखाते हुए) रवीश, तुम्हारे लिए दीवाली मंगलमयी हो। तुम्हारे पिता कहाँ हैं?

रवीशः – दीपावली भवतेऽपि मंगलमयी भवतु। परं मम पिता तु अत्र नास्ति। सः कोलकातानगरं प्रातःकाले एव गतवान्।

रवीश – दीवाली आपके लिए भी मंगलमयी हो। परन्तु मेरे पिता जी तो यहाँ

Pramodaḥ – (Upahāraṁ darśayan) Ravīśa, tubhyaṁ Dīpāvalī maṅgalamayī bhavatu. Kutrāsti te pitā?

Pramod – (Showing the present), Ravish, may Divali be auspicious to you! Where is your father?

Ravīśaḥ – Dīpāvalī bhavate'pi maṅgalamayī bhavatu. Paraṁ mama pitā tu atra nāsti. Saḥ Kolkātā-nagaraṁ prātaḥkāle eva gatavān.

Ravish – May Divali be auspicious to you also. But my

	नहीं हैं। वे सवेरे ही कोलकाता नगर चले गये।		father is not here. He left for Kolkata early in the morning.
प्रमोदः	**– तव माता कुत्रास्ति?**	**Pramodaḥ**	**– Tava mātā kutrāsti?**
प्रमोद	– तुम्हारी माता कहाँ हैं?	Pramod	– Where is your mother?
रवीशः	**– साऽपि तेनैव सह गतवती।**	**Ravīśaḥ**	**– Sā'pi tenaiva saha gatavatī.**
रवीश	– वे भी उन्हीं के साथ गई हैं।	Ravish	– She also went with him.
प्रमोदः	**– किं त्वं गृहे एकाकी एवासि?**	**Pramodaḥ**	**– Kiṁ tvaṁ gṛhe ekākī evāsi?**
प्रमोद	– क्या तुम घर में अकेले ही हो?	Pramod	– Are you alone at home?
रवीशः	**– साम्प्रतं त्वेकाकी एवास्मि, परं शीघ्रमेव मम भ्राता धर्मेन्द्रः, मम च भ्रातृजाया उमाऽऽगमिष्यतः। ताभ्यां सहाहम् दीपावल्याः उत्सवं मानयिष्यामि।**	**Ravīśaḥ**	**– Sāmpratam tvekākī evāsmi, paraṁ śīghrameva mama bhrātā Dharmendraḥ, mama ca bhrātṛjāyā Umā'gamiṣyataḥ. Tābhyāṁ sahāhaṁ Dīpāvalyāḥ utsavaṁ mānayiṣyāmi.**
रवीश	– इस समय तो अकेला ही हूँ, परन्तु जल्दी ही मेरे भाई धर्मेन्द्र और मेरी भाभी उमा आ जायेंगे। उन्हीं के साथ मैं दीवाली का समारोह मनाऊँगा।	Ravish	– At present I am certainly alone, but my brother Dharmendra and my brother's wife Umā will come here soon. I shall celebrate the Divali - ceremony with them.
प्रमोदः	**– अस्तु तावत्। इयमुपहारधानी अस्ति। अस्यां मिष्टान्नं वर्तते।**	**Pramodaḥ**	**– Astu tāvat. Iyamupahāradhānī asti. Asyāṁ**

	यदा तव भ्राता आगच्छेत् तस्मै कथयेः यत् प्रमोद-पितृव्यः इमां मिष्टान्नधानीं दत्तवान् (यच्छति)।		**miṣṭānnaṁ vartate. Yadā tava bhrātā āgacchet, tasmai kāthayeḥ yat Pramodapitṛvyaḥ imāṁ miṣṭānnadhānīṁ dattavān. (Yacchati)**
प्रमोद	– ठीक है। यह भेंट का डिब्बा है। इसमें मिठाई है। जब तुम्हारा भाई आए तो उसे कह देना कि चाचा प्रमोद मिठाई का यह डिब्बा दे गए हैं। (दे देता है।)	Pramod	– All right. This is a gift box. There are sweets in it. When your brother comes, you must tell him that uncle Pramoda has given this box of sweets. (hands over)
रवीशः	**– (मिष्टान्नधानीं गृहीत्वा) धन्यवादः भवते।**	**Ravīśaḥ**	**– (Miṣṭānnadhānīṁ gṛhītvā) Dhanyavādaḥ bhavate.**
रवीश	– (मिठाई का डिब्बा लेकर) आपका धन्यवाद।	Ravish	– (Receiving the box of sweets.) Thank you for this.
प्रमोदः	**– रात्रौ यूयं दीपावली-समारोहे किं किं करिष्यथ ?**	**Pramodaḥ**	**– Rātrau yūyāṁ Dīpāvalī-samārohe kiṁ kiṁ kariṣyatha?**
प्रमोद	– रात के समय दीवाली के समारोह में तुम क्या-क्या करोगे ?	Pramod	– What will you do in celebrating the Divali at night?
रवीशः	**– मम भ्राता भ्रातृजाया च आगत्य निर्णयं करिष्यतः। मम पिता मधूच्छिष्टवर्तिकाः अग्निचूर्णक्रीडनकानि च मां समर्पितवान्।**	**Ravīśaḥ**	**– Mama bhrātā bhrātṛjāyā ca āgatya nirṇayaṁ kariṣyataḥ. Mama pitā madhūcchiṣṭavartikāḥ**

वर्तिकाभिः विद्युद्दीपैः च प्रकाशं करिष्यामः, क्रीडनकैः च क्रीडिष्यामः।

agnicūrṇakrīḍanakāni ca māṁ samarpitavān. Vartikābhiḥ vidyuddīpaiḥ ca prakāśaṁ kariṣyāmaḥ, krīḍanakaiḥ ca krīḍiṣyāmaḥ.

रवीश – मेरे भाई और भाभी आकर फैसला करेंगे। मेरे पिता जी मोमबत्तियाँ और आतिशबाजी मुझे दे गए थे। बत्तियों और बिजली के बल्बों से हम रोशनी करेंगे तथा खिलौनों से खेलेंगे।

Ravish – My brother and his wife are coming and they will decide about it. My father handed over to me candles and crackers. We shall light the house with candles and electric bulbs and play with the toys.

(रवीशस्य भ्राता, भ्रातृजाया चागच्छतः।)

(रवीश के भाई और भाभी आ जाते हैं।)

(Ravīśasya bhrātā, bhrātṛjāyā cāgacchataḥ).

(The brother of Ravish and his wife reach at that time).

धर्मेन्द्रः – पितृव्य, नमस्ते! शुभावसरोऽयं यत् भवान् समये दृष्टः। दीपावली मंगलमयी भवतु।

Darmendraḥ – Pitṛvya, namaste! Śubhāvasaro'yaṁ yat bhavān samaye dṛṣṭaḥ. Dīpāvalī maṅgalamayī bhavatu.

धर्मेन्द्र – चाचा जी, नमस्ते। यह अच्छा मौका है कि आपके दर्शन हो गये। दीवाली आप के लिए कल्याणकारी हो!

Dharmendra – Uncle, My salutations to you. This is by chance that I have been able to see you. May Divali be auspicious to you!

प्रमोदः	- धर्मेन्द्र! युवाभ्यामपि मंगलमयी भवतु!	Pramodaḥ	- Darmendra, yuvābhyāmapi maṅgalamayī bhavatu !
प्रमोद	- तुम्हारे लिए भी मंगलमयी हो।	Pramod	- May it be auspicious for both of you as well.
धर्मेन्द्रः	- पितृव्य, इमानि कानिचित् फलानि सन्ति। स्वीकरोतु भवान्। गृहे सर्वेभ्यः अस्मत् मंगलवचनानि कथयतु भवान्।	Darmendraḥ	- Pitṛvya, imāni kānicit phalāni santi. Svīkarotu bhavān. Gṛhe sarvebhyaḥ asmat maṅgalavacanāni kathayatu bhavān.
धर्मेन्द्र	- ये कुछ फल हैं। आप स्वीकार करें। घर में सबको हमारी ओर से आप मंगलवचन कह देना।	Dharmendra	- Uncle, these are some fruits. Please, accept them. Convey our best wishes to all other members on behalf of us.
प्रमोदः	- (फलानि गृह्णाति) धन्यवादः ते। तव सन्देशं कथयिष्यामि। अधुनाऽहं गृहं गन्तुमिच्छामि। गृहेऽतिथयः आगमिष्यन्ति। तेषां स्वागतं करिष्यामि। नमः सर्वेभ्यः।	Pramodaḥ	- (Phalāni gṛhṇāti) Dhanyavādaḥ te. Tava sandeśaṁ kathayiṣyāmi. Adhunā'haṁ gṛhaṁ gantumicchāmi. Gṛhe'tithayaḥ āgamiṣyanti. Teṣāṁ svāgataṁ kariṣyāmi. Namaḥ sarvebhyaḥ.
प्रमोद	- (फल ले लेता है) तुम्हारा धन्यवाद। तुम्हारा सन्देश कह दूँगा। अब मैं जाना चाहता हूँ। घर पर अतिथि आएँगे। उनका स्वागत करूँगा। तुम	Pramod	- (Receives the fruits) Thank you. I shall convey your messege. Now I wish to go.

सबको नमस्कार।		Guests will come to our house. I have to welcome them. My greetings to all of you.
धर्मेन्द्रः – नमस्ते! यथेच्छं गच्छतु भवान्।	**Darmendraḥ**	**– Namaste! Yathecch-aṁ gacchatu bhavān.**
धर्मेन्द्र – नमस्ते। इच्छानुसार आप जाइए।	Dharmendra	– Namaste. You may leave as you wish.
(प्रमोदः गच्छति)।	**(Pramodaḥ gacchati).**	
(प्रमोद चला जाता है।)	(Pramoda goes).	
उमा – रवीश! तव पितृव्यः कमुपहारमानीतवान् ?	**Umā**	**– Ravīśa! Tava pitṛvyaḥ kamupa-hramānītavān?**
उमा – रवीश! तुम्हारे चाचा क्या भेंट लाए हैं?	Uma	– Ravish! What present has your uncle brought ?
रवीशः – (धानीं दर्शयन्) इयं मिष्टान्नधानी अस्ति। पितृव्यस्यायमुपहारः।	**Ravīśaḥ**	**– (Dhānīṁ darśayan) Iyaṁ miṣṭānnadhānī asti. Pitṛvyasyāyamu-pahāraḥ.**
रवीश – (डिब्बा दिखाते हुए) यह मिठाई का डिब्बा है। यह चाचा जी की भेंट है।	Ravish	– (Showing the box of sweets.) This is the box of sweets. This has been presented by the uncle.
उमा – शोभनम्! अधुना वयं त्रयः एव गृहमलंकरिष्यामः। रात्रौ दीपान् प्रज्वा-	**Umā**	**– Śobhanam. Adhunā vayaṁ trayaḥ eva gṛhamalaṅkariṣyām-**

	लयिष्यामः, मिष्टान्नानि च भक्षयिष्यामः।		**aḥ. Rātrau dīpān prajvālayiṣyāmaḥ miṣṭānnāni ca bhakṣayiṣyāmaḥ.**
उमा –	बढ़िया! अब हम तीनों ही घर को सजाएँगे। रात को दीप जलाएँगे और मिठाइयाँ खाएँगे।	Uma –	Very well. Now, all of us will decorate the house. At night we shall light the lamps and eat sweets also.

(धर्मेन्द्रः, उमा, रवीशः च गृहमलंकर्तुं व्यस्ताः भवन्ति।) — **(Dharmendraḥ, Umā, Ravīśaḥ ca gṛhamalaṅkartuṁ vyastāḥ bhavanti).**

(धर्मेन्द्र, उमा और रवीश घर को सजाने में लग जाते हैं।) — (Dharmendra, Uma and Ravish get busy in decorating the house).

विशेष (Note) :- यह पाठ **क्तवतु (तवत्)** के प्रयोग को बताता है। **'तवत्'** के रूप कर्ता के लिंग और वचन के अनुसार भूतकाल का अर्थ देने के लिए बदल जाते हैं; जैसे – **'गतवान्, गतवन्तौ, गतवन्तः'** पुँल्लिंग में और **'गतवती, गतवत्यौ, गतवत्यः'** स्त्रीलिंग में बनते हैं। (This lesson shows the use of **'tavat'** suffix. The forms of **'tavat'** are changed according to the gender and number of the subjects for the verb of past tense, as - **'gatavān, gatavantau, gatavantaḥ'** in mas. **and 'gatavatī, gatavatyau gatavatyaḥ'** in feminine).

शब्दकोश = Vocabulary :-

दर्शयन्	**(darśayan)**	=	दिखाते हुए	(showing)
गतवती	**(gatavatī)**	=	गई	(she went)
साम्प्रतम्	**(sāmpratam)**	=	अब	(now)
मानय्	**(mānay)**	=	मनाना	(to celibrate)
पितृव्यः	**(pitṛvyaḥ)**	=	चाचा	(uncle)
मधूच्छिष्टम्	**(mudhūcchiṣṭam)**	=	मोम	(wax)
क्रीडनकम्	**(krīḍanakam)**	=	खिलौना	(toy)
युवाभ्याम्	**(yuvābhyam)**	=	तुम दोनों के लिए	(for both of you)
आनीतवान्	**(Ānītavān)**	=	लाया	(brought)

गतवान्	**(gatavān)**	=	गया	(went)
एकाकी	**(ekākī)**	=	अकेला	(alone)
भ्रातृजाया	**(bhrātṛjāyā)**	=	भरजाई, भाभी	(brother's wife)
धानी	**(dhāni)**	=	डिब्बा	(box, container)
दत्तवान्	**(dattavān)**	=	दे गया	(gave)
वर्त्तिका	**(vartikā)**	=	बत्ती	(candle)
समर्पितवान्	**(samarpitavān)**	=	सौंप गया	(handed over)
अलम् + कृ	**(alam + kṛ)**	=	सजाना	(to decorate)

अभ्यासः (Exercise)

1. निम्नलिखित प्रश्नों के उत्तर संस्कृत में दीजिए (Answer the following questions in Sanskrit) :-
   1. **रवीशस्य गृहं पूर्वं कः आगतवान्? (Ravīśasya gṛhaṁ pūrvaṁ kaḥ āgatavān.)**
   2. **सः कमुपहारं आनीतवान्? (Saḥ kamupahāraṁ ānītavān?)**
   3. **रवीशस्य पिता कुत्र गतवान्, माता च कुत्र गतवती? (Ravīśasyā pitā kutra gatavān mātā ca kutra gatavatī?)**
   4. **रवीशस्य भ्रातुः किं नाम भ्रातृजायायाः च किं नाम? (Raviśasya bhrātuḥ kiṁ nāma bhrātṛjāyāyāḥ ca kiṁ nāma?)**
   5. **रात्रौ प्रकाशाय जनाः किं किं कुर्वन्ति? (Rātrau prakāśāya janāḥ kiṁ kiṁ kurvanti?)**
   6. **कस्मिन् कार्ये रवीशः, तस्य भ्राता, तस्य भ्रातृजाया च व्यस्ताः भूतवन्तः? (Kasmin kārye Ravīśaḥ, tasya bhrāta, tasya bhrātṛjāyā ca vyastāḥ bhūtavantaḥ?)**

2. निम्नलिखित शब्दों का सन्धि-विच्छेद कीजिए (Disjoin the following words) :-
   कुत्रास्ति (kutrāsti), भवतेऽपि (bhavate'pi), तेनैव (tenaiva), एवासि (evāsi), उमाऽऽगमिष्यतः (umā'gamiṣyataḥ), सहाहम् (sahāham), शुभावसरोऽयम् (śubhāvasaro'yam), स्वागतम् (svāgatam).

3. निम्नलिखित शब्दों में से धातु और प्रत्यय अलग-अलग कीजिए; जैसे – गन्तुम् = गम् + तुमुन् (तुम्) (Show the roots and the suffixes of the following words separately; as - **gantum = gam + tumun (tum)**) :-

दर्शयन् (darśayan), गतवान् (gatavān), गतवती (gatavatī), दत्तवान् (dattavān), गृहीत्वा (gṛhītvā), आगत्य (āgatya), दृष्टः (dṛṣṭaḥ).

4. निम्नलिखित शब्द-रूपों के मूल शब्द, लिंग, विभक्ति और वचन बताइए (Tell the original words, genders, case-endings and numbers of the following words) :-

तुभ्यम् (Tubhyam), भवते (bhavate), माता (mātā), एकाकी (ekākī), ताभ्याम् (tābhyām), मम (mama), भ्राता (bhrātā), तव (tava), इमाम् (imām), तस्मै (tasmai), वर्तिकाभिः (vartikābhiḥ), अयम् (ayam), भवान् (bhavān), युवाभ्याम् (yuvābhyām), अतिथयः (atithayaḥ), रात्रौ (ratrau).

5. निम्नलिखित शब्दों का अपने वाक्यों में प्रयोग कीजिए (Use the following words in your own Sanskrit sentences) :-

कुत्र (Kutra), सह (saha), यदा (yadā), आगच्छेत् (āgacchet), कथयेः (kathayeḥ), रात्रौ (rātrau), समर्पितवान् (samarpitavān), आगत्य (āgatya), किंचित् (kiñcit), गन्तुम् (gantum), नमः (namaḥ).

6. 'एकाकी' शब्द में 'एकाकिन्' मूल शब्द है। इसके रूप 'इन्' से समाप्त होने वाले **गुणिन्** शब्द के समान लिखिए (Decline **ekākin** like **guṇin**.)'

7. संस्कृत में अनुवाद कीजिए और भूतकाल के अर्थ में क्तवतु (तवत्) प्रत्यय का प्रयोग कीजिए (Translate into Sanskrit using the suffix **ktavatu(tavat)** to show the past tense) :-

  1. मैं आज बाज़ार गया था। (I went to the market today.)
  2. तूने फल क्यों नहीं खाए? (Why did you not eat the fruits?)
  3. वे दोनों कब आये? (When did those two come?)
  4. हम सब-पर्वतयात्रा पर गए थे। (All of us went for hill-station journey.)
  5. उमा ने तुझे क्या दिया? (What did Uma give you?)
  6. वे फल सुमित्रा ने खाए। (Sumitra ate those fruits.)
  7. लड़कियों ने बगीचे में सैर की। (The girls took a walk in the garden.)
  8. उसके पिता ने मुझे पुरस्कार दिया। (His father gave me a reward.)

पञ्चदशः दिवसः
Pañcadaśaḥ Divasaḥ

पन्द्रहवाँ दिन
Fifteenth Day

उद्याने कार्यम् (Udyāne kāryam)
बगीचे में काम (Work in the garden)

वीणा – (मातरं प्रति) मातः, पश्य पश्य। मम आम्रवृक्षौ अधुना फलैः परिपूर्णौ स्तः। यदाऽहमेतौ आरोपितवती, तदा एतौ अति लघू आस्ताम्। अधुना तु अद्भुता एतयोः शोभा।

Vīṇā – (Mātaraṁ prati) Mātaḥ, paśya, paśya. Mama āmravṛkṣau adhunā phalaiḥ paripūrṇau staḥ. Yadā'hametau āropitavatī, tadā etau ati laghū āstām. Adhunā tu adbhutā etayoḥ śobhā.

वीणा – (माता को) माता जी, देखो, देखो। मेरे आम के दोनों वृक्ष अब फलों से लदे हुए हैं। जब मैंने इनको लगाया था, तब ये दोनों बहुत छोटे थे। अब तो इनकी शोभा अनोखी ही है।

Vina – (To the mother) Mother, look there. Both the mango trees of mine are laden with fruits now. When I planted these, then these were very young. Now their beauty is excellent.

निर्मला – पुत्रि, परिश्रमस्य फलं मधुरं भवति। एते पादपाः उर्वरां भूमिं, जलमातपं च प्राप्य वर्धन्ते। त्वं पादपानां पालने रक्षणे च तत्परा स्थिता। अत एवैतौ वृक्षावपि अवर्धेतां, फलवन्तौ चाभवताम्।

Nirmalā – Putri, pariśramasya phalaṁ madhuraṁ bhavati. Ete pādapāḥ urvarāṁ bhūmiṁ, jalamātapaṁ ca prāpya vardhante. Tvaṁ pādapānāṁ pālane rakṣaṇe ca tatparā sthitā. Ata evaitau vṛkṣāvapi avardhetāṁ, phalavantau cābhavatām.

निर्मला – बेटी, मेहनत का फल मीठा होता है। ये पेड़ उपजाऊ भूमि, पानी और धूप प्राप्त करके बढ़ते हैं। तुम पेड़ों के पालने और रक्षा करने में लगी रही हो। इसीलिए ये दोनों वृक्ष भी बढ़ गये हैं और फलवान् हो गए हैं।

Nirmala – Daughter, the fruit of hard work is always sweet. These trees grow up in the fertile land by getting water and sunshine. You have been busy to nourish and to protect them. Therefore these two trees have grown up and are also laden with fruits.

शंकरः – पुत्र ध्रुव! पादपानां मध्ये यत्किञ्चित् तृणादिकं व्यर्थमस्ति, क्षुरप्रेण तदुत्पाट्य बहिः कुरु। एतेन स्वच्छताऽपि भविष्यति, रक्षिताः पादपाः च सुखेन वर्धिष्यन्ते। अनिच्छितानि तृणादीनि भूमेः रसं गृह्णन्ति, पादपानां च वृद्धौ विघ्नं जनयन्ति।

Śaṁkaraḥ – Putra Dhruva! Pādapānāṁ madhye yatkiñcit tṛṇādikaṁ vyarthamasti, kṣurapreṇa tadutpāṭya bahiḥ kuru. Etena svacchatā'pi bhaviṣyati, rakṣitāḥ pādapāḥ ca sukhena vardhiṣyante. Anicch-

			itāni tṛṇādīni bhūmeḥ rasaṁ gṛhṇanti, pādapānāṁ ca vṛddhau vighnaṁ janayanti.
शंकर – पुत्र ध्रुव! पेड़-पौधों के बीच जो कुछ भी तिनके आदि हैं, खुरपे से उन्हें उखाड़ कर बाहर कर दो। इससे सफाई भी हो जाएगी, और रखे हुए पेड़-पौधे सुख से बढ़ेंगे। अनचाहे तिनके आदि भूमि के रस को ले लेते हैं और पेड़-पौधों की वृद्धि में विघ्न पैदा करते हैं।	Shankar	–	Son Dhruva! The useless weeds etc. which is growing among the plants, remove them with your weeder. By this, you will clean the place and the planted plants will grow up easily. Undesired weeds take away the nourishment from the land and thus hinder the growth of the plants.
ध्रुवः – तथैव करोमि। पुष्पक्षुपाणां मध्यादहं क्षुरप्रेण तृणानि अपनीतवान्। अधुनाऽन्यत्र कार्यं करिष्यामि। पितः, भवान् यत्र खनति, तत्र भवान् किमारोपयिष्यति?	**Dhruvaḥ**	**–**	**Tathaiva karomi. Puṣpakṣupāṇāṁ madhyādahaṁ kṣurapreṇa tṛṇāni apanītavān. Adhunā'nyatra kāryaṁ kariṣyāmi. Pitaḥ, bhavān yatra khanati, tatra bhavān kimāropayiṣyati?**
ध्रुव – ऐसा ही कर रहा हूँ। मैंने फूलों के पौधों में से खुरपे द्वारा तिनके हटा दिए हैं। अब दूसरी जगह काम करूँगा। पिता जी आप जहाँ खोद रहे हैं, वहाँ आप क्या लगाएँगे?	Dhruva	–	I am doing the same thing. I have removed the undesired vegetation from the flower plants with my weeder. Now I shall work at other place. Father,

शंकरः - एतस्मिन् स्थलेऽहं गोस्तनीलताः आरोपयिष्यामि। वयं सर्वे यत्नेन क्षुपान्, वृक्षान्, लताः च सेविष्यामहे, जलेन यथासमयं सेक्ष्यामः, पशुभ्यः कीटेभ्यः च रक्षिष्यामः। तदा एते वर्धिष्यन्ते, अस्मभ्यं च फलानि, पुष्पाणि, शाकानि च दास्यन्ति।

शंकर - इस स्थान पर मैं अंगूरों की बेलें लगाऊँगा। हम सभी यत्न से पौधों, वृक्षों और बेलों की सेवा करेंगे, पानी द्वारा ठीक समय पर सींचेंगे और पशुओं तथा कीड़ों से इनकी रक्षा करेंगे। तब ये बढ़ेंगे और हमारे लिए फल, फूल तथा सब्जियाँ देंगे।

(शंकरस्य हस्ते खननाय खनित्रमस्ति, ध्रुवस्य हस्ते तृणान्युन्मूलनाय क्षुरप्रः अस्ति, वीणायाः हस्ते एका करण्डिका अस्ति, निर्मलायाः च हस्ते जलसेचकं

what will you plant on the land which you are digging with the hoe?

Śaṁkaraḥ – Etasmin sthale'haṁ gostanīlatāḥ āropayiṣyāmi. Vayaṁ sarve yatnena kṣupān, vṛkṣān, latāḥ ca seviṣyāmahe, jalena yathāsamayaṁ sekṣyāmaḥ, paśubhyaḥ kīṭebhyaḥ ca rakṣiṣyāmaḥ. Tadā ete vardhiṣyante asmabhyaṁ ca phalāni puṣpāṇi, śākāni ca dāsyanti.

Shankar – I shall plant the creepers of grapes. All of us will serve the plants, trees and creepers, irrigate them with water in time and protect them against animals and insects carefully. Then these will grow and will yield fruits, flowers and vegetables for us.

(Śaṁkarasya haste khananāya khanitramasti, Dhruvasya haste tṛṇānyunmūlanāya kṣurapraḥ asti, Vīṇāyāḥ haste ekā karaṇḍikā

पात्रमस्ति। ते सर्वे स्वकीयेषु कार्येषु सोत्साहं व्यस्ताः सन्ति।)

asti, nirmalāyāḥ ca haste jalaseca-kaṁ pātramasti. Te sarve svakīyeṣu kāryeṣu sotsāhaṁ vyastāḥ santi).

(शंकर के हाथ में खोदने के लिए कुदाल है, ध्रुव के हाथ में तिनके उखाड़ने के लिए खुरपा है, वीणा के हाथ में एक टोकरी है और निर्मला के हाथ में फव्वारा है। वे सभी अपने कार्यों में उत्साहपूर्वक लगे हुए हैं।)

Shankar has a hoe in his hand. Dhruva has a weeder in his hand. Vina has a basket in her hand and Nirmala has a spraying pot in her hand. All of them are busy in their work with zeal).

विशेष :— धातुएँ दो प्रकार की होती हैं, परस्मैपदी और आत्मनेपदी। जिनके अन्त में 'ति, तः, अन्ति' आदि प्रत्यय जुड़ते हैं, वे परस्मैपदी कहलाती हैं। ऐसी धातुएँ आपने बहुत-सी पढ़ ली हैं। जिनके अन्त में 'ते, इते, अन्ते' आदि जुड़ते हैं, वे आत्मनेपदी कहलाती हैं। यत् (यत्न करना), सेव् (सेवा करना), वृध् (बढ़ना), वृत् (होना) आदि धातुएँ आत्मनेपदी कहलाती हैं। आत्मनेपदी धातुओं के रूप परिशिष्ट -2 में देखिए जो 'सेव्' के समान चलते हैं।

(Note) :— Roots are of two kinds — **Parasmaipadī** and **Ātmanepadī**. Those which have **'ti, taḥ, anti'** etc. as suffixes are called. **Parasmaipadī** and which have **'te, ite, ante'** etc. are called **Ātmanepadī**. **'yat, sev, vṛdh, vṛt'** etc. are **Ātmanepadī** roots. Their conjugation are formed like those of **'sev'** which are given in the appendix-2.

शब्दकोश = Vocabulary :—

उर्वरा	(urvarā)	=	उपजाऊ	(fertile)
वृध्	(vṛdh)	=	बढ़ना	(to grow)
उत् + पाटय्	(ut + pāṭay)	=	उखाड़ना	(to uproot)
अनिच्छित	(aniccita)	=	अनचाहा	(not desired)
वृद्धिः	(vṛddhiḥ)	=	बढ़ोतरी	(development)
क्षुपः	(kṣupaḥ)	=	पौधा	(plant)
खन्	(khan)	=	खोदना	(to dig)
आतपः	(Ātapaḥ)	=	धूप	(sunlight)

क्षुरप्रः	(kṣurapraḥ)	=	खुरपा	(weeder)
ग्रह्	(grah)	=	लेना	(to take)
जनय्	(janay)	=	पैदा करना	(to bear)
अप + नी	(apa + nī)	=	हटाना	(to remove)
गोस्तनी	(gostanī)	=	अंगूर	(grapes)
सेव्	(sev)	=	सेवा करना	(to serve)
दास्यन्ति	(dāsyanti)	=	देंगे	(will give)
करण्डिका	(karaṇḍikā)	=	टोकरी	(basket)
सेक्ष्यामः	(sekṣyāmaḥ)	=	सींचेंगे	(we shall irrigate)
खनित्रम्	(khanitram)	=	कुदाल	(hoe)
सोत्साहम्	(sotsāham)	=	उत्साहपूर्वक	(with zeal)

अभ्यासः (Exercise)

1. निम्नलिखित प्रश्नों के उत्तर संस्कृत में दीजिए (Answer the following questions in Sanskrit) :-

    1. आम्रवृक्षौ का आरोपितवती? (Āmravṛkṣau kā āropitavatī?)
    2. परिश्रमस्य फलं कीदृशं भवति? (Pariśramasya phalaṁ kīdṛśaṁ bhavati?)
    3. किं किं प्राप्य पादपाः वर्धन्ते? (Kiṁ kiṁ prāpya pādapāḥ vardhante?)
    4. ध्रुवस्य हस्ते तृणादिकस्य उत्पाटनाय किमस्ति? (Dhruvasya haste tṛṇādikasya utpāṭanāya kimasti?)
    5. खनित्रेण कः खनति? (khanitreṇa kaḥ khanati?)
    6. निर्मलायाः हस्ते किम् अस्ति? (Nirmalāyāḥ haste kim asti?)
    7. करण्डिका कस्याः हस्ते अस्ति? (Karaṇḍikā kasyāḥ haste asti?)

2. परिशिष्ट-4 में से दीर्घ, गुण, वृद्धि, यण्, अयादि और पूर्वरूप सन्धियों के नियम दोहरा कर निम्न शब्दों में सन्धि-विच्छेद कीजिए और सन्धि का नाम भी लिखिए (Revise the rules of **Dirgha, guṇa, vṛddhi, yaṇ, āyādi** and **pūrvarūpā** joinings and disjoin the following words and name the joinings) :-

यदाऽहमेतौ (yadā'hametau), एवैतौ (evaitau), वृक्षावपि (vṛkṣāvapi), स्वच्छताऽपि (svacchatā'pi), तथैव (tathaiva), स्थलेऽहम् (sthale'ham), चास्मभ्यम् (cāsmabhyam), सोत्साहम् (sotsāham).

3. निम्नलिखित शब्दों के मूल शब्द, लिंग, विभक्ति और वचन लिखिए (Write the original words, genders, case-endings and numbers of the following words) :-

मातः, लघू, भूमेः, वृद्धौ, कीटेभ्यः, अस्मभ्यम् (Mātaḥ, laghū, bhumeḥ, vṛddhau, kīṭebhyaḥ, asmabhyam).

4. निम्नलिखित शब्दों के अर्थ लिखकर इनका संस्कृत-वाक्यों में प्रयोग कीजिए (Write the meanings of the following words and use them in your Sanskrit sentences) :-

आस्ताम्, प्राप्य, अवर्धेताम्, उत्पाट्य, गृह्णन्ति, जनयन्ति, अपनीतवान्, आरोपयिष्यति, सेक्ष्यामः, दास्यन्ति। (Āstām, prāpya, avardhetām, utpāṭya, gṛhṇanti, janayanti, apanītavān, āropayiṣyati, sekṣyāmaḥ, dāsyanti.)

5. निम्नलिखित वाक्यों का अनुवाद कीजिए (Translate the following sentences) :-

1. यदाऽहमेतौ आरोपितवती, तदा एतौ लघू आस्ताम्। (Yadā'hametau āropitavatī, tadā etau laghū āstām.)

2. अत एवैतौ वृक्षावपि अवर्धेताम् फलवन्तौ चाभवताम्। (Ata evaitau vṛkṣāvapi avardhetām phalavantau cābhavatām.)

3. अनिच्छितानि तृणादीनि भूमेः रसं गृह्णन्ति। (Anicchitāni tṛṇādīni bhūmeḥ rasaṁ gṛhṇanti.)

4. पुष्पक्षुपाणां मध्यादहम् क्षुरप्रेण तृणानि अपनीतवान्। (Puṣpakṣupāṇāṁ madhyādaham kṣurapreṇa tṛṇāni apanītavān.)

5. एतस्मिन् स्थलेऽहं गोस्तनीलताः आरोपयिष्यामि। (Etasmin sthale'haṁ gostanīlatāḥ āropayiṣyāmi.)

6. संस्कृत में अनुवाद कीजिए (Translate into Sanskrit) :-

   1. माता जी, मैं पढ़ने जा रही हूँ। (O mother, I am going to study.)
   2. धन को प्राप्त करके मनुष्य अभिमान करता है। (A man becomes arrogant after getting the wealth.)
   3. जैसे शिशु बढ़ते हैं, वैसे ही पौधे भी बढ़ते हैं। (The plants grow in the same way as babies grow.)
   4. उपजाऊ भूमि पर वृक्ष शीघ्र बढ़ते हैं। (Trees grow soon on a fertile land.)
   5. फल वाले वृक्ष झुक जाते हैं। (The trees laden with fruits bow down.)
   6. वे वृक्षों से फल लेते हैं। (They get fruits from trees.)
   7. दुष्ट लोग शुभ कार्यों में विघ्न पैदा कर देते हैं। (Wicked persons create disturbance in good works.)
   8. हम भूमि को खोदेंगे और अन्न प्राप्त करेंगे। (We shall dig the land and get the corn.)

षोडशः दिवसः / सोलहवाँ दिन
Ṣoḍaśaḥ Divasaḥ / Sixteenth Day

यदाऽहं बाल आसम् (Yadā'haṁ bāla āsam)
जब मैं बच्चा था (When I was a child)

विनोदः	— श्रीमन्, कृपया निजबाल-कालस्य परिचयं ददातु भवान्।	Vinodaḥ	— Śrīman, kṛpayā nija-bālakālasya parica-yaṁ dadātu bhavān.
विनोद	— श्रीमान् जी, कृपा करके आप अपने बचपन के समय का परिचय दीजिए।	Vinod	— Sir, kindly tell us something about your childhood.
अध्यापकः	— छात्राः! यदाऽहं बाल एवासम्, तदा युष्माभिः सदृश एवासम्।	Adhyāpakaḥ	— Chātrāḥ! yadā'haṁ bāla evāsam, tadā yuṣmābhiḥ sadṛśa evāsam.
अध्यापक	— छात्रों, जब मैं बच्चा था, तो तुम जैसा ही था।	Teacher	— Students, when I was a child, I was just like you.

रमेशः	– किं भवते क्रीडा रोचन्ते स्म ?	Rameśaḥ	– Kiṁ bhavate krīḍā rocante sma?
रमेश	– क्या आपको खेल अच्छे लगते थे ?	Ramesh	– Did you like games?
अध्यापकः	– आम्, आम् ! मह्यम् क्रीडा बहु रोचन्ते स्म। परं क्रीडाकाले एव अहं क्रीडामि स्म, पठनकाले च पठामि स्म। अहं व्यायामशील आसम्। अत एव प्रायः नीरोगस्तिष्ठामि।	Adhyāpakaḥ	– Ām, ām! Mahyaṁ krīḍā bahu rocante sma. Paraṁ krīḍākāle eva ahaṁ krīḍāmi sma, pathanakāle ca paṭhāmi sma. Ahaṁ vyāyāmaśīla āsam. Ata eva prāyaḥ nīrogastiṣṭhāmi.
अध्यापक	– हाँ, हाँ, मुझे खेल बहुत अच्छे लगते थे। परन्तु खेल के समय ही मैं खेलता था और पढ़ने के समय पढ़ता था। मैं व्यायामशील था। इसीलिए मैं प्रायः स्वस्थ रहता हूँ।	Teacher	– Oh yes, I liked games very much. But I used to play at the play-time and study at the time of study. I had been regular to take physical exercise. Due to this, I generally remain healthy.
सुधाकरः	– महोदय ! भवान् योग्यश्छात्र आसीत्, अयोग्यो वा ?	Sudhākaraḥ	– Mahodaya! Bhavān yogyaśchātra āsīt, ayogyo vā?
सुधाकर	– श्रीमान् जी, आप योग्य छात्र थे या अयोग्य।	Sudhakar	– Sir, were you a brilliant student or a dull one?
अध्यापकः	– शिक्षायाः आरम्भकालेऽहं साधारणश्छात्र एवासम्।	Adhyāpakaḥ	– Śikṣāyāḥ ārambhakāle'haṁ sādhāra-

	परं शनैः शनैः शिक्षाया महत्त्वं ज्ञात्वाऽहं योग्यो योग्यतरः पुनश्च योग्यतमश्छात्रोऽभवम्।			ṇaśchātra evāsam. Paraṁ śanaiḥ śanaiḥ śikṣāyā mahattvaṁ jñātvā'haṁ yogyo, yogyataraḥ, punaśca yogyatamaśchātro'bhavam.
अध्यापक	– शिक्षा के प्रारम्भ में मैं साधारण छात्र ही था। परन्तु धीरे-धीरे शिक्षा के महत्त्व को जानकर मैं योग्य, योग्यतर और फिर योग्यतम छात्र हो गया।	Teacher	–	At the beginning of my education I was an ordinary student. But the more I became aware of the importance of education, I became more and more capable student.
उमेशः	**– बाल्यकाले भवान् किं किमैतिहासिकस्थानं दृष्टवान्?**	**Umeśaḥ**	**–**	**Bālyakāle bhavān kiṁ kimaitihāsikasthānaṁ dṛṣṭavān?**
उमेश	– बचपन में आपने कौन-कौन सा ऐतिहासिक स्थान देखा?	Umesh	–	What historical places did you visit in your childhood?
अध्यापकः	**– बाल्यकालेऽहं छात्रमण्डलीभिः सह बहूनि ऐतिहासिकस्थानानि दृष्टवान्। काश्मीर-राज्ये, हिमाचल-प्रदेशे, दिल्ली-राज्ये, उत्तर-प्रदेशे, दक्षिण भारत-राज्येषु च यान्यपि प्रसिद्धानि ऐतिहासिकस्थानानि सन्ति, प्रायः तानि सर्वाण्येवाहं दृष्टवान्।**	**Adhyāpakaḥ**	**–**	**Bālyakāle'haṁ chātramaṇḍalībhiḥ saha bahūni aitihāsika - sthānāni dṛṣṭavān. Kāśmīrarājye, Himācalapradeśe, Dillī - rājye, Uttara - pradeśe, Dakṣiṇa - bhāratarājyeṣu ca yānyapi**

			prasiddhāni aitihā-sikasthānāni santi, prāyaḥ tāni sarvāṇyevāhaṁ dṛṣṭavān.
अध्यापक	— बचपन में मैने छात्रों की टोलियों के साथ बहुत से ऐतिहासिक स्थान देखे थे। काश्मीर-राज्य में, हिमाचल प्रदेश में, दिल्ली-राज्य में, उत्तर प्रदेश में और दक्षिण भारत के राज्यों में जो भी प्रसिद्ध ऐतिहासिक स्थान हैं, प्रायः उन सबको मैंने देखा था।	Teacher	— I visited many historical places in my childhood in the student-parties. I visited nearly all the famous historical places in the states of Kashmir, Himachal Pradesh, Delhi, Uttar Pradesh and also in the Southern India.
रघुराजः	— गुरो, किं भवान् कदाचिच्छात्र-सेना-सदस्य आसीत्?	Raghurājaḥ	— Guro, kiṁ bhavān kadācicchātra - senā-sadasya āsīt?
रघुराज	— गुरु जी, क्या आप कभी एन.सी.सी. के सदस्य थे?	Raghuraj	— Sir, had you been ever a member of N.C.C.?
अध्यापकः	— शोभनोऽयं प्रश्नः। यदाऽहं षष्ठ्यां कक्षायां पठामि स्म, तदैवाहं छात्रसेनासदस्योऽभवम्। द्वादशकक्षा-पर्यन्तमहं छात्रसेना-सदस्योऽतिष्ठम्। अहमेतस्यां, सेनायां बहुकिञ्चित् शिक्षितवान्, सैनिकां च शिक्षां प्राप्तवान्।	Adhyāpakaḥ	— Śobhano'yaṁ praśnaḥ. Yadā'haṁ ṣaṣṭhyāṁ kakṣāyāṁ paṭhāmi sma, tadaivāhaṁ chātrasenā-sadasyo'bhavam. Dvādaśakakṣā-paryantamahaṁ chātrasenā-sadasyo'tiṣṭham. Ahametsyāṁ

				senāyāṁ bahu-kiñcit śiksitavān, sainikāṁ ca śikṣāṁ prāpta-vān.
अध्यापक	– यह अच्छा प्रश्न है। जब मैं छठी कक्षा में पढ़ता था, तभी से मैं एन.सी.सी. का सदस्य हो गया। बारहवीं श्रेणी तक मैं एन.सी.सी. का सदस्य रहा। मैंने इस सेना में बहुत कुछ सीखा और सैनिक शिक्षा प्राप्त की।	Teacher	–	This is a good question. When I was a student of sixth class, since that time I had been a member of N.C.C. even upto the class twelfth. In this course, I learnt a lot and obtained millitary education.
रहीमः	**– सैनिकशिक्षायाः कं लाभं भवान् प्राप्तवान्?**	**Rahīmaḥ**	**–**	**Sainikaśikṣāyāḥ kaṁ lābhaṁ bhavān prāptavān?**
रहीम	– आपने सैनिक शिक्षा से क्या लाभ प्राप्त किया?	Rahim	–	What did you learn from the military education?
अध्यापकः	**– एतया मम जीवनं नियमितमभवत्। प्रतिदिनमहं नियमपूर्वकं व्यायाममपि करोमि। एतेन मम स्वास्थ्यं शोभनं तिष्ठति।**	**Adhyāpakaḥ**	**–**	**Etayā mama jīvanaṁ niyamitamabhavat. Pratidinamahaṁ niyamapūrvakaṁ vyāyāmamapi karomi. Etena mama svāsthyaṁ śobhanaṁ tiṣṭhati.**
अध्यापक	– इस शिक्षा से मेरा जीवन नियमित हो गया। मैं प्रतिदिन नियमपूर्वक व्यायाम करता हूँ। इससे मेरी सेहत ठीक रहती है।	Teacher	–	Due to this education, my life became regular. I take exercise daily and regularly.

			On account of this, my health remains sound.
राइटः	- गुरो, भवतो बाल्यकालोऽति- शोभन आसीत्। वयमपि भवतोऽनुकरणं करिष्यामः। योग्याः स्वस्थाः च नागरिकाः भवेमेत्यस्ति अस्माकं कामना।	Rāitaḥ	– Guro, bhavato balyakālo'tiśobhana āsīt. Vayamapi bhavato'nukaraṇaṁ kariṣyāmaḥ. Yogyāḥ svasthāḥ ca nāgarikāḥ bhavemetyasti asmākaṁ kāmanā.
राइट	- गुरु जी, आपके बचपन का समय बहुत अच्छा था। हम भी आपका अनुकरण (नकल) करेंगे। हम योग्य और स्वस्थ नागरिक बनें, यही हमारी कामना है।	Right	– Sir, The time of your childhood had been very good. We also shall follow you. We hope that all of us also should become capable and healthy citizens.
अध्यापकः	- सर्वेभ्यः स्वस्ति कामये। यूयम् योग्याः नागरिकाः भवत।	Adhyāpakaḥ	– Sarvebhyaḥ svasti kāmaye. Yūyam yogyāḥ nāgarikāḥ bhavata.
अध्यापक	- मैं सब के लिए मंगल की कामना करता हूँ। तुम योग्य नागरिक बनो!	Teacher	– I give my best wishes to all of you. May you become able citizens!

विशेष :- इस पाठ में विसर्ग-सन्धियों का प्रयोग है। कहीं विसर्ग को उ, कहीं स्, श्, और कहीं लोप हो जाता है। ऐसे शब्दों का सन्धि-विच्छेद देखिए और इसी प्रकार सन्धि-विच्छेद का अभ्यास करें :-

बाल एवासम् = बालः + एव + आसम्। सदृश एवासम् = सदृशः + एव + आसम्। क्रीडा रोचन्ते = क्रीडाः + रोचन्ते। क्रीडा बहु = क्रीडाः + बहु। अत एव = अतः + एव। नीरोगस्तिष्ठामि = निर् + रोगः + तिष्ठामि। शेष इसी प्रकार, परिशिष्ट–4 देखिए।

(Note) :- Visarga-sandhis have been used in this lesson. While joining the visargas they are changed into **u, s, ś, ṣ** and at some places they are omitted. So when you disjoin such words, show the correct forms of disjoined words; as **Bāla evāsam = bālāḥ + eva + āsam. sadṛśa evāsma = sadṛśaḥ + eva + āsamā. Krīḍā rocante = krīḍāḥ + rocante. krīḍā bahu = krīḍāḥ + bahu. ata eva = ataḥ + eva. nīrogastiṣṭhāmi = nir+ rogaḥ + tiṣṭhami.** You may learn such rules from the appendix-4.

शब्दकोश = Vocabulary :-

ददातु	**(dadātu)**	=	दीजिए	(give)
रोचन्ते	**(rocante)**	=	रुचती हैं	(liked)
ज्ञात्वा	**(jñātvā)**	=	जानकर	(knowing)
योग्यतरः	**(yogyataraḥ)**	=	अधिक योग्य	(more able)
छात्रसेनासदस्यः	**(chātra-senā-sadasyaḥ)**	=	एन.सी.सी. का सदस्य	(member of N.C.C.)
शिक्ष्	**(śiks)**	=	सीखना	(to learn)
सदृशः	**(sadṛśaḥ)**	=	समान	(like)
दा	**(dā)**	=	देना	(to give)
रुच्	**(ruc)**	=	अच्छा लगना	(to be liked)
ज्ञा	**(jñā)**	=	जानना	(to know)
योग्यतमः	**(yogyatamaḥ)**	=	सबसे योग्य	(most able)
कामये	**(kāmaye)**	=	चाहता हूँ	(I wish)

विशेष (Note) :- 'रुच्' धातु आत्मनेपदी है और इसके योग में चतुर्थी विभक्ति होती है। जैसे (Ruc root is **Ātmanepadī** and the concerned word with this takes IVth case-ending, as) :- **मह्यम् क्रीडनं रोचते। तस्मै फलानि रोचन्ते। (Mahyaṁ krīḍanam rocate, Tasmai phalāni rocante.)**

अभ्यासः (Exercise)

1. निम्नलिखित शब्दों में सन्धिच्छेद कीजिए (Disjoin the following words) :-
यदाऽहम्, एवासम्, सदृश एवासम्, क्रीडा रोचन्ते, क्रीडा बहु रोचन्ते, व्यायामशील आसम्, अत एव, नीरोगस्तिष्ठामि, योग्यश्छात्र आसीत्, अयोग्यो वा, शिक्षाया आरम्भकाले, योग्यतमश्छात्रोऽभवम्, सर्वाण्येव, कदाचिच्छात्रसेनासदस्य आसीत्, तदैवाऽहम्। (Yadā'ham, evāsam, sadṛśa evāsam, krīḍā rocante, krīḍā bahu rocante, vyāyāmaśīla āsam, ata eva, nīrogastiṣṭhāmi, yogyaśchātra āśit, ayogyo vā, śikṣāyā ārambhakāle, yogyatamaśchātro'bhavam, sarvāṇyeva, kadācicchātra - senāsadasya āsīt, tadaivāham.)

2. निम्नलिखित प्रश्नों के संस्कृत में उत्तर दीजिए (Answer the following questions in Sanskrit) :-
   (क) **बालकालस्य परिचयं कः ददाति? (Bālakālasya paricayaṁ kaḥ dadāti?)**
   (ख) **अध्यापकं के पृच्छन्ति? (Adhyāpakaṁ ke pṛcchanti?)**
   (ग) **बाल्यकाले क्रीडाः कस्मै रोचन्ते स्म? (Balyakāle krīḍāḥ kasmai rocante sma?)**
   (घ) **किं त्वं व्यायामशीलः असि? (Kiṁ tvaṁ vyāyāmaśīlaḥ asi?)**
   (ङ) **अध्यापकः काभिः सह बहूनि ऐतिहासिकस्थानानि दृष्टवान्? (Adhyāpakaḥ kābhiḥ saha bahūni aitihāsika-sthānāni dṛṣṭavān?)**
   (च) **अध्यापकः सैनिकशिक्षायाः कं लाभं प्राप्तवान्? (Adhyāpakaḥ sainika-śikṣāyāḥ kaṁ lābhaṁ prāptavān?)**

3. निम्नलिखित शब्दों के मूल शब्द, लिंग, विभक्ति और वचन बताइए (Tell the original words, genders, case-endings and numbers of the following words) :-
श्रीमन्, युष्माभिः, भवते, मह्यम्, शिक्षायाः, गुरो, कक्षायाम्, एतया। (Śrīman, yuṣmābhiḥ, bhavate, mahyam, sikṣāyāḥ guro, kakṣāyām, etayā).

4. निम्नलिखित क्रियाओं की धातुएँ, लकार, पुरुष और वचन बताइए (Tell the roots, lakaras, persons and numbers of the following verbs) :-
आसम्, रोचन्ते, तिष्ठामि, अभवम्, सन्ति, करिष्यामः, भवेम। (Āsam, rocante, tiṣṭhami, abhavam, santi, kariṣyāmaḥ, bhavema).

5. निम्नलिखित वाक्यों का अनुवाद कीजिए (Translate the following sentences) :-
   1. **आम्, आम्, मह्यं क्रीडाः बहु रोचन्ते स्म। (Ām, ām, mahyaṁ krīḍāḥ bahu rocante sma.)**

2. **शिक्षायाः आरम्भकालेऽहं साधारणश्छात्रः आसम्। (Śikṣāyāḥ ārambhakāle'haṁ sādhāraṇaśchātraḥ āsam.)**
3. **बाल्यकालेऽहं छात्रमण्डलीभिः सह बहूनि ऐतिहासिकस्थानानि दृष्टवान्। (Bālyakale'-haṁ chātramaṇḍalībhiḥ saha bahūni aitihāsikasthānāni dṛṣṭavān.)**
4. **गुरो! किं भवान् कदाचिच्छात्रसेनासदस्य आसीत्? (Guro! Kiṁ bhavān kadācic chātrasenāsadasya āsīt?)**
5. **अहमेतस्यां सेनायां बहुकिञ्चित् शिक्षितवान्। (Ahametasyāṁ senāyāṁ bahu-kiñcit śikṣitavān.)**
6. **वयम् योग्याः स्वस्थाः च नागरिकाः भवेमेत्यस्ति अस्माकं कामना। (Vayaṁ yogyāḥ svasthāḥ ca nāgarikāḥ bhavemetyasti asmākaṁ kāmanā.)**

6. निम्नलिखित शब्दों का अपने संस्कृत वाक्यों में प्रयोग कीजिए (Use the following words in your own Sanskrit sentences) :-

रोचन्ते, ज्ञात्वा, कामये, कृपया, स्म, भवान्, भवते, दृष्टवान्, प्राप्तवान्। (Rocante, jñātvā, kāmaye, kṛpayā, sma, bhavān, bhavate, dṛṣṭavān, prāptavān).

7. संस्कृत में अनुवाद कीजिए (Translate into Sanskrit) :-
   1. मुझे आम अच्छे लगते हैं। (I like mangoes.)
   2. तुझे क्या अच्छा लगता है? (What do you like?)
   3. उसने गुरु जी से वह पाठ पूछा। (He asked the teacher about that lesson.)
   4. हाँ, बचपन में मुझे खेल अच्छे लगते थे। (Yes, I liked games in childhood.)
   5. जिस कक्षा में वह पढ़ता है, उसी में मेरा भाई भी पढ़ता है। (My brother reads in the same class in which he reads.)
   6. इस सेना में वीर सैनिक हैं। (There are brave soldiers in this force.)
   7. सैनिक शिक्षा से मनुष्य का जीवन नियमित हो जाता है। (By the military training the life of a man becomes regular.)
   8. मैं चाहता हूँ कि मैं भी भारत की सेवा करूँ। (I wish that I may also serve Bharat.)

सप्तदशः दिवसः / सत्रहवाँ दिन
Saptadaśaḥ Divasaḥ / Seventeenth Day

दुर्घटना (Durghaṭanā) = दुर्घटना (An accident)

अमितः – (गृहं प्रविशति) सुखदे! शीघ्रं जलं प्रयच्छ। पिपासाकुलोऽस्मि।

अमित – (घर में प्रवेश करता है) सुखदा! जल्दी पानी लाओ। मुझे बहुत प्यास लग रही है।

सुखदा – (जलमानीय पश्यति) एतत् जलमस्ति, पिबतु भवान्। परं भवतः शीर्षे एतत् पट्टीबन्धनं केन कारणेनास्ति?

Amitaḥ – (Gṛhaṁ praviśati) Sukhade! Śīghraṁ jalaṁ prayaccha. Pipāsākulo'smi.

Amit – (Enters in the house) Sukhada, please bring water soon. I am very thirsty.

Sukhadā – (Jalamānīya paśyati) Etat jalamasti, pibatu bhavān. Paraṁ bhavataḥ śīrṣe etat paṭṭībandhanaṁ kena kāraṇenāsti?

सुखदा – (पानी लाकर देखती है) यह पानी है। आप पीजिए। परन्तु आपके सिर पर यह पट्टी क्यों बन्धी हुई है?	Sukhada – (Brings water and then observes) This is water. Please, have it. But why has your head been bandaged?
अमितः – (जलं पीत्वा) एका दुर्घटना जाता। प्रभोः कृपया आघात एवाभवत्, देहपातः न।	Amitaḥ – (Jalaṁ pītvā) Ekā durghaṭanā jātā. Prabhoḥ kṛpayā āghāta evābhavat, dehapātaḥ na.
अमित – (पानी पीकर) एक दुर्घटना हो गई है। प्रभु की कृपा से चोट ही लगी है, मृत्यु नहीं हुई।	Amit – (After drinking the water) An accident took place. By God's grace I only received some injury, but escaped death.
सुखदा – (शय्यां प्रदर्शयन्ती) भवान् तत्र विश्रामं करोतु, शनैः शनैः च घटनायाः विवरणं कथयतु।	Sukhadā – (Śayyāṁ pradarśayantī) Bhavān tatra viśrāmaṁ karotu, śanaiḥ śanaiḥ ca ghaṭanāyāḥ vivaraṇaṁ kathayatu.
सुखदा – (बिछौना दिखाती हुई) आप वहाँ आराम कीजिए और धीरे-धीरे घटना के विषय में भी बताइए।	Sukhada – (Showing the bed) Please, take rest there and gradually tell me the details of the accident.
अमितः – (शय्यायामुपविश्य) अहं सरण्याः वामपार्श्वे चलामि स्म। सहसा कश्चित् कारचालकः माम् आहतवान्। अहं दूरेऽपतम्। मम शीर्षं चैकस्मिन् पाषाणेऽपतत्। तेनायमाघातोऽभवत्। अहं तु	Amitaḥ – (Śayyāyāmupaviśya) Ahaṁ saraṇyāḥ vāmapārśve calāmi sma. Sahasā kaścit kāracālakaḥ mām āhatavān. Ahaṁ dūre'patam.

मूर्च्छितो भूत्वा भूमावपतम्। | Mama śīrṣaṁ caikasmin pāṣāṇe'patat. Tenāyamāghāto'bhavat. Ahaṁ tu mūrchito bhūtvā bhūmāvapatam.

अमित – (खाट पर बैठकर) मैं सड़क की बाईं ओर चल रहा था। अचानक किसी कार के ड्राइवर ने मुझे टक्कर मारी। मैं दूर जा गिरा। मेरा सिर एक पत्थर पर जा गिरा। उसी से यह चोट लगी। मैं बेहोश होकर भूमि पर गिर गया।

Amit – (Sitting on the bed) I was going on the left side of the road. Suddenly, a car-driver struck the car against me. I was thrown away. My head struck against a stone and I got head-injury. I became senseless and fell down upon the earth.

सुखदा – अति कष्टम्। तदा किमभवत्?

Sukhadā – Ati kaṣṭam. Tadā kimabhavat?

सुखदा – बहुत दुःख की बात है। तब क्या हुआ?

Sukhada – It is very sad. what happened thereafter?

अमितः – अहं तु मूर्च्छितः आसम्। यदा चेतना प्राप्ता तदाऽहम् दृष्टवान् यदहं चिकित्सालयेऽस्मि। केचित् जनाः मम समीपे स्थिताः आसन्। ते कथयन्ति स्म यत् कारचालकः मद्यं पीत्वा उन्मत्तः आसीत्। एकः आरक्षी तं बद्ध्वा आरक्षि-स्थान-मनयत्।

Amitaḥ – Ahaṁ tu mūrcchitaḥ āsam. Yadā cetanā prāptā tadā'haṁ dṛṣṭavān yadahaṁ cikitsālaye'smi. Kecit janāḥ mama samīpe sthitāḥ āsan. Te kathayanti sma yat kāracālakaḥ madyaṁ pītvā unmattaḥ āsīt. Ekaḥ ārakṣī taṁ baddhvā ārakṣisthānama nayat.

अमित – मैं तो बेहोश था। जब होश आई, तब मैंने देखा कि मैं हस्पताल में हूँ। कुछ लोग मेरे पास बैठे थे। वे बता

Amit – I was senseless. When I got my sense, I saw that I was in a hospital. Some

	रहे थे कि कार-ड्राइवर ने शराब पी रखी थी और वह पागल हो गया था। पुलिस का एक सिपाही उसे कैद कर के थाने ले गया।		people were sitting near me. They were saying that the car driver was drunk and nearly mad. The Policeman arrested him and took him to the police-station.
सुखदा -	भवतः चिकित्सां कः कृतवान्? तस्य दुष्टस्य कारचालकस्य का दशा?	Sukhadā -	Bhavataḥ cikitsāṁ kaḥ kṛtavān? Tasya duṣṭasya kāracālakasya kā daśā?
सुखदा -	आप का इलाज किसने किया और उस दुष्ट कार-ड्राइवर की क्या हालत है?	Sukhada -	Who treated you and what is the condition of that bad car-driver?
अमितः -	चिकित्सालये एव मम शीर्षस्य पट्टीबन्धनम् अभवत्। भक्षणायौषधमपि चिकित्सकः दत्तवान्। एकहोरापर्यन्तं चिकित्सालये एव विश्रामं कृत्वाऽहम् गृहमागतवान्। उन्मत्तस्य कारचालकस्य किमभवत् इति नाहम् जानामि।	Amitaḥ -	Cikitsālaye eva mama śīrṣasya paṭṭībandhanam abhavat. Bhakṣaṇāyauṣadhamapi cikitsakaḥ dattavān. Ekahorāparyantaṁ cikitsālaye eva viśrāmaṁ kṛtvā'haṁ gṛhamāgatavān. Unmattasya kāracālakasya kimabhavat iti nāhaṁ jānāmi.
अमित -	हस्पताल में मेरी पट्टी हुई, डाक्टर ने खाने के लिए दवाई भी दी। एक घण्टा-भर हस्पताल में ही विश्राम करके मैं घर आ गया। पागल कार-ड्राइवर का क्या बना, यह मैं नहीं जानता।	Amit -	My wound was dressed in the hospital. The doctor gave me some medicines to take it. After resting in the hospital for one hour I came to

my home. What happened to that mad driver, I don't know.

सुखदा - अधुना भवान् विश्रामं करोतु। प्रभोः कृपया भवान् शीघ्रं स्वास्थ्यं लप्स्यते।

Sukhadā – Adhunā bhavān viśrāmaṁ karotu. Prabhoḥ kṛpayā bhavān śīghraṁ svāsthyaṁ lapsyate.

सुखदा - अब आप आराम कीजिए। प्रभु की कृपा से आप शीघ्र स्वास्थ्य प्राप्त कर लेंगे।

Sukhada – Now you please take rest. By God's grace, you will regain your health soon.

(अमितः नेत्रे निमीलयति। सुखदा गृहकार्ये व्यस्ता भवति। बालौ सखेदं पितरं पश्यतः।)

(Amitaḥ netre nimīlayati. Sukhadā gṛhakārye vyastā bhavati. Balau sakhedaṁ pitaraṁ paśyataḥ).

(अमित आँखें बन्द कर लेता है। सुखदा घर के काम में लग जाती है। दोनों बच्चे दुखी होकर पिता को देखते हैं।)

(Amit closes his eyes. Sukhudā becomes busy with her housework. The two children look at their father sadly).

1. विशेष (Note) :- कहीं वर्गीय अक्षरों को प्रथम, कहीं तृतीय और कहीं पञ्चम वर्ण हो जाता है। सन्धिच्छेद करते हुए आप केवल मूल शब्दरूप दिखा दीजिए। (The letters of the groups of five are changed into first, third or fifth according to some rules. You should disjoin only the correct forms of the words as you know.)

2. विशेष (Note) :- 'अस्' और 'कृ' धातुओं के रूप परिशिष्ट-2 में देखें । (See the conjugation of roots 'as' and 'kṛ' from the appendix-2).

शब्दकोश = Vocabulary :-

शीर्षम्	(Śīrṣam)	=	सिर	(head)
पीत्वा	(pītvā)	=	पीकर	(after drinking)
आघातः	(Āghātaḥ)	=	चोट, घाव	(wound)
शय्या	(Śayyā)	=	खाट, बिछौना	(bed)

वामपार्श्वे	**(vāmapārśve)**	=	बाईं ओर	(left side)
आहतवान्	**(Āhatavān)**	=	टक्कर मारी	(struck against)
मूर्च्छितः	**(murcchitaḥ)**	=	बेहोश	(senseless)
आरक्षिन्	**(Ārakṣin)**	=	सिपाही	(a policeman)
आरक्षिस्थानम्	**(Ārakṣi-sthānam)**	=	थाना	(police station)
लप्स्यते	**(lapsyate)**	=	प्राप्त करेगा	(will get)
निमीलय्	**(Nimīlay)**	=	बन्द करना	(to close)
पट्टीबन्धनम्	**(paṭṭībandhanam)**	=	पट्टी	(dressing)
जाता	**(jātā)**	=	हो गई	(took place)
देहपातः	**(dehapātaḥ)**	=	मृत्यु	(death)
सरणी	**(saraṇī)**	=	सड़क	(road)
बद्ध्वा	**(baddhvā)**	=	कैद करके	(arresting)

अभ्यासः (Exercise)

1. निम्नलिखित प्रश्नों के संस्कृत में उत्तर दीजिए (Answer the following questions in Sanskrit) :-
   1. **कः कथयति, "अहं पिपासाकुलोऽस्मि?" (Kaḥ kathayati, "ahaṁ pipasākulo'smi?")**
   2. **अमितस्य शीर्षे सुखदा किं दृष्टवती? (Amitasya śīrṣe Sukhadā kiṁ dṛṣṭavatī?)**
   3. **अमितः सरण्याः कस्मिन् पार्श्वे चलति स्म? (Amitaḥ saraṇyāḥ kasmin pārśve calati sma?)**
   4. **मूर्च्छितः अमितः कुत्र चेतनां प्राप्तवान्? (Mūrcchitaḥ Amitaḥ kutra cetanāṁ prāptavān).**
   5. **कारचालकः केन उन्मत्तः आसीत्? (Kāracālakaḥ kena unmattaḥ āsīt)?**
   6. **कारचालकं कः बद्ध्वा कुत्रानयत्? (Kāracālakaṁ kaḥ baddhvā kutrānayat?)**

2. निम्नलिखित वाक्यों का अनुवाद कीजिए (Translate the following sentences) :-
   1. **प्रभोः कृपया आघात एवाभवत्, देहपातः न। (Prabhoḥ kṛpayā āghāta evābhavat, dehapātaḥ na.)**

2. भवान् तत्र विश्रामं करोतु, शनैः शनैः च घटनायाः विवरणं कथयतु। (Bhavān tatra viśrāmaṁ karotu, śanaiḥ śanaiḥ ca ghaṭanāyāḥ vivaraṇam kathayatu.)

3. सहसा कश्चित् कारचालकः माम् आहतवान्। (Sahasā kaścit kāra-cālakaḥ mām āhatavān.)

4. एकहोरा-पर्यन्तं चिकित्सालये एव विश्रामं कृत्वाऽहं गृहमागतवान्। (Ekāhorāparyantaṁ cikitsālaye eva viśrāmaṁ kṛtvā'haṁ gṛhamāgatavān.)

5. बालौ सखेदं पितरं पश्यतः। (Bālau sakhedaṁ pitaraṁ paśyataḥ.)

3. सन्धि-विच्छेद कीजिए (Disjoin the following words):-

कारणेनास्ति (kāraṇenāsti), आघात एवाभवत् (Āghāta evābhavat), कश्चित् (kaścit), मूर्च्छितो भूत्वा (mūrcchito bhūtvā), भूमावपतम् (bhūmāvapatam), चिकित्सालयेऽस्मि (cikitsālaye'smi), भक्षणायौषधमपि (bhakṣaṇāyauṣadhamapi).

4. निम्नलिखित शब्दों के धातु, लकार, पुरुष और वचन बताइए (Parse the following verbs into roots, Lakāras, persons and numbers):-

प्रविशति, अस्मि, पश्यति, पिबतु, करोतु, कथयतु, अपतम्, आसम्, आसन्, जानामि, लप्स्यते। (praviśati, asmi, paśyati, pibatu, karotu, kathayatu, apatam, āsam, āsan, jānāmi, lapsyate).

5. निम्नलिखित शब्दों में से धातु और प्रत्यय अलग-अलग दिखाइए (Show the roots and suffixes of the following words separately):-

आनीय (Ānīya), जाता (Jātā), आहतवान् (Āhatavān), दृष्टवान् (dṛṣṭavān), पीत्वा (pītvā), उन्मत्तः (unmattaḥ), बद्ध्वा (baddhvā), दत्तवान् (dattavān), कृत्वा (kṛtvā), आगतवान् (Āgatavān).

6. प्रश्न पाँच में दिखाये गये शब्दों में से उचित शब्द लेकर रिक्त स्थानों की पूर्ति कीजिए। (Fill in the blanks with appropriate words out of the words shown in the 5th question):-

1. कृषकः दण्डेन वृषभम् ─────────── (Kṛṣakaḥ daṇḍena vṛṣabham
................).

2. **पिता आपणात् फलानि ______________ पुत्रेभ्यः यच्छति। (Pitā āpaṇāt phalāni .... putrebhyaḥ yacchati.)**
3. **अहं वने एकं सर्पं ______________ । (Ahaṁ vane ekaṁ sarpāṁ ....)**
4. **अधुना रात्रिः ______________ गृहं गच्छ। (Adhunā rātriḥ .... gṛhaṁ gaccha.)**
5. **अहं प्रातःकाले दुग्धं ______________ विद्यालयं गच्छामि। (Ahaṁ prātaḥkāle dugdhaṁ .... vidyālayaṁ gacchāmi.)**
6. **भामाशाहः राणाप्रतापाय बहु धनं ______________ । (Bhāmāśāhaḥ Rāṇāpratāpāya bahu dhanaṁ ....)**
7. **नीचाः जनाः मद्यं ______________ उन्मत्ताः भवन्ति। (Nicāḥ janāḥ madyaṁ .... unmattāḥ bhavanti.)**
8. **कार्यं ______________ विश्रामं कुरु। (Kāryaṁ .... viśrāmaṁ kuru.)**

7. संस्कृत में अनुवाद कीजिए (Translate in Sanskrit) :-
   1. मनोहर पढ़कर खेलेगा। (Manohara will play after studying.)
   2. मैं उसके घर गया, परन्तु वह वहाँ नहीं था। (I went to his house, but he was not there.)
   3. प्रभु की कृपा से वे स्वस्थ हों! (By God's grace, may they be healthy!)
   4. आप कहाँ जाएँगे और आप क्या करेंगी? (Where will your goodself (man) go and what will your (lady) goodself do?)
   5. तूने उसे क्यों टक्कर मारी? (Why did you strike against him?)
   6. ग्रीष्मकाल में शीतल जल पीकर शान्ति प्राप्त होती है। (During the summer season one gets relief after drinking cold water.)
   7. वह पशु को बाँध कर गाँव ले गया। (Having tied the animal, he took it to the village.)
   8. जो वहाँ बैठे थे, वे कौन थे? (Who were those, which were sitting there?)

अष्टादशः दिवसः / Aṣṭādaśaḥ Divasaḥ
अठारहवाँ दिन / Eighteenth Day

बसारोहणम् (Basārohaṇam) = बस पर चढ़ना (Ride on a bus)

विमलः	– पुत्रौ, शीघ्रं चलतम्। तत्र स्थामे बसयानं स्थितम् अस्ति। वयं तद् आरोक्ष्यामः।	Vimalaḥ	– Putrau, śīghraṁ calatam. Tatra sthāme basayānaṁ sthitam asti. Vayaṁ tadā ārokṣyāmaḥ.
विमल	– बच्चो, तुम दोनों जल्दी चलो। वहाँ बस-स्टाप पर बस खड़ी है। हम उस पर चढ़ेंगे।	Vimal	– Children, move fast. The bus is standing on its stop. We shall ride upon it.
मुनीशः	– (दृष्ट्वा) पितः, तदस्माकं बसयानं नास्ति। तस्य क्रमाङ्कोऽन्यः वर्त्तते।	Munīśaḥ	– (Dṛṣṭvā) Pitaḥ, tadasmākaṁ basayānaṁ nāsti. Tasya kramāṅko'nyaḥ varttate.
मुनीश	– (देखकर) पिता जी, वह हमारी बस नहीं है। उसका नम्बर तो और है।	Munish	– (Looking there) Father, That is not our bus. Its number is different.

सुधीन्द्रः – पितः, तत् बसयानमन्यमेवास्ति, इति सत्यं कथयति भ्राता। अस्माकं बसयानं यदाऽऽगमिष्यति तदाऽऽरोक्ष्यामः। परं शीघ्रं गत्वा स्थामे पङ्क्त्यां तिष्ठामः, येनास्माकं क्रमः पूर्वं स्यात्।

Sudhīndraḥ – Pitaḥ, tat basayānam-anyamevāsti, iti satyaṁ kathayati bhrātā. Asmākaṁ basayānaṁ yadā'gamiṣyati tadā'rokṣyāmaḥ. Paraṁ śīghraṁ gatvā sthāme paṅktyāṁ tiṣṭhāmaḥ, yenāsmākaṁ kramaḥ pūrvaṁ syāt.

सुधीन्द्र – हाँ पिताजी! वह बस दूसरी ही है, यह बात भाई साहब ठीक कह रहे हैं। हमारी बस जब आएगी तब हम उस पर चढ़ेंगे। परन्तु जल्दी चल कर बस-स्टॉप पर पंक्ति में खड़े हो जाते हैं, जिससे हमारी बारी पहले ही हो।

Sudhindra – Yes Father, 'that is some other bus,' This statement of my brother is right. We shall get into our bus when it comes. But we must move fast to take position in the queue, so that our turn comes earlier.

विमलः – (ध्यानेन पश्यति) युवां सत्यं कथयथः। तद् बसयानमस्मभ्यं नास्ति। तथापि तत्र गत्वा स्वयानाय पङ्क्त्यां तिष्ठामः।

Vimalaḥ – (Dhyānena paśyati) Yuvāṁ satyaṁ kathayathaḥ. Tad basayānamasmabhyaṁ nāsti. Tathāpi tatra gatvā svayānāya paṅktyāṁ-tiṣṭhāmaḥ).

विमल – (ध्यान से) तुम दोनों ठीक ही कहते हो। वह बस हमारी नहीं है। तो भी वहाँ जाकर अपनी गाड़ी के

Vimal – (Attentively) Both of you are correct. That is not our bus. Still we

लिए कतार में खड़े होते हैं।	should reach there and stand in the queue.
(सर्वे शीघ्रं चलित्वा बसस्थामं प्राप्नुवन्ति।)	**(Sarve śīghraṁ calitvā basasthāmaṁ prapnuvanti).**
(सभी जल्दी चलकर बसस्टाप पर पहुँच जाते हैं।)	(All of them moving fast reach the bus-stop).
मुनीशः – (दृष्ट्वा) पितः! प्रथमं बसयानं गतम्। अधुनाऽस्माकं बसयानमागच्छति। सुधीन्द्र, तत्र पश्य। अधुना बसयानमारोढुं सज्जो भव।	**Munīśaḥ – (Dṛṣṭvā) Pitaḥ! Prathamaṁ basayānaṁ gatam. Adhunā'smākaṁ basayānamāgacchati. Sudhīndra, tatra paśya. Adhunā basayānamāroḍhuṁ sajjo bhava.**
मुनीश – (देखकर) पहली बस चली गई है। अब हमारी बस आ रही है। सुधीन्द्र, वहाँ देख। अब बस पर चढ़ने के लिए तैयार हो जाओ।	Munish – (After noting) The first bus has gone. Now our bus is coming here. Sudhindra, look there. Now be ready to get into the bus.
सुधीन्द्रः – सज्जोऽस्मि। पितः, पूर्वं भवान् आरोहतु, पुनः अहम्, पुनश्च मम भ्राता मुनीशः।	**Sudhīndraḥ – Sajjo'smi. Pitaḥ, pūrvaṁ bhavān ārohatu, punaḥ ahaṁ, punaśca mama bhrātā munīśaḥ.**
सुधीन्द्र – तैयार हूँ। पिता जी, पहले आप चढ़िए, फिर मैं और फिर मेरे भाई मुनीश चढ़ेंगे।	Sudhindra – I am ready. Father, first of all you should get into, then myself and after that, my brother Munish will ride.

(बसयानम् स्थामं प्राप्नोति। जनाः क्रमशः तद् आरोहन्ति। विमलः, सुधीन्द्रः पुनश्च मुनीशः आरोहन्ति)	**(Basayānaṁ sthāmaṁ prāpnoti. Janāḥ kramaśaḥ tad ārohanti. Vimalaḥ, Sudhīndraḥ punaśca munīśaḥ ārohanti).**
(बस स्टाप पर पहुँच जाती है। लोग बारी-बारी से उस पर चढ़ते हैं। विमल, सुधीन्द्र और फिर मुनीश चढ़ते हैं।)	(The bus reaches the bus - stop. People get into it turn by turn. Vimal, Sudhīndra and then Munish also get into it.
विमलः – (संवाहकं प्रति) महोदय, वयं त्रयः स्मः। त्रीणि पत्रकाणि प्रयच्छतु भवान् मूल्यं च गृह्णातु।	**Vimalaḥ – (Saṁvāhakaṁ prati) Mahodaya, vayaṁ trayaḥ smaḥ. Trīṇi patrakāṇi prayacchatu bhavān mūlyaṁ ca gṛhṇātu.**
विमल – (कण्डक्टर को) श्रीमान् जी, हम तीन हैं। आप तीन टिकटें दे दीजिए और पैसे ले लीजिए।	Vimal – (To the conductor) Sir, we are three. Please give three tickets and take fare.
संवाहकः – (मूल्यं गृहीत्वा पत्रकाणि यच्छति) यूयं गत्वा रिक्त-स्थानेषूपविशत।	**Saṁvāhakaḥ – (Mūlyaṁ gṛhītvā patrakāṇi yacchati) Yūyaṁ gatvā rikta-sthāneṣūpaviśata.**
कण्डक्टर – (पैसे लेकर टिकटें दे देता है।) तुम सब जाकर खाली सीटों पर बैठ जाओ।	Conductor – (Receiving the fare hands over the tickets) All of you may sit on the vacant seats.
विमलः – धन्यवादः। सुधीन्द्र, त्वमत्रोप-विश। मुनीश, त्वं मया सहोपविश।	**Vimalaḥ – Dhanyāvādaḥ, Sud-hīndra, tvamatropa-viśa. Munīśa, tvaṁ mayā sahopaviśa.**
विमल – धन्यवाद। सुधीन्द्र, तू यहाँ बैठ।	Vimal – Thank you. Sudhindra,

मुनीश, तू मेरे साथ बैठ।	you should sit here. Munish, you sit with me.
(सर्वे उपविशन्ति। बसयानं च चलति।)	**(Sarve upaviśanti, basayānaṁ ca calati).**
(सभी बैठ जाते हैं। और बस चल पड़ती है।)	(All of them take seats and the bus starts).

विशेष (Note) :- इस पाठ में लोट् लकार का और अकर्मक धातुओं से क्रिया के रूप में **'क्त'** प्रत्यय का प्रयोग मुख्य बिन्दु हैं। (Use of **Loṭ Lakāra** and **'kta'** suffix with intransitive roots as a verb, are the main points, in this lesson).

शब्दकोश = Vocabulary :-

बसारोहणम्	**(basārohaṇam)**	=	बस पर चढ़ना	(getting into the bus)
चलतम्	**(calatam)**	=	तुम दोनों चलो	walk (both of you)
स्थामः	**(sthāmah)**	=	बस-स्टाप	(bus-stop)
स्थितम्	**(sthitam)**	=	खड़ी, ठहरी हुई	(standing)
आरोक्ष्यति	**(Ārokṣyati)**	=	चढ़ेगा	(will ride)
वृत् = वर्त्	**(vṛt = vart)**	=	होना	(to be)
पङ्क्तिः	**(paṅktiḥ)**	=	कतार	(queue)
स्यात्	**(syāt)**	=	हो	(should be)
प्र + आप्	**(pra + āp)**	=	पहुँचना, प्राप्त करना	(to reach, to receive)
गतम्	**(gatam)**	=	चली गई	(went)
आरोढुम्	**(Āroḍhum)**	=	चढ़ने के लिए	(to ride on)
आ + रोह	**(Ā + roh)**	=	चढ़ना	(to ride)
संवाहकः	**(saṁvāhakaḥ)**	=	कण्डक्टर	(conductor)
प्र + यच्छ	**(pra + yacch)**	=	देना	(to give)
ग्रह	**(grah)**	=	लेना	(to take, to receive)

अभ्यासः (Exercise)

1. निम्नलिखित प्रश्नों के संस्कृत में उत्तर दीजिए (Answer the following questions in Sanskrit) :-
   1. **पित्रा सह बसयानमारोढुं कः कः गच्छति? (Pitrā saha basayānamāroḍhuṁ kaḥ kaḥ gacchati?)**
   2. **प्रथमं बसयानं ते कस्मात् न आरोहन्ति? (Prathamaṁ basayānaṁ te kasmāt na ārohanti?)**
   3. **ते किं बसयानमारोक्ष्यन्ति? (Te kiṁ basayānamāroksyanti?)**
   4. **बसयानमारोढुं जनाः कस्मिन् स्थाने तिष्ठन्ति? (Basayānamārodḥuṁ janāḥ kasmin sthāne tisthanti?)**
   5. **किं जनाः बसयानमारोढुं पङ्क्त्यां स्थिताः आसन्? (Kiṁ janāḥ basayānamāroḍ-huṁ paṅktyaṁ sthiatāḥ āsan?)**
   6. **बसयाने पत्रकाणि यात्रिभ्यः कः यच्छति? (Basayāne patrakāṇi yātribhyaḥ kaḥ yacchati?)**

2. निम्नलिखित शब्दों का सन्धि-विच्छेद कीजिए (Disjoin the following words) :-

तदास्माकम् (Tadāsmākam), क्रमाङ्कोऽन्यः (kramāṅko'nyaḥ), तदस्माकम् (tadasmākam), तदाऽऽरोक्ष्यामः (tadā'rokṣyāmaḥ), सुधीन्द्रः (Sudhīndraḥ), सज्जोभव, (sajjobhava), सज्जोऽस्मि (sajjo'smi), स्थानेषूपविशत (sthāneṣūpaviśata), सहोपविश (sahop-aviśa).

3. निम्नलिखित शब्दों में से धातु और प्रत्यय अलग-अलग कीजिए (Show the roots and the suffixes separately of the following words) :-

स्थितम्, गत्वा, गतम्, आरोढुम्, गृहीत्वा। (sthitām, gatvā, gatam, āroḍhum, gṛhītvā).

4. निम्नलिखित धातुओं के लृट् लकार तथा लोट् लकार के उत्तम पुरुष एकवचन का रूप लिखिए (Write the singular number of the first person related to **Lṛt** and **Loṭ Lakāras** of the following roots) :–

चल्, आ + रोह्, गम् (गच्छ्), स्था (तिष्ठ), प्र + आप्, दृश् (पश्य्), भू, ग्रह्, प्र + दा (यच्छ्), उप + विश्। (Cal, ā + roh, gam(gacch), sthā (tiṣṭh), pra + āp, dṛś(paśy), bhū, grah, pra + dā(yacch), upa + viś).

5. निम्नलिखित वाक्यों का अनुवाद कीजिए (Translate the following sentences) :-
   1. वयं तद् आरोक्ष्यामः। (Vayaṁ tad ārokṣyāmaḥ.)
   2. तस्य क्रमाङ्कोऽन्यः वर्त्तते। (Tasya kramāṅko'nyaḥ varttate.)
   3. परं शीघ्रं गत्वा स्थामे पङ्क्त्यां तिष्ठामः। (Paraṁ śīghraṁ gatvā sthāme paṅktyāṁ tiṣṭhāmaḥ.)
   4. तद् बसयानमस्मभ्यं नास्ति। (Tad basayānamasbhyaṁ nāsti.)
   5. बसयानमारोढुं सज्जो भव। (Basayānamāroḍhuṁ sajjo bhava.)
   6. बसयानं स्थामं प्राप्नोति। (Basayānaṁ sthāmaṁ prāpnoti.)

6. संस्कृत में अनुवाद कीजिए (Translate into Sanskrit) :-
   1. तुम सब बस स्टाप को जाओ। (All of you go to the bus-stop.)
   2. हम इस बस पर नहीं चढ़ेंगे। (We shall not ride into this bus.)
   3. शान्ति से पंक्ति में बैठ जाओ। (Sit patiently into a queue.)
   4. जो परिश्रम करता है, वही फल प्राप्त करता है। (One who works hard, succeeds.)
   5. वह यहीं बैठेगा। (He will sit only here.)
   6. वे चित्र देखने जाएँगे। (They will go to see the picture.)
   7. वह घोड़े पर चढ़ने को तैयार है। (He is ready to ride on the horse.)
   8. हम खेतों को देखने के लिए गाँव को जाएँगे। (We shall go to the village to see the fields.)
   9. मैं भी यह चित्र देखूँगा। (I shall also see this picture).
   10. धनिक निर्धनों के लिए धन दें। (The rich should offer money to the poor.)

विशेष (Note) :- जिस पर चढ़ा या जहाँ जाया जाता है, उसमें द्वितीया विभक्ति होती है; जैसे :- **वृक्षमारोहति, गृहं गच्छति।** (The place on which one rides or goes to; takes the second case-ending; as **vṛkṣam-ārohati, gṛhaṁ gacchati**).

नवदशः दिवसः / Navadaśaḥ Divasaḥ
उन्नीसवाँ दिन / Ninteenth Day

स्वागत-समारोहः (Svāgata-samārohaḥ) = स्वागत-समारोह (Reception)

सुधांशुः उमा च	– (वर-पितरं प्रति) वर्धताम् तत्र भवान्।	Sudhāṁśuḥ Umā ca	– (Vara-pitaraṁ prati) Vardhatām tatra bhavān.
सुधांशु और उमा	– (वर के पिता को) आपको बधाई हो।	Sudhanshu and Uma	– (To bridegroom's father) congratulations to you.
वर-पिता	– भवन्तौ अपि वर्धेताम्।	Vara-pitā	– Bhavantau api vardhetām.
वर का पिता	– आप दोनों को भी बधाई।	Bridegroom's father	– Same to you.
सुधांशुः	– शोभनोऽयं दिवसः। इदमुपायनमानीतम् दम्पतिभ्याम्। गच्छावः तयोः	Sudhāṁśuḥ	– Śobhano'yaṁ divasaḥ. Idamupāyana-mānītam dampatibh-

	सकाशे एव।		**yām. Gacchāvaḥ tayoḥ sakāśe eva.**
सुधांशु –	आज का दिन बहुत बढ़िया है। वर और वधू के लिए यह भेंट लाएँ हैं। हम दोनों उन्हीं के पास चलते हैं।	Sudhanshu	– This is a very good day. We have brought this present for the new couple. We go near them.
वर-पिता –	**दम्पती तत्र स्थितौ स्तः। वरस्य माताऽपि तत्रैव अस्ति। सा एवोपायनं ग्रहीष्यति।**	**Vara-pitā**	**– Dampatī tatra sthitau staḥ. Varasya mātā'pi tatraiva asti. Sā evopāyanaṁ grahīṣyati.**
वर का पिता –	वर-वधू वहाँ पर स्थित हैं। वर की माता भी वहीं है। वही भेंट लेगी।	Bridegroom's father	– The new couple is sitting there. The bridegroom's mother is also there. She will receive your present.
उमा –	**(सुधांशुं प्रति) प्रिय, उपायनेन सह शतम् रूप्यकाणि अपि दास्यावः।**	**Umā**	**– (Sudhāṁśuṁ prati) Priya, upāyanena saha śataṁ rūpyakāṇi api dāsyāvaḥ.**
उमा –	(सुधांशु को) भेंट के साथ हम दोनों एक सौ रुपये भी देंगे।	Uma	– (To sudhanshu) we shall give one hundred rupees also with the present.
सुधांशुः –	**शोभनः तव विचारः प्रिये! इमानि रूप्यकाणि त्वं वध्वाः हस्ते दास्यसि।**	**Sudhāṁśuḥ**	**– Śobhanaḥ tava vicāraḥ priye! Imāni rūpyakāṇi tvaṁ vadhvāḥ haste dāsyasi.**

सुधांशु	– प्रिये, तुम्हारा विचार उचित है। ये रुपये तुम बहू के हाथ में देना।	Sudhanshu	– Darling, your idea is good. You should give these rupees in the hands of the bride.
उमा	– **इदमेव करिष्यामि। अधुना दम्पत्योः सकाशे चलावः।**	**Umā**	– **Idameva kariṣyāmi. Adhunā damptyoḥ sakāśe calāvaḥ.**
उमा	– यही करूँगी। अब हम वर और वधू के पास चलते हैं।	Uma	– I shall do as you say. Now we go near the couple.

(उभौ दम्पत्योः सकाशे गच्छतः।) — **(Ubhau dampatyoḥ sakāśe gacchataḥ)**

(दोनों वर और वधू के पास जाते हैं।) — (Both of them go near the bride and the bridegroom).

उमा	– **(वरस्य मातरं प्रति) वर्धताम् तत्र भवती।**	**Umā**	– **(Varasya mātāraṁ prati) Vardhatām tatra bhavatī.**
उमा	– (वर की माता को) आपको बधाई हो।	Uma	– (To the bridegroom's mother) Congratulations to you.
सुधांशुः	– **वर्धताम् तत्र भवती।**	**Sudhāṁśuḥ**	– **Vardhatām tatra bhavatī.**
सुधांशु	– आप को बधाई हो।	Sudhanshu	– Congratulations to you.
वर-माता	– **भवन्तावपि वर्धेताम्।**	**Vara-mātā**	– **Bhavantāvapi vardhetām.**
वर की माता	– आप दोनों को भी बधाई हो।	Bridegroom's mother	– The same to both of you.
सुधांशुः उमा च	– **एतदुपायनमस्ति दम्पति-भ्याम्। (एकां पिहितां**	**Sudhāṁśuḥ and Umā**	– **Etadupāyanamasti**

	धार्नीं प्रयच्छतः)।		dampatibhyām. (Ekāṁ pihitāṁ dhānīṁ prayacchataḥ).
सुधांशु और उमा	– वर और वधू के लिए यह भेंट है। (एक बन्द डिब्बा देते हैं।)	Sudhanshu and Uma	– This is a present for the new couple. (They give a closed box.)
वर-माता	– **अनुगृहीताऽस्मि। कष्टं कृतवन्तौ भवन्तौ।**	**Vara-mātā**	– **Anugṛhītā'smi. Kaṣṭaṁ kṛtavantau bhavantau.**
वर की माता	– बड़ी कृपा की। आप दोनों ने कष्ट किया है।	Bridegroom's mother	– Very kind of you. Both of you have taken such a big trouble.
सुधांशुः उमा च	– **(दम्पत्योः शीर्षयोः हस्तं धृत्वा) सुखिनौ, सौभाग्यशालिनौ भवेतम्। (उमा वध्वै शतं रूप्यकाणि प्रयच्छति)।**	**Sudhaṁśuḥ Umā ca**	– **(Dampatyoḥ śīrṣayoḥ hastaṁ dhṛtvā) Sukhinau saubhagyaśālinau bhavetam. (Umā vadhvai śataṁ rūpyakāṇi prayacchati).**
सुधांशु और उमा	– (वर वधू के सिरों पर हाथ रख कर) तुम दोनों सुखी और सौभाग्यशाली होओ। (उमा वधू को 100 रुपये दे देती है।)	Sudhanshu and Uma	– (They put their hands on the heads of both) Be happy and may prosper. (Uma presents Rs. 100/- in the hands of the bride).

वरः वधू च	– **(नत्वा) आवाम् वन्दावहे भवन्तौ।**	**Varaḥ Vadhū ca**	– **(natvā) Āvāṁ vandāvahe bhavantau.**
वर और वधू	– (झुककर) हम दोनों आपको प्रणाम करते हैं।	Bridegroom and the bride	– (bowing) We both salute you.
सुधांशुः उमा च	– **कल्याणमयं स्यात् युवयोः जीवनम्!**	**Sudhaṁśuḥ Umā ca**	– **Kalyāṇamayaṁ syāt yuvayoḥ jīvanam!**
सुधांशु और उमा	– तुम दोनों का जीवन मंगलमय हो!	Sudhanshu and Uma	– May both of you enjoy a prosperous life!
सुधांशुः	– **(उमां प्रति) आगच्छ, अधुना तत्र आहारपटलेभ्यः किंचित् भक्षयाव।**	**Sudhāṁśuḥ**	– **(Umāṁ prati) Āgaccha, adhunā tatra āhārapaṭalebhyaḥ kiñcit bhakṣayāva.**
सुधांशु	– (उमा को) आओ, अब हम दोनों आहार के स्टालों से कुछ खायें।	Sudhanshu	– (To Uma) Let us both now go towards stalls of edibles and eat somethings.
सुधांशुः	– **तत्र तु अनेकानि आहारपटलानि सन्ति। पूर्वं लावणिकं पुनश्च मधुरमाहारं भक्षयिष्यावः।**	**Sudhāṁśuḥ**	– **Tatra tu anekāni āhārapaṭalāni santi. Pūrvaṁ lāvaṇikaṁ punaśca madhuram-āhāraṁ bhakṣayiṣyāvaḥ.**
सुधांशु	– वहाँ तो अनेक आहारस्टाल हैं। पहले हम नमकीन और फिर मीठी वस्तु खायेंगे।	Sudhanshu	– There are so many stalls. First of all we shall take saltish edibles and there after sweet ones.

(तौ एकमाहारपटलं प्रति गच्छतः । विविध-माहारं भक्षयित्वा पुनः गृहं गच्छतः ।)

(Tau ekamāhārapaṭalaṁ prati gacchataḥ. Vividhamāhāraṁ bhakṣayitvā punaḥ gṛhaṁ gacchataḥ).

(वे दोनों एक स्टाल की ओर जाते हैं। कई प्रकार का आहार खा कर वे दोनों फिर घर को चले जाते हैं।)

(They go to a stall. After taking different kinds of edibles both of them leave for their home.)

1. **विशेष (Note) :-** इस पाठ में आत्मनेपदी धातुओं के लोट् लकार का विशेष रूप से प्रयोग किया गया है; जैसे – वर्धताम्, वर्धेताम् । (In this lesson **Loṭ Lakāra** of **Ātmanepadī** roots have been used, as **Vardhatām, Vardhetām**.)

2. **विशेष (Note) :-** 'दम्पती' शब्द द्विवचनान्त होता है। (**Dampatī** word is always used in dual number).

शब्दकोश = Vocabulary :-

वरः	(varaḥ)	=	दूल्हा	(bridegroom)
वधू	(vadhū)	=	दुल्हन	(bride)
वर्धताम्	(vardhatām)	=	बधाई हो	(congratulations)
उपायनम्	(upāyanam)	=	भेंट	(present, gift)
दम्पती	(dampatī)	=	पत्नी और पति	(wife and husband)
सकाशे	(sakāśe)	=	पास	(near)
शतम्	(śatam)	=	सौ	(hundred)
तत्र भवान्	(tatra bhavān)	=	आप (यह शब्द पुँल्लिंग के लिए ही प्रयुक्त होता है।)	(you) (This word is used for masculine gender)
तत्र भवती	(tatra bhavatī)	=	आप (यह शब्द स्त्रीलिंग के लिए ही प्रयुक्त होता है।)	(you) - This word is used for feminine gender
पिहिता	(pihitā)	=	बन्द	(closed)

धानी	(dhānī)	=	डिब्बा	(box)
कृतवत्	(kṛtavat)	=	किया	(did)
धृ	(dhṛ)	=	धारण करना, रखना	(to put)
नत्वा	(natvā)	=	झुककर	(bowing)
वन्द्	(vand)	=	नमस्कार करना	(to greet)
आहारपटलम्	(Āhārapaṭalam)	=	खाद्यों का स्टाल	(edible stall)
लावणिकम्	(lāvaṇikam)	=	नमकीन	(saltish)
भक्षय्	(bhakṣay)	=	खाना	(to eat)
उभौ	(ubhau)	=	दोनों	(both)

अभ्यासः (Exercise)

1. निम्नलिखित प्रश्नों के संस्कृत में उत्तर दीजिए (Answer the following questions in Sanskrit) :-

   1. सुधांशुः उमा च कस्मिन् समारोहे गतवन्तौ? (Sudhaṁśuḥ Umā ca kasmin samārohe gatavantau?)

   2. तौ काभ्यामुपायनम् आनीतवन्तौ? (Tau kābhyāmupāyanam ānītavantau?)

   3. तौ उपायनधानीं कस्याः हस्ते अयच्छताम्? (Tau upāyanadhānīṁ kasyāḥ haste ayacchatām)?

   4. उमा वध्वाः हस्ते किमयच्छत्? (Umā vadhvāḥ haste kimayacchat?)

   5. ''सुखिनौ सौभाग्यशालिनौ भवेताम्'' इति कौ कथयतः काभ्यां च? ('Sukhinau saubhāgyaśālinau bhavetām' iti kau kathayataḥ kābhyāṁ ca?)

   6. सुधांशुः उमा च भक्षणाय कुत्र गच्छतः? (Sudhāṁśu Umā ca bhakṣaṇāya kutra gacchataḥ?)

2. सन्धिच्छेद कीजिए (Disjoin the following words) :-
   शोभनोऽयम् (Śobhano'yam), माताऽपि (mātā'pi), तत्रैव (tatraiva), एवोपायनम् (evopāyanam), भवन्तावपि (bhavantāvapi), पुनश्च (punaśca).

3. **वृध्** और **वन्द्** धातुएँ आत्मनेपदी हैं। परिशिष्ट–2 में से **सेव्** धातु के रूप देखकर इनके क्रमशः **लोट् लकार** तथा **लट् लकार** में रूप लिखिए। (**Vṛdh** and **Vand** are **Ātmanepadī** roots. See the conjugation of **sev** in the appendix-2 and conjugate **Vṛdh** in **Loṭ Lakāra** and **Vand** in **Laṭ Lakāra**.)

4. निम्नलिखित शब्दों के धातु और प्रत्यय बताइए (Tell the roots and suffixes of the following words) :-

   आनीतम् (Ānītam), स्थितौ (sthitau), कृतवन्तौ (kṛtavantau), धृत्वा (dhṛtvā), नत्वा (natvā), कृत्वा (kṛtvā).

5. निम्नलिखित वाक्यों का अनुवाद कीजिए (Translate the following sentences) :-

   1. **वर्धताम् तत्र भवान्। (Vardhatām tatra bhavān.)**
   2. **इदमुपायनमानीतं दम्पतिभ्याम्। (Idamupāyanamānītaṁ dampatibhyām.)**
   3. **इमानि रूप्यकाणि त्वं वध्वाः हस्ते दास्यसि। (Imāni rūpyakāṇi tvaṁ vadhvāḥ haste dāsyasi.)**
   4. **अनुगृहीताऽस्मि। (Anugṛhītā'smi.)**
   5. **सुखिनौ सौभाग्यशालिनौ भवेतम्। (Sukhinau saubhāgyaśālinau bhavetam.)**
   6. **आवां वन्दावहे भवन्तौ। (Āvāṁ vandāvahe bhavantau.)**

6. प्रश्न चार में दिए गए शब्दों में से उचित शब्द लेकर रिक्त स्थान भरिए (Fill in the blanks with appropriate words given in question No. 4.) :-

   1. **तत्र ______________ पुरुषौ अत्र आगमिष्यतः। (Tatra .... puruṣau atra āgamiṣyataḥ).**
   2. **युवां किं कार्यं ______________ । (Yuvāṁ kiṁ kāryaṁ ....).**
   3. **______________ पुस्तकं तस्मै यच्छ। (...................... Pustakaṁ tasmai yaccha).**
   4. **छात्राः गुरून् ______________ पठन्ति। (Chātrāḥ gurūn .... paṭhanti).**
   5. **कार्यं ______________ विश्रामं कुरु। (Kāryaṁ .... viśrāmaṁ kuru).**

7. संस्कृत में अनुवाद कीजिए (Translate into Sanskrit) :-

1. वृक्ष पानी से बढ़ते हैं। (The trees grow up with water.)

2. आपको वधाई है। (Congratulations to you.)

3. वे मिठाइयों के स्टालों से मिठाइयाँ लेकर खाते हैं। (They eat sweets taking them from the stalls of sweets.)

4. तुम सब सुखी होओ! (May all of you enjoy happiness!)

5. हम दोनों भूकम्प पीड़ितों के लिए रुपये देंगे। (Both of us shall give money for the persons suffering due to earth-quake.)

6. उस कन्या को नमकीन आहार अच्छा लगता है। (That girl likes saltish food.)

7. हम अध्यापकों की वन्दना करेंगे। (We shall greet the teachers.)

8. ये पेड़ बढ़ें और हमें स्वच्छ वायु दें! (May these trees grow up and provide pure air for us!)

विंशः दिवसः
Viṁśaḥ Divasaḥ

बीसवाँ दिन
Twentieth Day

पान्थालये स्थानम् (Pānthālaye sthānam)
होटल में जगह (Accomodation in a Hotel)

यात्री – (एकं नागरिकं प्रति) किमत्र नगरे कश्चित् शोभनः पान्थालयोऽस्ति ?

यात्री – (एक नागरिक से) क्या इस नगर में कोई अच्छा होटल है ?

नागरिकः – (यात्रिणं प्रति) तत्र सम्मुखे भवान् पश्यतु। सः ड्रीमलैण्ड-नामकः पान्थालयोऽस्ति। तत्र सर्वविधाः सुविधाः भवान् लप्स्यते।

Yātrī – (Ekaṁ nāgarikaṁ prati) Kimatra nagare kaścit śobhanaḥ pānthālayo'sti?

Passenger – (To a citizen) Is there any good hotel in this town?

Nāgarikaḥ – (Yatriṇaṁ prati) Tatra sammukhe bhavān paśyatu. Saḥ drīmalaiṇḍanāmakaḥ pānthālayo'sti. Tatra

sarvavidhāḥ suvidhāḥ bhavān lapsyate.

नागरिक – (यात्री से) वहाँ सामने देखिए। वह ड्रीमलैंड नामक होटल है। वहाँ आप सब प्रकार की सुविधाएँ पाएँगे।

Citizen – (To the passenger) Look there in front of you. There is the Dreamland Hotel. You may get all kinds of convenience there.

यात्री – धन्यवादः भवतः। (एकं भारवाहकं प्रति) भारवाहक, एषा मम मञ्जूषाऽस्ति। ड्रीमलैण्डपान्थालयं प्रति गमिष्यामि। मञ्जूषां तत्र पर्यन्तं वोढुं किं भाटकं ग्रहीष्यसि?

Yātrī – Dhanyavādaḥ bhavataḥ. (Ekaṁ bhāravāhakaṁ prati) Bhāravāhaka, eṣā mama mañjūṣā'sti. Dreamlanḍ - pānthālayaṁ prati gamiṣyāmi. Mañjūṣāṁ tatra paryantaṁ voḍhuṁ kiṁ bhāṭakaṁ grahīṣyasi?

यात्री – आपका धन्यवाद। (एक कुली को) भारवाहक, यह मेरा सन्दूक है। ड्रीमलैंड होटल को जाऊँगा। सन्दूक वहाँ तक ले जाने का क्या किराया लोगे?

Passenger – Thank you. (To a coolie) Coolie, this is my box. I shall go to Dreamland Hotel. What wages will you charge to carry this box upto there?

भारवाहकः – केवलं रूप्यकद्वयम्।

Bhāravāhakaḥ – Kevalaṁ rūpyakadvayam.

कुली	– केवल दो रुपये।	Coolie	– Only two rupees.
यात्री	**– उत्थापय मञ्जूषाम्। तं पान्थालयं प्रति चल।**	**Yātrī**	**– Utthāpaya mañjūṣām. Taṁ pānthālayaṁ prati cala.**
यात्री	– सन्दूक उठा लो। उस होटल की ओर चलो।	Passenger	– Take this box up and move towards that hotel?

(भारवाहकः मञ्जूषामुत्थापयति। तेन सहैव यात्री अपि चलति।)

(Bhāravāhakaḥ mañjūṣāmutthāpayati. Tena sahaiva yātrī api calati).

(कुली सन्दूक उठा लेता है। उसी के साथ यात्री भी चल पड़ता है।)

(The coolie takes up the box. The passenger also goes with him).

यात्री	**– (पान्थालयस्य कार्यालयं प्राप्य भारवाहकाय च रूप्यकद्वयं दत्त्वा कर्मचारिणं पृच्छति) अपि भवदीये पान्थालये रिक्तः कक्षः अस्ति ?**	**Yātrī**	**– (Pānthālayasya kāryālayaṁ prāpya bhāravāhakāya ca rūpyakadvayaṁ dattvā karmacāriṇaṁ pṛcchati) Api bhavadīye pānthālaye riktaḥ kakṣaḥ asti?**
यात्री	– (होटल के कार्यालय में पहुँचकर और कुली को दो रुपये देकर कर्मचारी से पूछता है) क्या आपके होटल में खाली कमरा है ?	Passenger	– (Reaching in the office of the hotel and after paying two rupees to the coolie he asks the worker) Do you have any vacant room in this hotel ?
कर्मचारी	**– कीदृशं कक्षं भवान् इच्छति ?**	**Karmacārī**	**– Kīdṛśaṁ kakṣaṁ bhavān icchati?**

कर्मचारी	– आप कैसा कमरा चाहते हैं?	Worker	– What type of room do you want?
यात्री	– अहमेकं शयनकक्षमिच्छामि, यस्मिन् सर्वाः सुविधाः स्युः।	Yātrī	– Ahamekaṁ śayānaka-kṣamicchāmi, yasmin sarvāḥ suvidhāḥ syuḥ.
यात्री	– मैं एक बैडरूम चाहता हूँ, जिसमें सभी सुविधाएँ हों।	Passenger	– I want a bed-room with all kinds of conveniences
कर्मचारी	– एकः कक्षः अस्ति। तेन सहैव शौचालयादिकमस्ति। तत्र दूरभाषोऽप्यस्ति। मनोरञ्जनाय च दूरदर्शनमपि वर्त्तते।	Karmacārī	– Ekaḥ kakṣaḥ asti. Tena sahaiva śaucā-layādikamasti. Tatra dūrabhāṣo'pyasti. Manorañjanāya ca dūradarśanamapi varttate.
कर्मचारी	– एक कमरा है। उसके साथ ही शौचालय आदि है। वहाँ टेलीफोन भी है। मनबहलाव के लिए दूरदर्शन भी है।	Worker	– There is one room. Dressing room is atta-ched with it. There is also telephone. A T.V. is also kept there for entertainment.
यात्री	– शोभनम्, शोभनम्। ईदृशमेव कक्षमिच्छामि। अस्य कक्षस्य दैनिकं भाटकं कियदस्ति?	Yātrī	– Śobhanam, śobhanam. Īdṛśameva kakṣamicc-hāmi. Asya kakṣasya dainikaṁ bhāṭakaṁ kiyadasti?
यात्री	– ठीक है, ठीक है। मैं ऐसा ही कमरा चाहता हूँ। इस कमरे का दिनभर का किराया कितना है?	Passenger	– Very good. I want such type of room only. What is the daily rent of this room?

कर्मचारी - द्विशतम् रूप्यकाणाम्।	**Karmacārī – Dviśataṁ rupyakāṇām.**
कर्मचारी - दौ सौ रुपये।	Worker – Two hundred rupees.
यात्री - अहं दिनद्वयायात्र स्थास्यामि। दिनद्वयाय भाटकं न्यूनं करोतु भवान्।	**Yātrī – Ahaṁ dinadvayāyātra sthāsyāmi. Dinadvayāya bhāṭakaṁ nyūnaṁ karotu bhavān.**
यात्री - मैं यहाँ दो दिन ठहरूँगा। दो दिन के लिए आप किराया कम कीजिए।	Passenger – I shall stay here for two days. Please, make some concession in the rent for two days.
कर्मचारी - द्विनद्वयस्य त्रिशतं रूप्यकाणां भविष्यति। इतः न्यूनं कर्तुमहमसमर्थः।	**Karmacārī – Dinadvayasya triśataṁ rūpyakāṇāṁ bhaviṣyati. Itaḥ nyūnaṁ kartumahamasamarthaḥ.**
कर्मचारी - दो दिन का किराया तीन सौ रुपये होगा। इससे कम मैं नहीं कर सकता।	Worker – The rent for two days will be only Rs. three hundred. I cannot reduce it further.
यात्री - अस्तु। तर्हि गृह्णातु भवान् त्रिशतमेव।	**Yātrī – Astu. Tarhi gṛhṇātu bhavān triśatameva.**
यात्री - ठीक है। तो आप तीन सौ रुपये ही ले लीजिए।	Passenger – All right. Then receive three hundred rupees from me.
कर्मचारी - यात्रिपञ्जिकायां निजपरिचयं लिखतु भवान्।	**Karmacārī – Yātripañjikāyāṁ nijaparicayaṁ likhatu bhavān.**
कर्मचारी - यात्री-रजिस्टर में आप अपना विवरण लिख दीजिए।	Worker – Write your details in the Introduction Register.

यात्री	– (यात्रिपञ्जिकायां निजपरिचयं लिखित्वा) अधुनाऽहं परिचयं लिखितवान्। तस्मिन् कक्षे मम मञ्जूषां स्थापयतु भवान्।	Yātrī	– (Yātripañjikāyāṁ nijaparicayaṁ likhitvā) Adhunā'haṁ paricayaṁ likhitavān. Tasmin kakṣe mama mañjūṣāṁ sthāpayatu bhavān.
यात्री	– (यात्री-रजिस्टर में अपना विवरण लिखकर) अब मैंने अपना विवरण लिख दिया है। उस कमरे में आप मेरा सन्दूक रखवा दीजिए।	Passenger	– (After writing his details into that register) I have written my particulars. Now, please get my box placed in that room.
कर्मचारी	– (एकं भृत्यं प्रति) रमण, नय श्रीमतः मञ्जूषं द्वाविंशे कक्षे। विष्कम्भकमुद्घाट्य श्रीमते तस्य तालिकामपि दास्यसि।	Kārmacārī	– (Ekaṁ bhṛtyaṁ prati) Ramaṇa, naya śrīmataḥ mañjūṣāṁ dvāviṁśe kakṣe. Viṣkambhakamudghāṭya śrīmate tasya tālikāmapi dāsyasi.
कर्मचारी	– (एक नौकर को) रमण, श्रीमान् जी का सन्दूक बाईसवें कमरे में ले जाओ। ताला खोलकर श्रीमान् जी को उसकी चाबी भी दे देना।	Worker	– (To a servant) Ramana, take sir's box to the twenty second room. Unlock the room and hand over its key to the gentleman.
भृत्यः	– यथा कथयति भवान् तथैव करिष्यामि। (मञ्जूषामुत्थाप्य नयति। यात्री अपि तेन सह द्वाविंशं कक्षं गच्छति।)	Bhṛtyaḥ	– Yathā kathayati bhavān tathaiva kariṣyāmi. (Mañjūṣam-utthāpya nayati. Yātrī api tena saha dvāviṁ-

			śaṁ kakṣaṁ gacchati).
नौकर	– जैसा आप कहते हैं, मैं वैसा ही करूँगा। (सन्दूक उठाकर ले जाता है। यात्री भी उसके साथ बाईसवें कमरे को चल देता है।)	Servant	– I shall obey, your orders. (He lifts the box up and takes it. The passenger also goes with him to the twenty second room).
यात्री	**– (द्वाविंशं कक्षं प्राप्य) शोभनोऽयं कक्षः। सेवक, पानाय अत्र जलं कुत्रास्ति ?**	**Yātrī**	**– (Dvāviṁśaṁ kakṣaṁ prāpya) Śobhano'yaṁ kakṣaḥ. Sevaka, pānāya atra jalaṁ kutrāsti?**
यात्री	– (बाईसवें कमरे में पहुँचकर) यह कमरा अच्छा है। सेवक, पीने के लिए पानी कहाँ है ?	Passenger	– (Reaching the twenty second room). This room is good. Waiter, where is the drinking water ?
भृत्यः	**– जलपात्रं पूरयित्वा आनयामि। (गच्छति)**	**Bhṛtyaḥ**	**– Jalapātraṁ pūrayitvā ānayāmi. (Gacchati)**
नौकर	– पानी के बर्तन को मैं भरकर ला रहा हूँ। (जाता है)	Servant	– I am bringing filled waterpot. (Goes)
यात्री	**– (जलं प्राप्य) अधुना सुखेनात्र स्थास्यामि।**	**Yātrī**	**– (Jalaṁ prāpya) Adhunā sukhenātra sthāsyāmi.**
यात्री	– (पानी प्राप्त करके) अब सुखपूर्वक यहाँ ठहरूँगा।	Passenger	– (Receiving the water) Now I shall stay here comfortably.

(विष्टरे विश्रामं करोति)। **(Viṣṭare viśrāmaṁ karoti).**

(बिस्तर पर आराम करता है।) (He rests on the bed).

विशेष (Note) :- इस पाठ में **आत्मनेपदी 'लभ्'** धातु तथा इन्नन्त पुं. शब्दों का प्रयोग है। (In this lesson **Ātmanepadī 'Labh'** root and the nouns ending in 'in' are used.

शब्दकोश = **Vocabulary :-**

पान्थालयः	**(pānthālayaḥ)**	=	होटल	(hotel)
लभ्	**(labh)**	=	पाना, पहुँचना, प्राप्त करना	(to get, to approach)
मञ्जूषा	**(mañjūṣā)**	=	सन्दूक	(box)
पर्यन्तम्	**(paryantam)**	=	तक	(upto)
उत्थापय्	**(utthāpay)**	=	उठाना	(to lift)
प्रच्छ् = पृच्छ्	**(pracch = pṛccha)**	=	पूछना	(to ask)
अपि	**(api)**	=	वाक्य के आरम्भ में प्रश्नबोधक, अन्यत्र 'भी'	(interrogative word in the biginning of a sentence and 'also' at other places)
भवदीय	**(bhavadīya)**	=	आपका	(your)
शयनकक्षः	**(śayanakakṣaḥ)**	=	सोने का कमरा	(bedroom)
दूरभाषः	**(dūrabhāṣaḥ)**	=	टेलीफोन	(telephone)
द्विशतम्	**(dviśatam)**	=	दो सौ	(two hundred)
त्रिशतम्	**(triśatam)**	=	तीन सौ	(three hundred)
इतः	**(itaḥ)**	=	इससे, यहाँ से	(from this, from this place)
पञ्जिका	**(pañjikā)**	=	रजिस्टर	(register)
द्वाविंश	**(dvāviṁśa)**	=	बाईसवाँ	(twenty second)
उद् + घाटय्	**(ud + ghāṭay)**	=	खोलना	(to open)
तालिका	**(tālikā)**	=	चाबी	(key)
विष्टरम्	**(viṣṭaram)**	=	बिस्तरा	(bed)
यात्रिन्	**(yātrin)**	=	मुसाफिर	(passenger)
भारवाहकः	**(bhāravāhakaḥ)**	=	कुली	(coolie)
भाटकम्	**(bhāṭakaṁ)**	=	किराया	(wages, rent)
कर्मचारिन्	**(karmacārin)**	=	कार्यकर्ता	(worker)
कक्षः	**(kakṣaḥ)**	=	कमरा	(room)

कियत्	**(kiyat)**	=	कितना	(how much)
दिनद्वयम्	**(dinadvayam)**	=	दो दिन	(two days)
स्थापय्	**(sthāpay)**	=	रखना	(to put)
विष्कम्भकः	**(viṣkambhakaḥ)**	=	ताला	(lock)
पूरय्	**(pūray)**	=	भरना	(to fill)

अभ्यासः (Exercise)

1. निम्नलिखित प्रश्नों के उत्तर संस्कृत में लिखिए (Answer the following questions in Sanskrit) :-
   1. **यात्री नागरिकं किं पृच्छति? (Yātrī nāgarikaṁ kiṁ pṛcchati?)**
   2. **यात्री कस्मिन् पान्थालये तिष्ठति? (Yātrī kasmin pānthālaye tiṣthati?)**
   3. **सः भारवाहकाय कति रूप्यकाणि यच्छति? (Saḥ bhāravāhakāya kati rūpya-kāṇi yacchati?)**
   4. **भारवाहकः मञ्जूषामुत्थाप्य कुत्र नयति? (Bhāravāhakaḥ mañjūṣāmutthāpya kutra nayati?)**
   5. **द्वाविंशे कक्षे का का सुविधा आसीत्? (Dvāviṁśe kakṣe kā kā suvidhā āsīt?)**
   6. **यात्री जलं प्राप्य किं कथयति? (Yātrī jalaṁ prāpya kiṁ kathayati?)**
2. **'लभ्'** धातु के **लृट्** लकार में पूरे रूप लिखिए। (Conjugate **'Labh'** in **Lṛṭ Lakāra**).
3. **'यात्रिन्'** शब्द के **'गुणिन्'** के समान रूप लिखिए। (Decline **yātrin** like **guṇin**) परिशिष्ट-1 देखिए (See appendix-1).
4. निम्नलिखित वाक्यों का अनुवाद कीजिए (Translate the following sentences) :-
   1. **तत्र सर्वविधाः सुविधाः भवान् लप्स्यते। (Tatra sarvavidhāḥ suvidhāḥ bhavān lapsyate.)**
   2. **मञ्जूषां तत्र पर्यन्तं वोढुं किं भाटकं ग्रहीष्यसि? (Mañjūṣāṁ tatra paryantaṁ voḍhuṁ kiṁ bhāṭakaṁ grahīṣyasi?)**
   3. **अपि भवदीये पान्थालये रिक्तकक्षः अस्ति? (Api bhavadīye pānthālaye riktaka-kṣaḥ asti?)**
   4. **इतः न्यूनं कर्तुमहमसमर्थः। (Itaḥ nyūnaṁ kartumahamasamarthaḥ.)**
   5. **तर्हि गृह्णातु भवान् त्रिशतमेव। (Tarhi gṛhṇātu bhavān triśatameva.)**

6. अधुनाऽहं परिचयं लिखितवान्। तस्मिन् कक्षे मम मञ्जूषां स्थापयतु भवान्। (Adhunā'haṁ paricayaṁ likhitavān. Tasmin kakṣe mama mañjūṣāṁ sthāpayatu bhavān.)

7. यथा कथयति भवान्, तथैव करिष्यामि। (Yathā kathayati bhavān tathaiva kariṣyāmi.)

5. निम्नलिखित शब्दों में सन्धि-विच्छेद कीजिए (Disjoin the following words) :-
पान्थालयोऽस्ति (pānthālayo'sti), सहैव (sahaiva), दूरभाषोऽप्यस्ति (dūrabhāṣo'-pyasti), कियदस्ति (kiyadasti), शोभनोऽयं कक्षः (Śobhano'yaṁ kakṣaḥ), सुखेनात्र (sukhenātra)।

6. निम्नलिखित शब्दों का अपने वाक्यों में प्रयोग कीजिए (Use the following words in your own sentences) :-
प्राप्य, दत्त्वा, वोढुम्, इतः, कर्तुम्, उद्घाट्य, उत्थाप्य, पूरयित्वा। (Prāpya, dattvā, voḍhum, itaḥ, kartum, udghāṭya, utthāpya, pūrayitvā.)

7. संस्कृत में अनुवाद कीजिए (Translate into Sanskrit) :-
   1. यह घोड़ा इस भार को ढोने में असमर्थ है। (This horse is unable to carry this load.)
   *2. माता पुत्र से पूछती है – "तू कहाँ था?" (The mother asks the son, "Where were you?)
   *3. शेर जंगल की ओर भागा। (The lion ran to the forest.)
   4. कमरे को खोलकर यह सन्दूक वहाँ रख दे। (Open the room and place this box there.)
   5. यात्री कुली के साथ होटल को चल दिया। (The passenger went to the hotel with the coolie.)
   6. मैं इस घर में सुख से ठहरूँगा। (I shall stay comfortably in this house.)
   7. उसने रजिस्टर में अपना परिचय लिखा। (He wrote his particulars in the register.)

---

* प्रति (की ओर) तथा पृच्छ् (पूछने) के योग में द्वितीया विभक्ति होती है। (**Prati** (towards) and **pṛcch** (to ask) are used with the noun of second case-ending.)

एकविंशः दिवसः
Ekaviṁśaḥ Divasaḥ

इक्कीसवाँ दिन
Twenty First Day

पत्रालये सख्योः साक्षात्कारः (Patrālaye Sakhyoḥ Sākṣātkāraḥ)
डाकखाने में सखियों की भेंट (Lady-friends meeting in the post office)

(पत्रालयमेकः कर्मचारी उद्घाटयति। जनाः अन्तः प्रविशन्ति। शोभा प्रविश्य प्रेषमुद्रांक-पटलस्य समीपे स्थिताऽस्ति। तदैव प्रीतिः पुत्रेण सह प्रविशति।)

(Patrālayamekaḥ karmacārī udghāṭayati. Janāḥ antaḥ praviśanti. Śobhā praviśya preṣamudrāṅkapaṭalasya samīpe sthitā'sti. Tadaiva prītiḥ putreṇa saha praviśati).

(एक कर्मचारी डाकखाने को खोलता है। लोग अन्दर प्रवेश करते हैं। शोभा प्रवेश करके टिकटों के काउण्टर के पास खड़ी है। उसी समय प्रीति पुत्र के साथ प्रवेश करती है।)

(A staff opens the post office. People enter there. Shobha after entering in, is standing near the stamp counter. At the same time Priti enters there with her son).

प्रीतिः – (शोभां दृष्ट्वा) शोभे! त्वं पूर्वमेवात्रागता।

Prītiḥ – (Śobhāṁ dṛṣṭvā) Śhobhe! Tvaṁ pūrvamevātrāgatā.

प्रीति – (शोभा को देखकर) शोभा! तुम पहले ही यहाँ आ गई हो।

Priti – (On seeing shobha) shobha! you have come here before time.

शोभा – प्रीते! त्वमपि आगताऽसि। कार्यं शीघ्रं स्यात्, अतोऽहं शीघ्रमागता। अहमेकं पत्रं पञ्जीकारयित्वा प्रेषयिष्यामि, एकं च धनप्रेषमपि। अधुना पूर्वं मुद्रांकितमावरणं, धनप्रेष-प्रपत्रं चेतः क्रेष्यामि। तयोः लिखित्वा पञ्जीयनं धनप्रेषणं च कारयिष्यामि। त्वमत्र किमर्थमागता?

Śobhā – Prīte! tvamapi āgatā'si. Kāryaṁ śīghraṁ syāt, ato'haṁ śīghramāgatā. Ahamekaṁ patraṁ pañjīkārayitvā preṣayiṣyāmi. Ekaṁ ca dhanapreṣamapi. Adhunā pūrvaṁ mudrāñkitamāvaraṇaṁ, dhanapreṣaprapatraṁ cetaḥ kreṣyāmi. Tayoḥ likhitvā pañjīyanaṁ dhanapreṣaṇaṁ ca kārayiṣyāmi. Tvamatra kimarthamāgatā?

शोभा – प्रीति! तू भी आ गई है। कार्य जल्दी हो जाए, इसलिए मैं जल्दी आ गई हूँ। मैं एक पत्र को रजिस्टरी करवाकर भेज दूँगी और एक मनीआर्डर भी भेज दूँगी। अब टिकट वाला लिफाफा और मनीआर्डरफार्म यहाँ से खरीदूँगी। उन पर लिख-कर रजिस्टरी और मनीआर्डर कराऊँगी। तुम यहाँ क्यों आई हो?

Shobha – Priti! you have also come. To get the work done soon I have come earlier. I will send a letter after getting it registered and will also send the money. Now, first of all, I will purchase a stamped envelop and a money-order form from here. After writing on them, I

			shall get the letter registered and the money-order sent. Why have you come here?
प्रीतिः	अहं तु केवलं मुद्रांकितानि कानिचिदावरकाणि, पत्रकाणि, स्थानीयपत्राणि च क्रेतुमत्रागता। परमयं मम पुत्रोऽपि सह आगतः। कथयति-अहं द्रक्ष्यामि यत् पत्रालये किं किं कार्यं भवति।	Prītiḥ	Ahaṁ tu kevalaṁ mudrāṅkitāni kanicidāvarakāṇi, patrakāṇi, sthānīyapatrāṇi ca kretumatrāgatā. Paramayaṁ mama putro'pi saha āgataḥ. Kathayati, "Ahaṁ drakṣyāmi yat patrālaye kiṁ kiṁ kāryaṁ bhavati."
प्रीति	मैं तो सिर्फ कुछ टिकटों वाले लिफाफे, पोस्ट कार्ड और स्थानीय पत्र खरीदने के लिए आई हूँ। परन्तु मेरा यह पुत्र भी साथ आ गया है। कहता है – ''मैं देखूँगा कि डाकखाने में क्या-क्या कार्य होता है।''	Priti	I have come to purchase only some stamped envelops, post cards and local letters. But this, my son has also come here with me. He says, "I want to see what kind of works are done in the post - office."
शोभा	(बालकं प्रति) सौम्य, त्वमत्र सर्वं ध्यानेन पश्य, स्वज्ञानं च वर्धय। (तस्य शीर्षं स्नेहेन परिमृशति।)	Śobhā	(Bālakaṁ prati) saumya, tvamatra sarvaṁ dhyānena paśya, svajñānaṁ ca vardhaya. (Tasya śīrṣaṁ snehena parimṛśati).
शोभा	(बालक को) प्यारे बच्चे, तुम यहाँ सब कुछ ध्यान से देखना और अपने ज्ञान को बढ़ाना। (उसके सिर	Shobha	(To the boy) Dear boy, you must see here everything carefully and

पर प्रेम से हाथ फेरती है।)

add to your knowledge. (She moves her hand on his head affectionately).

शम्भुः – (नत्वा) मातृश्वसः, त्वां नमामि।

Śambhuḥ – (Natvā) Mātṛśvasaḥ, tvāṁ namāmi.

शम्भु – (झुककर) मासी जी, मैं आप को प्रणाम करता हूँ।

Sambhu – (Bowing) Auntie, I greet you.

शोभा – आयुष्मान् भव! (प्रीतिं प्रति) अधुना मुद्रांकितानि पत्राणि विक्रेतुमेका महिलाऽऽगता। अहं स्वकार्यं कृत्वा शीघ्रं गृहं गन्तुमिच्छामि।

Śobhā – Āyuṣmān bhava! (Prītiṁ prati) Adhunā mudrāṅkitāni patrāṇi vikretumekā mahilā'gatā. Ahaṁ svakāryaṁ kṛtvā śīghraṁ gṛhaṁ gantumicchāmi.

शोभा – चिरायु होओ! (प्रीति को) अब टिकटें बेचने के लिए एक औरत आ गई है। मैं अपना काम करके जल्दी घर जाना चाहती हूँ।

Shobha – May you live long! (to Priti) Now a lady has come to sell the stamps. I wish to go home soon after completing my work.

प्रीतिः – अहमपि प्रेषपत्राणि क्रीत्वा पुत्रं च सर्वं कार्यं दर्शयित्वा गृहं गमिष्यामि।

Prītiḥ – Ahamapi preṣapatrāṇi krītvā putraṁ ca sarvaṁ kāryaṁ darśayitvā gṛhaṁ gamiṣyāmi.

प्रीति – मैं भी डाक के पत्र खरीदकर और पुत्र को सारा कार्य दिखा कर घर जाऊँगी।

Priti – After purchasing the stamped letters and having shown the works which are done in the post office to my son, I shall also go home.

(शोभाऽऽवरकं धनप्रेषप्रपत्रं च क्रीत्वा लिखति।प्रीतिश्च स्वेच्छितानि मुद्रांकितानि पत्राणि क्रीत्वा बालकं पत्रालयस्य कार्याणि दर्शयति।)	**(Śobhā'varakaṁ dhanapreṣaprapatraṁ ca krītvā likhati. Prītiśca svecchitāni mudrāṅkitāni patrāṇi krītvā bālakaṁ patrālayasya kāryāṇi darśayati).**
(शोभा लिफाफा और मनीआर्डर फार्म खरीद कर लिखती है। और प्रीति भी अपनी चाह के अनुसार टिकटों वाले पत्र खरीद कर बालक को डाकखाने के कार्य दिखाती है।)	(After purchasing an envelope and a money-order form Shobha writes a letter and fills the money-order form. Priti also having purchased the stamped letters, shows the works of the post -office to her son).
शोभा – प्रिय शम्भो! अत्र मुद्रांकितानि पत्राणि, प्रेषमुद्रांकाणि च विक्रीणाति इयं महिला।	**Śobhā – Priya Śambho! Atra mudrāṅkitāni patrāṇi, preṣamudrāṅkāṇi ca vikrīṇāti iyaṁ mahilā.**
शोभा – प्यारे शम्भु, यहाँ यह औरत टिकटों वाले पत्र और टिकटें बेचती है।	Shobha – Dear Shambhu, this lady sells here the stamped letters and stamps.
शम्भुः – यत्र मम मातृष्वसाऽधुना गता, तत्र किं भवति?	**Śambhuḥ – Yatra mama mātṛṣvasā'dhunā gatā, tatra kiṁ bhavati?**
शम्भु – जहाँ मेरी मासी अब गई है, वहाँ क्या होता है?	Shambhu – What is done there where my aunt has gone now?
शोभा – तत्र लिपिकः धनप्रेषान् धनेन सह गृह्णाति, पुनश्च एकं प्राप्तिपत्रं ग्राहकाय प्रयच्छति।	**Śobhā – Tatra lipikaḥ dhanapreṣān dhanena saha gṛhṇāti, punaśca**

तस्य पटलस्य समीपे एव पञ्जीयनं भवति। धनप्रेषकार्यं कृत्वा तव मातृष्वसा तत्र गमिष्यति, पत्रं च पञ्जीकारयिष्यति।

ekaṁ prapti - patraṁ grāhakāya prayacchati. Tasya paṭalasya samīpe eva pañjīyanaṁ bhavati. Dhanapreṣakāryaṁ kṛtvā tava mātṛṣvasā tatra gamiṣyati patraṁ ca pañjīkārayiṣyati.

शोभा - वहाँ क्लर्क मनीआर्डर फार्म रुपयों के साथ ले लेता है और फिर ग्राहक को एक रसीद दे देता है। उसके काउण्टर के पास ही रजिस्टरी होती है। तुम्हारी मासी मनीआर्डर करके वहाँ जाएगी और पत्र की रजिस्टरी करवाएगी।

Shobha – That clerk receives money-order forms along with money and hands over a receipt to the customer. Registration is done near his counter. Your aunt will go there after completing the money-order work, and will get the letter registered.

शम्भुः - (सञ्चयाधिकोशं दर्शयन्) मातः, तत्र किं भवति ?

Śambhuḥ – (Sañcayādhikośaṁ darśayan) Mātaḥ, tatra kiṁ bhavati ?

शम्भु - (सेविंग्ज़ बैंक दिखाते हुए) माता जी, वहाँ क्या होता है ?

Shambhu – (Showing the savings bank), Mother, what is done there?

शोभा - तत्र सञ्चयाधिकोशः वर्त्तते। जनाः तत्रातिरिक्तस्य धनस्य सञ्चयं कारयन्ति, आवश्यकतानुसारं च ततः आहरन्ति अपि।

Śobhā – Tatra sañcayādhikośaḥ varttate. Janāḥ tatrātiriktasya dhanasya sañcayaṁ kārayanti, āvaśyakatānusāraṁ ca tataḥ āharanti api.

शोभा	– वहाँ सेविंग्ज़ बैंक है। लोग वहाँ बचे हुए धन को जमा करवाते हैं और आवश्यकता के अनुसार वहाँ से निकलवा भी लेते हैं।	Shobha	– There is a savings bank. People get their extra money deposited there and they can also draw it, as per their requirements.

(शोभा पुत्रं पत्रालयस्य विविधं कार्यं दर्शयित्वा तेन सह गृहं गच्छति।)

(Śobhā putraṁ patrālayasya vividhaṁ kāryaṁ darśayitvā tena saha gṛhaṁ gacchati).

(शोभा पुत्र को भिन्न-भिन्न कार्य दिखाकर उसके साथ घर चली जाती है।)

(After showing different works to her son Shobha goes home.)

विशेष (Note) :- इस पाठ में प्रेरणार्थक क्रियाओं तथा भूतकाल के अर्थ में अकर्मक धातुओं के साथ 'क्त' प्रत्यय के प्रयोग को दिखाया गया है? (In this lesson the use of causative verbs and **'kta'** suffix with intransitive verbs for past tense are practised.)

शब्दकोश = Vocabulary :-

अन्तः	**(antaḥ)**	=	अन्दर	(in, into)
प्रेषमुद्रांकः	**(preṣamudrāṅkaḥ)**	=	डाकटिकट	(post-stamp)
पटलम्	**(paṭalam)**	=	काउण्टर	(counter)
पञ्जी + कृ	**(pañjī + kṛ)**	=	रजिस्टरी करना	(to register)
धनप्रेषः	**(dhanapreṣaḥ)**	=	मनीआर्डर	(money-order)
आवरणम्	**(Āvaraṇam)**	=	लिफाफा	(envelop)
आवरकम्	**(Āvarakam)**	=	लिफाफा	(envelop)
सौम्य	**(saumya)**	=	प्रिय, प्यारे	(dear)

मातृश्वसृ	(mātṛśvasṛ)	=	मासी	(maternal aunt)
लिपिकः	(lipikaḥ)	=	क्लर्क	(clerk)
पञ्जीयनम्	(panjīyanam)	=	रजिस्ट्री	(registration)
सञ्चयाधिकोशः	(sañcayādhikośaḥ)	=	सेविंग्ज़बैंक	(savings bank)
प्र + विश्	(pra + viś)	=	प्रवेश करना, घुसना	(to enter)
सखी	(sakhī)	=	सहेली	(lady-friend)
आगता	(Āgatā)	=	आ गई	(has come)
प्रेषय्	(preṣay)	=	भेजना	(to send)
मुद्रांकित	(mudrāṅkita)	=	टिकट वाला	(having stamp)
प्रपत्रम्	(prapatram)	=	फार्म	(form)
पत्रकम्	(patrakam)	=	पोस्टकार्ड	(post card)
परि + मृश्	(pari + mṛś)	=	प्यार करना	(to love)
नम्	(nam)	=	झुकना, प्रणाम करना	(to bow)
प्राप्तिपत्रम्	(prāptipatram)	=	रसीद	(receipt)
आ + हृ	(Ā + hṛ)	=	निकालना, प्राप्त करना	(to draw, to get)

अभ्यासः (Exercise)

1. निम्नलिखित प्रश्नों के उत्तर संस्कृत में दीजिए (Answer the following questions in Sanskrit) :-
   1. **यदा प्रीतिः आगता तदा शोभा कुत्र स्थिता आसीत्? (Yadā Prītiḥ āgatā tadā Śobhā kutra sthitā āsīt?)**
   2. **शोभा काभ्यां कार्याभ्यां पत्रालयमागता? (Śobhā kābhyāṁ kāryābhyāṁ patrālayamāgatā?)**
   3. **प्रीतिः कस्मै कार्याय पत्रालयमागता? (Prītiḥ kasmai kāryāya patrālayamāgatā?)**
   4. **प्रीत्या सह कः आगतः? (Prītyā saha kaḥ āgataḥ?)**
   5. **शम्भुः पत्रालये किं किं दृष्टवान्? (Śambhuḥ patrālaye kiṁ kiṁ dṛṣṭavān?)**
   6. **मुद्राङ्कान् का विक्रीणाति स्म? (Mudraṅkān kā vikrīṇāti sma?)**

2. निम्नलिखित वाक्यों का अनुवाद कीजिए (Translate the following sentences) :-
   1. शोभे, त्वं पूर्वमेवागता। (Śobhe, tvaṁ pūrvamevāgatā.)
   2. तयोः लिखित्वा पञ्जीयनं धनप्रेषणं च कारयिष्यामि। (Tayoḥ likhitvā pañjīyanaṁ dhanapreṣaṇaṁ ca kārayiṣyāmi.)
   3. कथयति - ''अहं द्रक्ष्यामि यत् पत्रालये किं किं कार्यं भवति।'' (Kathayati - "Ahaṁ drakṣyāmi yat patrālaye kiṁ kiṁ kāryaṁ bhavati.")
   4. सौम्य, त्वमत्र ध्यानेन पश्य, स्वज्ञानं च वर्धय। (Saumya, tvamatra dhyānena paśya, svajñānaṁ ca vardhaya.)
   5. अहं स्वकार्यं कृत्वा शीघ्रं गृहं गन्तुमिच्छामि। (Ahaṁ svakāryaṁ kṛtvā śīghraṁ gṛhaṁ gantumicchāmi.)
   6. यत्र मम मातृष्वसाऽधुना गता, तत्र किं भवति? (Yatra mama mātṛṣvasā'dhunā gatā, tatra kiṁ bhavati?)

3. सन्धिच्छेद कीजिए (Disjoin the words) :-
   स्थिताऽस्ति, पूर्वमेवात्रागता, अतोऽहम्, प्रीतिश्च, स्वेच्छितानि, पुनश्च, चेतः। (Sthitā'sti, purvamevātrāgatā, ato'ham, prītiśca, svecchitāni, punaśca, cetaḥ).

4. निम्नलिखित शब्दों का अपने वाक्यों में प्रयोग कीजिए (Use the following words in your own sentences) :-
   प्रविश्य (Praviśya), लिखित्वा (likhitvā), कारयिष्यामि (kārayiṣyāmi), आगता (Āgatā), आगतः (Āgataḥ), द्रक्ष्यामि (drakṣyāmi), विक्रेतुम् (vikretum), क्रेतुम् (kretum).

5. निम्नलिखित के लिए संस्कृत के शब्द लिखिए (Write Sanskrit words for the following) :-
   डाकखाना (Post office), डाक-टिकट (post-stamp), लिफाफा (envelop), कार्ड (card), मनीआर्डर (money order), फार्म (form), सेविंग्ज़ बैंक (savings bank), रजिस्ट्री (registration), क्लर्क (clerk).

6. निम्नलिखित वाक्यों का संस्कृत में अनुवाद कीजिए (Translate the following sentences into Sanskrit) :-

1. मैं तो लिफाफा खरीदने आई हूँ। (I have come to purchase an envelop only.)
2. तू यहाँ क्या देखेगा? (What will you see here?)
3. वह पुस्तक बेचेगा और मैं उसे खरीदूँगा। (He will sell the book and I shall buy it.)
4. जो तू कहेगा, वही कार्य मैं करूँगा। (I shall do the same work, which you tell me.)
5. मैं यह पत्र रजिस्टरी कराऊँगा। (I shall get this letter registered.)
6. उस काउण्टर पर वह स्त्री टिकटें बेचती है। (That lady sells stamps on that counter.)
7. मैं अपना कार्य समाप्त करके घर जाऊँगा। (I shall go home after completing my work.)
8. वह अध्यापिका उन लड़कियों को पढ़ाएगी। (That lady teacher will teach those girls.)

द्वाविंशः दिवसः / Dvāviṁśaḥ Divasaḥ
बाईसवाँ दिन / Twenty Second Day

आपदि सहायता (Āpadi Sahāyatā)
आपत्ति में मदद (Relief in Disaster)

रविकान्तः – सुभगे, अपि जानासि यत् गुजरातराज्ये विनाशकारिणा भूकम्पेन महान् जनसंहारोऽभवत्।

रविकान्त – सुभगा, क्या तुम जानती हो कि गुजरात-राज्य में विनाशकारी भूकम्प से बहुत बड़ा जनसंहार हुआ है।

Ravikāntaḥ – Subhage, api jānāsi yat Gujarāta-rajye vināśakāriṇā bhūkampena mahān janasaṁharo'bhavat?

Ravikant – Subhaga, do you know about the disaster due to the earthquake which took place in Gujarat state and killed many people.

सुभगा – आम् प्रिय! समाचारपत्रे पठितम्, यत् द्विसहस्रैकतमवर्षस्य गणतन्त्रदिवसे

Subhagā – Ām priya! samācārapatre paṭhitam, yat dvisahasraikatamavar-

	गुजरातस्यानेकेषु प्रदेशेषु भवनानि पूर्णतः भूमिसात् अभवन्, सहस्रशः च जनाः मृत्युं प्राप्तवन्तः। एतादृश्यामवस्थायां किं भवेत्?		ṣasya Gaṇatantra-divase Gujarātasyānekeṣu pradeśeṣu bhavanāni purṇataḥ bhūmisāt abhavan, sahasraśaḥ ca janāḥ mṛtyuṁ prāptavantaḥ. Etādṛśyāmavasthāyāṁ kiṁ bhavet?
सुभगा	– हाँ प्रिय! अखबार में मैंने पढ़ा था कि दो हजार एक वर्ष के गणतन्त्र-दिवस पर गुजरात के अनेक प्रदेशों में मकान पूर्णरूप से भूमि में मिल गये हैं और हज़ारों लोग मृत्यु को प्राप्त हो गए हैं। ऐसी दशा में क्या होगा?	Subhaga	– Yes dear! I read in the news-paper that on the occasion of the Republican Day of 2001, many houses in many regions of Gujarat had fallen upon the ground and thousands of people died there. What will happen now in such circumstances?
रविकान्तः	– एतस्यामवस्थायाम् अनेकाः सामाजिकसंस्थाः आपद्ग्रस्तानां सहायतायै कार्ये रताः सन्ति। अस्माकं केन्द्रीयशासनमपि पीडितेभ्यः बहु कार्यं कुर्वदस्ति। अस्मिन् कार्येऽस्माकं सैनिकाः अपि संलग्नाः सन्ति।	Ravikāntaḥ	– Etasyāmavasthāyām anekāḥ sāmājikasaṁsthāḥ āpadgrastānāṁ sahāyatāyai kārye ratāḥ santi. Asmākaṁ kendrīyaśāsanamapi pīḍitebhyaḥ bahu kāryaṁ kurvadasti. Asmin kārye'smākaṁ sainikāḥ api saṁlagnāḥ santi.

रविकान्त	–इस अवस्था में अनेक सामाजिक संस्थाएँ संकट में पड़े हुओं की सहायता के लिए कार्य में लगी हुई हैं। हमारी केन्द्रीय सरकार भी पीड़ितों के लिए बहुत कुछ कार्य कर रही है। इस कार्य में हमारे सैनिक भी लगे हुए हैं।	Ravikant	– In such circumstances many social institutions became busy to help the persons struck by this disaster. Our Central Government is doing sufficient work for the people who are suffering due to this disaster. In this work our soldiers are also busy.
सुभगा	–आम्, तदपि पठितम्। ते मृतानां जनानां शवान् अग्नौ प्रज्वालयन्ति। ये जनाः पतितानां भवनानामधः जीविताः सन्ति, तान् ते येन केन प्रकारेण बहिः निष्कास्य चिकित्सालयेषु नयन्ति। तत्र च तेषां चिकित्सा भवति।	Subhagā	– **Ām, tadapi paṭhitam. Te mṛtānāṁ janānāṁ śavān agnau prajvālayanti. Ye janāḥ patitānāṁ bhavanānāmadhaḥ jīvitāḥ santi, tān te yena kena prakāreṇa bahiḥ niṣkāsya cikitsālayeṣu nayanti. Tatra ca teṣāṁ cikitsā bhavati.**
सुभगा	–हाँ, वह भी पढ़ा है। वे मरे हुए लोगों के शवों को आग में जलाते हैं। जो लोग गिरे हुए मकानों के नीचे जीवित हैं, उन्हें जिस किसी तरह से बाहर निकाल कर वे उन्हें हस्पतालों में ले जाते हैं। और वहाँ उनका इलाज होता है।	Subhaga	– Yes, I read that also. They burn the dead bodies in the fire. The living persons who are lying still under the fallen houses, are being taken out by this or that method and they are taken away to the hospitals where they are treated well.

रविकान्तः – **न केवलं भारतीयाः सैनिकाः जनता चैव सहायताकार्ये तत्पराः, परं वैदेशिकाः अपि धनेन, अन्नेन, वस्त्रैः, परिश्रमेण च सहायतां कुर्वन्तः सन्ति। जनाः उदारतयाऽऽपद्ग्रस्तानां सहायतायै दानं यच्छन्ति।**

Ravikāntaḥ – **Na kevalaṁ Bhāratīyāḥ sainikāḥ janatā caiva sahāyatākarye tatparāḥ, paraṁ vaideśikāḥ api dhanena, annena, vastraiḥ, pariśrameṇa ca sahāyatāṁ kurvantaḥ santi. Janāḥ udāratayā'padgrastānāṁ sahāyatāyai dānaṁ yacchanti.**

रविकान्त – केवल भारतीय सैनिक और जनता ही सहायता-कार्य में नहीं लगे हुए हैं, अपितु विदेशी लोग भी धन, अन्न, वस्त्रों और परिश्रम द्वारा सहायता कर रहे हैं। लोग खुले दिल से संकट-ग्रस्त लोगों की सहायता के लिए दान दे रहे हैं।

Ravikant – Not only the Indian soldiers and the public is helping in the relief work, but the foreigners are also helping with money, edibles, clothes and labour. People are donating money generously for calamity-stricken people.

सुभगा – **एतस्यामापदि किमस्माकं किञ्चित् कर्त्तव्यं नास्ति?**

Subhagā – **Etasyāmāpadi kimasmākaṁ kiñcit karttavyaṁ nāsti?**

सुभगा – क्या इस संकट में हमारा कुछ कर्त्तव्य नहीं है?

Subhaga – Do we not have any duty in such a disaster?

रविकान्तः – **अस्माकमपि कर्त्तव्यमस्ति यत् वयमपि आपद्ग्रस्तानां सहायतां करवाम। अहं वाञ्छामि यत् संकटग्रस्तानां स्वदेशवासिनां सहायतायै किंचित् धनम् यच्छेयम्।**

Ravikāntaḥ – **Asmākamapi karttavayamasti yat vayamapi āpadgrastānāṁ sahāyatāṁ karavāma. Ahaṁ vañcchāmi yat saṁkaṭagrastānāṁ**

			svadeśavāsinām sahāyatāyai kiñcit dhanaṁ yaccheyam.
रविकान्त	– हमारा भी कर्त्तव्य है कि हम भी संकट से पीड़ित लोगों की सहायता करें। मैं चाहता हूँ कि संकट में पड़े अपने देशवासियों की सहायता के लिए मैं भी कुछ धन दूँ।	Ravikant	– It is also our duty to give assistance to the sufferers. I desire to give some money for the people of our country-men who have fallen to disaster.
सुभगा	**– शोभनः विचारः। परमिदं धनं कुत्र केन च प्रकारेण भवान् दास्यति ?**	**Subhagā**	**– Śobhanaḥ vicāraḥ. Paramidaṁ dhanaṁ kutra kena ca prakā-reṇa bhavān dāsyati?**
सुभगा	– अच्छा विचार है। परन्तु आप यह धन कहाँ और किस प्रकार से देंगे ?	Subhaga	– This is a good idea. But where and how will you give this money?
रविकान्तः	**– अहं द्विसहस्त्ररूप्यकाणामेकं धनादेशं देशस्य प्रधानमन्त्रिणः राष्ट्रियसहायता-कोशे दातु-मिच्छामि। तद्धनादेशं तस्य कार्यालये दास्यामि।**	**Ravikāntaḥ**	**– Ahaṁ dvisahasrarū-pyakāṇāmekaṁ dhanā-deśaṁ deśasya Pra-dhānamantriṇaḥ Rāṣṭ-riya-sahāyatā-kośe dātumicchāmi. Tadd-hanādeśaṁ tasya kāryālaye dāsyāmi.**
रविकान्त	– मैं दो हज़ार रुपये का एक चैक देश के प्रधानमन्त्री के राष्ट्रीय-सहायता-कोश में देना चाहता हूँ। मैं उस चैक को उन्हीं के कार्यालय में दूँगा।	Ravikant	– I wish to give a cheque of two thou-sand rupees for the Prime Minister's National Relief Fund. I

shall hand over this cheque in his office only.

सुभगा – तर्हि शीघ्रं कर्त्तव्यम्। शुभकार्ये चिरं न कर्त्तव्यम्।

Subhagā – Tarhi śighraṁ karttavyam. Śubhakārye ciraṁ na karttavyam.

सुभगा – तो शीघ्र कीजिए। शुभकार्य में देर नहीं करनी चाहिए।

Subhaga – Then make haste. There is no need to be late in such a good work.

रविकान्तः – अधुनैव धनादेशं लिखित्वा प्रधानमन्त्रिणः कार्यालयं गच्छामि।

Ravikāntaḥ – Adhunaiva dhanādeśaṁ likhitvā Pradhānamantriṇaḥ kāryālayaṁ gacchāmi.

रविकान्त – अभी-अभी चैक लिखकर प्रधानमन्त्री के कार्यालय को जाता हूँ।

Ravikant – I am filling the cheque just now and going to the office of the Prime Minister.

(रविकान्तः धनादेशं लिखित्वा प्रधानमन्त्रिणः कार्यालयं गच्छति, सुभगा च गृहकार्ये व्यस्ता भवति।)

(Ravikāntaḥ dhanādeśaṁ likhitvā Pradhānamantriṇaḥ kāryālayaṁ gacchati. Subhagā ca gṛhakārye vyastā bhavati).

(रविकान्त चैक लिखकर प्रधानमन्त्री के कार्यालय को जाता है, और सुभगा घर के काम में लग जाती है।)

(Ravikant goes to the Prime Minister's office after filling the cheque and Subhaga becomes busy in her domestic works).

विशेष (Note) :- **'विद्युत्'** और **'आपद्'** शब्दों के रूप सुहृद् के समान परिशिष्ट 1 में से पढ़िए तथा संख्यावाची शब्दों को भी परिशिष्ट-7 द्वारा जानिए। (Read the declensions of **Vidyut** and **Āpad** like that of **'suhṛd'**, from the appendix-1 and learn numbers from the appendix-7.)

शब्दकोश = Vocabulary :-

द्विसहस्त्रैक-	**(dvisahasraika-**			
वर्षस्य	**varṣasya)**	=	दो हज़ार एक वर्ष के	(of the year of 2001)
भूमिसात्	**(bhūmisāt)**	=	भूमि पर गिरे हुए	(fallen on the ground)
सहस्त्रशः	**(sahasraśaḥ)**	=	हज़ारों	(thousands)
आपद्ग्रस्त	**(Āpadgrasta)**	=	संकट में पड़ा हुआ	(calamity-stricken)
रत	**(rata)**	=	लगा हुआ	(busy)
अधः	**(adhaḥ)**	=	नीचे	(under, down)
तत्पर	**(tatpara)**	=	लगा हुआ	(busy)
वाञ्छ्	**(vāñch)**	=	चाहना	(to wish)
चिरम्	**(ciram)**	=	देरी	(late)
कुर्वद्	**(kurvad)**	=	करता हुआ	(doing)
निष्कास्य	**(niṣkāsya)**	=	निकालकर	(bringing out)
आपद्	**(Āpad)**	=	संकट	(calamity)
धनादेशः	**(dhanādeśaḥ)**	=	चैक	(cheque)
कर्त्तव्यम्	**(karttavyam)**	=	फर्ज़, करना चाहिए	(duty, to be done)

अभ्यासः (Exercise)

1. निम्नलिखित प्रश्नों के संस्कृत में उत्तर दीजिए (Answer the following questions in Sanskrit) :-
   1. **गुजरातराज्ये जनसंहारो केन अभवत्? (Gujarātarājye janasaṁhāro kena abhavat)?**
   2. **कानि भूमिसात् अभवन्? (Kāni bhūmisāt abhavan?)**
   3. **कति जनाः तत्र मृत्युं प्राप्तवन्तः? (Kati janāḥ tatra mṛtyuṁ prāptavantaḥ?)**
   4. **तत्र अस्माकं सैनिकाः किं किं कार्यं कुर्वन्ति? (Tatra asmākaṁ sainikāḥ kiṁ kiṁ kāryaṁ kurvanti?)**
   5. **रविकान्तः कस्मिन् कोशे द्विसहस्त्रं रूप्यकाणि यच्छति? (Ravikāntaḥ kasmin kośe dvisahasraṁ rūpyakāṇi yacchati?)**

6. सः धनादेशं दातुं कुत्र गच्छति? **(Saḥ dhanādeśaṁ dātuṁ kutra gacchati?)**

2. निम्नलिखित वाक्यों के अन्त में भूतकाल की क्रिया लगाइए (Fill in the blanks with the verbs of past tense) :-

   1. **गुजरातराज्ये महान् विनाशकारी भूकम्पः ______________ । (Gujarātarājye mahān vināśakārī būkampaḥ ....).**

   2. **सहस्रशः जनाः तत्र मृत्युं ______________ । (Sahasraśaḥ janāḥ tatra mṛtyuṁ ....).**

   3. **रविकान्तः विपद्ग्रस्तानां सहायतायै द्विसहस्ररूप्यकाणि ______________ । (Ravikāntaḥ vipadgrastānāṁ sahāyatāyai dvisahasra-rūpyakaṇi ....).**

   4. **रविकान्तः धनादेशेन सह प्रधानमन्त्रिणः कार्यालयम् ______________ । (Ravikāntaḥ dhanādeśena saha Pradhānamantriṇaḥ kāryālayaṁ ....).**

   5. **वैदेशिकाः अपि अस्यां विपत्तौ सहायताम् ______________ । (Vaideśikāḥ api asyāṁ vipattau sahāyatāṁ ....).**

3. परिशिष्ट-1 में **'सुहृद्'** की सहायता से **'विपद्'** शब्द के रूप लिखिए (Decline **Vipad** like **'Suhṛd'** with the help of appendix-1).

4. निम्नलिखित शब्दों का अपने संस्कृत वाक्यों में प्रयोग कीजिए (Use the following words in your own Sanskrit sentences) :-

   जानासि, पूर्णतः, सहस्रशः, भूमिसात्, अधः, दास्यति, दातुम्, कर्त्तव्यम्, लिखित्वा, चिरम्। (Jānāsi, pūrṇataḥ, sahasraśaḥ, bhūmisāt, adhaḥ, dāsyati, dātum, karttavyam, likhitvā, ciram).

5. निम्नलिखित वाक्यों का अनुवाद कीजिए (Translate the following sentences) :-

   1. **एतादृश्यामवस्थायां किं भवेत्? (Etādṛśyāmavasthāyāṁ kiṁ bhavet?)**

   2. **अस्माकं केन्द्रीयशासनमपि पीडितेभ्यः बहु कार्यं कुर्वदस्ति। (Asmākaṁ kendrīyaśāsanamapi pīḍitebhyaḥ bahu kāryaṁ kurvadasti.)**

   3. **ते मृतानां जनानां शवान् अग्नौ प्रज्वालयन्ति। (Te mṛtānāṁ janānāṁ śavān agnau prajvālayanti.)**

4. **वैदेशिकाः अपि धनेन, अन्नेन, वस्त्रैः परिश्रमेण च सहायतां कुर्वन्तः सन्ति। (Vaideśikāḥ api dhanena, annena, vastraiḥ, pariśramena ca sahāyatām kurvantaḥ santi).**

5. **वाञ्छामि यत् संकटग्रस्तानां स्वदेशवासिनां सहायतायै किंचिद्धनं यच्छेयम्। (Vāñchāmi yat saṁkaṭagrastānāṁ svadeśavāsināṁ sahāyatāyai kiñciddhanaṁ yaccheyam.)**

6. निम्नलिखित शब्दों के मूल शब्द, लिंग, विभक्ति और वचन बताइए (Parse the following words in original words, genders, case-endings and numbers) :–

सुभगे, विनाशकारिणा, एतादृश्याम्, सहायतायै, कुर्वन्तः, प्राप्तवन्तः, मन्त्रिणः। (Subhage, vināśakāriṇā, etādṛśyām, sahāyatāyai, kurvantaḥ, prāptavantaḥ, mantriṇaḥ).

7. संस्कृत में अनुवाद कीजिए (Translate into Sanskrit) :-

1. इस विनाशकारी भूकम्प से हज़ारों लोग मर गये। (Thousands of people died due to this devastating earthquake.)
2. मैं एक चैक प्रधानमन्त्री के राष्ट्रीयकोश के लिए दूँगा। (I shall give a cheque for the National Relief Fund of the Prime Minister.)
3. आपद्ग्रस्त लोगों की सहायता करना हम सभी का कर्त्तव्य है। (It is the duty of all of us to help the sufferers.)
4. आपत्ति में जो सहायता करता है, वही सच्चा मित्र है। (A friend in need is a friend indeed.)
5. हम अपने देशवासियों की सहायता करेंगे। (We shall help our countrymen.)
6. जो नीचे गिरा है, उसे उठाओ। (Take him up who has fallen down.)

त्रयोविंशः दिवसः / तेईसवाँ दिन
Trayoviṁśaḥ Divasaḥ / Twenty Third Day

रोगी चिकित्सकश्च (Rogī Cikitsakaśca)
रोगी और डाक्टर (Patient and Doctor)

रोगी	– (चिकित्सकं प्रति) चिकित्सक महोदय, वन्दे।	Rogī	– (Cikitsakaṁ prati) Cikitsaka mahodaya, vande.
रोगी	– (डाक्टर से) डाक्टर जी, मैं आप को प्रणाम करता हूँ।	Patient	– (To the doctor) Doctor, I greet you.
चिकित्सकः	– किमर्थमागतो भवान्?	Cikitsakaḥ	– Kimarthamāgato bhavān?
डाक्टर	– आप किसलिए आए हैं?	Doctor	– What brings you here?
रोगी	– मम जानुनि पीडा वर्त्तते। चलितुं न शक्नोमि। भवतः सकाशे उपचारायाऽऽगतोऽस्मि।	Rogī	– Mama jānuni pīḍā varttate. Calituṁ na śaknomi. Bhavataḥ sakāśe upacārāyā'gato'smi.

रोगी	— मेरे घुटने में दर्द है। चल नहीं सकता। आपके पास इलाज के लिए आया हूँ।	Patient	— I have pain in my knee. I cannot walk. I have come to you for its treatment.
चिकित्सकः	— उपविशतु भवान् चतुष्किकायाम् (हस्ते लेखनीं गृहीत्वा पत्रे लिखति) भवतः नाम ?	Cikitsakaḥ	— Upaviśatu bhavān catuṣkikāyām. (Haste lekhanīṁ gṛhītvā patre likhati) bhavataḥ nāma?
डाक्टर	— आप स्टूल पर बैठ जाइए। (हाथ में कलम पकड़कर कागज़ पर लिखता है) आपका नाम ?	Doctor	— Please, sit upon the stool. (Taking a pen in his hand, writes on a paper) What is your name?
रोगी	— (उपविश्य) मम नाम रमानाथोऽस्ति।	Rogī	— (Upaviśya) Mama nāma Ramānātho'sti.
रोगी	— (बैठकर) मेरा नाम रमानाथ है।	Patient	— (Sitting) My name is Ramanath.
चिकित्सकः	— किमायुः ?	Cikitsakaḥ	— kimāyuḥ?
डाक्टर	— उम्र कितनी है ?	Doctor	— How old are you?
रोगी	— षष्टिवर्षदेशीयोऽस्मि।	Rogī	— Ṣaṣṭivarṣadeśīyo'smi.
रोगी	— लगभग साठ साल का हूँ।	Patient	— I am about sixty.
चिकित्सकः	— किमेकस्मिन् जानुनि पीडाऽस्ति द्वयोः वा ?	Cikitsakaḥ	— Kimekasmin jānuni pīḍā'sti dvayoḥ vā?
डाक्टर	— क्या एक घुटने में दर्द है, या दोनों में ?	Doctor	— Do you have pain in one knee or in both.
रोगी	— दक्षिणे जानुनि अधिका वामे चाल्पा पीडाऽस्ति ?	Rogī	— Dakṣiṇe jānuni adhikā, vāme cālpā pīḍā'sti.

रोगी	– दाहिने घुटने में अधिक और बायें में थोड़ी पीड़ा है।	Patient	– The right knee has more pain than left one.
चिकित्सकः	– कुत्रचित् प्रतिघातः तु नाभवत्?	Cikitsakaḥ	– Kutracit pratighātaḥ tu nābhavat?
डाक्टर	– कहीं ठोकर तो नहीं लगी?	Doctor	– Did it not get struck against something?
रोगी	– नैव। एकसप्ताहात् पीडया व्याकुलोऽस्मि।	Rogī	– Naiva. Ekasaptāhāt pīḍayā vyākulo'smi.
रोगी	– नहीं। एक हफ्ते से पीड़ा से घबराया हुआ हूँ।	Patient	– Not at all. I have been feeling the pain badly for a week.
चिकित्सकः	– मधुमेहस्तु नास्ति?	Cikitsakaḥ	– Madhumehastu nāsti?
डाक्टर	– शूगर की बीमारी तो नहीं?	Doctor	– Whether there is disease of sugar?
रोगी	– न जानामि। परन्तु कस्य-चित् मित्रस्य परामर्शेन मूत्रपरीक्षणमकारयम्।	Rogī	– Na jānāmi. Parantu kasyacit mitrasya parāmarśena mūtraparīkṣaṇamakārayam.
रोगी	– मैं नहीं जानता। परन्तु किसी मित्र की सलाह से मैंने पेशाब का टैस्ट करवा लिया है।	Patient	– I don't know. But due to the advice of a friend I have got my urine tested.
चिकित्सकः	– परीक्षणस्य विवरणं कुत्रास्ति?	Cikitsakaḥ	– Parīkṣaṇasya vivaraṇaṁ kutrāsti?
डाक्टर	– टैस्ट की रिपोर्ट कहाँ है?	Doctor	– Where is the test-report?
रोगी	– (विवरणपत्रं यच्छन्) इदमस्ति तत्।	Rogī	– (Vivaraṇapatraṁ yacchan) Idamasti tat.

रोगी	– (रिपोर्ट देते हुए) यह है वह रिपोर्ट।	Patient	– (Handing over the report) this is the report.
चिकित्सकः	– (ध्यानेन दृष्ट्वा) मधुमेहस्य प्रकोपोऽस्ति। औषधं तैलं च लिखामि। औषधापणात् क्रीणातु भवान्। औषधं दिवसे द्विवारं गृह्णातु, तैलस्य मर्दनं च शयनकाले प्रतिदिनं जानुनोः करोतु।	Cikitsakaḥ	– (Dhyānena dṛṣṭvā) Madhumehasya prakopo'sti. Auṣadhaṁ tailaṁ ca likhāmi. Auṣadhāpaṇāt krīṇātu bhavān. Auṣadhaṁ divase dvivāraṁ gṛhṇātu, tailasya mardanaṁ ca śayanakāle pratidinaṁ jānunoḥ karotu.
डाक्टर	– (ध्यान से देखकर) शूगर का कष्ट है। मैं दवाई और तेल लिख रहा हूँ। दवाइयों की दुकान से इन्हें आप खरीद लीजिए। दवाई दिन में आप दो बार लें और तेल की मालिश सोते समय हर रोज घुटनों पर करें।	Doctor	– (Looking attentively) There is increased sugar. I am prescribing the medicine and an oil. You may purchase them from any chemist shop. You should take the medicine twice a day and rub the oil daily before going to the bed.
रोगी	– किं भक्षयेयम् किं च न?	Rogī	– Kiṁ bhakṣayeyam kiṁ ca na?
रोगी	– क्या खाऊँ और क्या न खाऊँ?	Patient	– What should I eat and what should I not?
चिकित्सकः	– मिष्टानि वस्तूनि न भक्षयतु भवान्। शर्करा सर्वथा	Cikitsakaḥ	– Miṣṭāni vastūni na bhakṣayatu bhavān.

	त्याज्या। सामान्यं भोजनं कर्त्तव्यम्। किञ्च प्रतिदिनं प्रातःसायं भ्रमणमवश्यं कर्त्तव्यम्।		Śarkarā sarvathā tyājyā. Sāmānyaṁ bhojanaṁ karttavyam. Kiñ ca pratidinaṁ prātaḥ-sāyaṁ bhramaṇamavaśyaṁ karttvyam.
डाक्टर	– आप मीठी वस्तुएँ न खाएँ। शक्कर या चीनी बिल्कुल छोड़ दें। सामान्य भोजन करें। और प्रतिदिन सवेरे और शाम के समय सैर जरूर करें।	Doctor	– You should not take any sweet thing. Sugar is banned completely. Eat ordinary diet. Have walk daily in the morning and in the evening.
रोगी	– चलितुं न शक्नोमि। कथं भ्रमेयम्?	Rogī	– Calituṁ na śaknomi. Kathaṁ bhrameyam?
रोगी	– मैं चल नहीं सकता। सैर कैसे करूँ?	Patient	– I cann't walk. How can I go for a walk?
चिकित्सकः	– यावत् चलितुं शक्नोति भवान्, तावत् शनैः शनैः भ्रमतु। प्रतिदिनं भ्रमणं वर्धयतु। मधुमेहरोगिणे भ्रमणमतीवावश्यकम्।	Cikitsakaḥ	– Yāvat calituṁ śaknoti bhavān, tāvat śanaiḥ śanaiḥ bhramatu. Pratidinaṁ bhramaṇaṁ vardhayatu. Madhumeha-rogiṇe bhramaṇa-matīvāvaśyakam.
डाक्टर	– आप जितना चल सकते हैं, उतना धीरे-धीरे चलें। प्रतिदिन सैर बढ़ाइए। शूगर के रोगी के लिए सैर बहुत ही जरूरी है।	Doctor	– Have a walk slowly as you can. Increase the distance day by day. Walking is very necessary for a patient who is suffering from the sugar-disease.

रोगी	– यतिष्ये। धन्यवादो भवतः। गच्छाम्यधुना औषधक्रयार्थम्। (गच्छति)	**Rogī**	– **Yatiṣye. Dhanyavādo bhavataḥ. Gacchāmyadhunā auṣadha-krayārtham. (gacchati)**
रोगी	– कोशिश करूँगा। आपका धन्यवाद। अब दवाई खरीदने के लिए जाता हूँ। (जाता है।)	Patient	– I shall try. Thank you. Now I am going to buy the medicine. (Goes)

विशेष (Note) :- '**जानु**' शब्द के रूप परिशिष्ट–1 में '**मधु**' शब्द के रूपों को देखकर चलाइए। '**शक्**' धातु के रूप परिशिष्ट–2 में से **प्र** + **आप्** धातु के समान चलाइए। (Like madhu decline **jānu,** and like **pra + āp** conjugate **śak** root).

शब्दकोश = **Vocabulary :-**

चिकित्सकः	**(cikitsakaḥ)**	=	डाक्टर	(doctor)
शक्	**(śak)**	=	सकना	(to be able)
चतुष्किका	**(catuṣkikā)**	=	चौकी, स्टूल	(stool)
षष्टिः	**(saṣṭiḥ)**	=	साठ	(sixty)
दक्षिणः	**(dakṣiṇaḥ)**	=	दायाँ	(right)
प्रतिघातः	**(pratighātaḥ)**	=	टक्कर	(striking)
मर्दनम्	**(mardanam)**	=	मलना, मालिश	(rubbing, massage)
शयनकाले	**(śayanakāle)**	=	सोने के समय	(at sleeping time)
त्याज्या	**(tyājyā)**	=	छोड़ देनी चाहिए	(to be abandoned)
जानु	**(jānu)**	=	घुटना	(knee)
उपचारः	**(upacāraḥ)**	=	इलाज	(treatment)
आयुः	**(Āyuḥ)**	=	उम्र	(age)
वर्षदेशीयः	**(varṣadeśīyaḥ)**	=	सालों का लगभग	(of years about)
वामः	**(vāmaḥ)**	=	बायाँ	(left)

मधुमेहः	(madhumehaḥ)	=	शूगर की बीमारी	(disease of sugar)
शर्करा	(śarkarā)	=	शक्कर, चीनी	(sugar)
वर्धय्	(vardhay)	=	बढ़ाना	(to add)

अभ्यासः (Exercise)

1. निम्नलिखित प्रश्नों के संस्कृत में उत्तर दीजिए (Answer the following questions in Sanskrit) :-
   1. **रमानाथः चिकित्सकस्य सकाशे किमर्थं गतः ? (Ramānāthaḥ cikitsakasya sakāśe kimarthaṁ gataḥ?)**
   2. **तस्य कस्मिन् जानुनि पीडाऽधिका आसीत्? (Tasya kasmin jānuni piḍā'dhikā āsīt?)**
   3. **तस्य किम् आयुः आसीत्? (Tasya kim āyuḥ āsīt?)**
   4. **कस्मात् कालात् सः पीडया व्याकुलः आसीत्? (Kasmāt kālāt saḥ pīḍayā vyākulaḥ āsīt?)**
   5. **सः कस्य परामर्शेन मूत्रपरीक्षणमकारयत्? (Saḥ kasya paramarśena mūtra-parīkṣaṇamakārayat)?**
   6. **चिकित्सकः कानि वस्तूनि खादितुं निषिद्धानि अकरोत्? (Cikitsakaḥ kāni vastūni khādituṁ niṣiddhāni akarot?)**
   7. **प्रातःसायं किं कर्तुं चिकित्सकः अकथयत्? (Prātaḥ-sāyaṁ kiṁ kartuṁ cikitsakaḥ akathayat?)**

2. निम्नलिखित शब्दों का सन्धिच्छेद कीजिए (Disjoin the following words) :-
   उपचारायागतोऽस्मि (upacārāyāgato'smi), मधुमेहस्तु (madhumehastu), किञ्च (kiñca), गच्छाम्यधुना (gacchāmyadhunā).

3. निम्नलिखित शब्दों के मूल शब्द, लिंग, विभक्ति और वचन लिखिए (Write the original words, genders, case-endings and numbers of the following words) :-
   जानुनि, भवतः, मम, पीडया, कस्यचित्, यच्छन्। (januni, bhavataḥ, mama, pīḍayā, kasyacit, yacchan.)

4. **'शक्'** धातु के लट् लकार में पूरे रूप लिखिए। (Conjugate completely 'śak' root in **laṭ lakāra**.)

5. निम्नलिखित वाक्यों का अनुवाद कीजिए (Translate the following) :-
   1. भवतः सकाशे उपचारायाऽऽगतोऽस्मि। (Bhavataḥ sakāśe upacārāyā'gato'smi.)
   2. कुत्रचित् प्रतिघातः तु नाभवत्? (Kutracit pratighātaḥ tu nābhavat?)
   3. विवरणपत्रं यच्छन्—इदमस्ति तत्। (Vivaraṇapatraṁ yacchan—idamasti tat.)
   4. तैलस्य मर्दनं भवान् प्रतिदिनं करोतु। (Tailasya mardanaṁ bhavān pratidinaṁ karotu).
   5. मधुमेहरोगिणे भ्रमणमतीवावश्यकम्? (Madhumeharogiṇe bhramaṇamatīvāvaśyakam).

6. संस्कृत में अनुवाद कीजिए (Translate into Sanskrit) :-
   1. रोगी हस्पताल को इलाज के लिए जाते हैं। (Patients go to the hospital for treatment.)
   2. उसकी आयु लगभग साठ साल की है। (He is about sixty.)
   3. सिर की पीड़ा से मेरा मित्र व्याकुल था। (My friend was suffering from headache.)
   4. वह दोनों घुटनों को झुका नहीं सकता। (He is unable to bend both of his knees.)
   5. तू जितना पढ़ सकता है, उतना पढ़ ले। (You should read as much as you can.)
   6. मैं नहीं जानता कि मेरा भाई कहाँ है। (I don't know where my brother is.)
   7. आप उससे मेरी पुस्तक ले लें। (Take my book from him.)
   8. मैं क्या खाऊँ, जिससे स्वस्थ हो जाऊँ? (What should I eat, so that I may become healthy?)

चतुर्विंशः दिवसः / चौबीसवाँ दिन
Caturviṁśaḥ Divasaḥ — Twenty-fourth Day

विमानेनोड्डयनम् (Vimānenoḍḍayanam)
विमान से उड़ान (A flight by aeroplane)

कमला – प्रिय! किमस्माकं दृष्टांकं प्रपत्रं सज्जमभवत्?

कमला – प्रिय! क्या हमारा वीसा तैयार हो गया है?

कृष्णः – दृष्टांकमपि सज्जम्, वायुयान-चिटिकापत्रमपि सज्जम्। ह्यः एवाहमेतत् कार्यद्वयं कृतवान्। अद्य च सायंकालेऽस्माकं विमान-मुड्डयनं करिष्यति।

Kamalā – Priya! Kimasmākaṁ dṛṣṭāṅkaṁ prapatraṁ sajjamabhavat?

Kamala – Dear, is our visa ready?

Kṛṣṇaḥ – Dṛṣṭāṅkamapi sajjam, vāyuyānaciṭikāpatramapi sajjam. Hyaḥ evāhametat kāryadvayaṁ kṛtavān. Adya ca sāyaṁkāle'smākaṁ vimānamuḍḍayanaṁ kariṣyati.

कृष्ण - वीसा भी तैयार है और हवाई जहाज़ की टिकट भी तैयार है। कल ही मैंने ये दोनों कार्य कर लिए थे। और आज शाम को हमारा विमान उड़ान भरेगा।

Krishna – Not only the visa, but also our aeroplane ticket is ready. These two jobs I had completed yesterday only. And today our plane will take the flight.

कमला - तर्हि भवतः बालकस्य च वस्त्राणि सज्जीकरोमि। मम वस्त्राणि तु पूर्वमेव सज्जितानि। कदा न्यूयार्कं प्राप्स्यामः?

Kamalā – Tarhi bhavataḥ bālakasya ca vastrāṇi sajjīkaromi. Mama vastrāṇi tu pūrvameva sajjitāni. Kadā Nyūyārkaṁ prāpsyāmaḥ?

कमला - तब तो आप के और बालक के कपड़े तैयार करती हूँ। मेरे कपड़े तो पहले से ही तैयार हैं। हम कब न्यूयार्क पहुँचेंगे?

Kamala – Then I will set your garments and those of the boy as well. My clothes are already set. When do we reach NewYork?

कृष्णः - श्वः एव न्यूयार्कं प्राप्स्यामः। प्रियपुत्रः शशि कासेन पीडितः अस्ति। तस्मै औषधमानीतं वर्त्तते। परं तदौषधं मधुना सह दातव्यमस्ति। मधु क्रीत्वाऽऽनयामि। (गच्छति।)

Kṛṣṇaḥ – Śvaḥ eva Nyūyārkaṁ prāpsyāmaḥ. Priyaputraḥ Śaśi kāsena pīḍitaḥ asti. Tasmai auṣadhamānītaṁ varttate. Paraṁ tadauṣadhaṁ madhunā saha dātavyamasti. Madhu krītvā'nayāmi. (Gacchati)

कृष्ण - हम कल ही न्यूयार्क पहुँच जाएँगे। प्यारा पुत्र शशी खाँसी से कष्ट में है। उसके लिए दवाई तो लाई हुई है। परन्तु वह दवाई शहद के साथ

Krishna – We shall reach NewYork by tomorrow. Dear son Shashi is suffering from cough.I have brouht medi-

	देनी है। शहद खरीद कर लाता हूँ। (जाता है।)		cine for him but this medicine is to be given with honey. So I am going to purchase it. (Goes)
कमला -	प्रियपुत्र शशिन्! सायंकाले वयं त्रयः एव विमानेन न्यूयार्कं गमिष्यामः। त्वं सज्जो भव।	Kamalā -	Priyaputra Śaśin! Sāyaṁkāle vayaṁ trayaḥ eva vimānena Nyūyārkaṁ gamiṣyāmaḥ. Tvaṁ sajjo bhava.
कमला -	प्रिय बेटे शशि! शाम के समय हम तीनों ही हवाई जहाज़ द्वारा न्यूयार्क जाएँगे। तू तैयार हो जा।	Kamala -	Dear son Shashi! All of us three will go by a plane to NewYork. You should be ready.
शशि -	अहं सज्ज एवास्मि। कासस्यौषधं मधुना सह भक्षयित्वा नीरोगः भविष्यामि। पुनस्तु विमानयात्रा सुखेन भविष्यति।	Śaśi -	Ahaṁ sajja evāsmi. Kāsasyauṣadhaṁ madhunā saha bhakṣayitvā nīrogaḥ bhaviṣyāmi. Punastu vimānayātrā sukhena bhaviṣyati.
शशि -	मैं तैयार ही हूँ। खाँसी की दवाई शहद के साथ खाकर स्वस्थ हो जाऊँगा। फिर तो विमान की यात्रा सुखपूर्वक होगी।	Shashi -	I am just ready. I shall regain my health after taking the medicine with honey. Then the journey by the plane will be comfortable.
कृष्णः -	(विपण्याः प्रत्यागच्छति। कमलां प्रति) प्रिये! सायंकालेऽष्टवादनकाले भाटकयानमत्र प्राप्स्यति। यानस्वामिनेऽहमग्रिमं भाटकं	Kṛṣṇaḥ -	(Vipaṇyāḥ pratyāgacchati. Kamalāṁ prati) Priye! sāyaṁkāle'ṣṭavādanakāle bhāṭakayāna-

दत्तवान्। तेनैव यानेन वयं वायुयानपत्तनं गमिष्यामः।

matra prāpsyati. Yānasvāmine'hamagrimaṁ bhāṭakaṁ dattavān. Tenaiva yānena vayaṁ vāyuyānapattanaṁ gamiṣyāmaḥ.

कृष्ण – (बाज़ार से लौट आता है। कमला से) प्रिये, शाम के समय आठ बजे टैक्सी यहाँ पहुँचेगी। टैक्सी के मालिक को मैंने पेशगी किराया दे दिया है। उसी टैक्सी से हम विमान के अड्डे पर जाएँगे।

Krishna – (Comes back from the market. To Kamala) Darling, a taxi will reach here at eight O'clock in the evening. I have paid its fare in advance. That taxi will take us to the aerodrome.

(सायंकालो भवति। अष्टवादनकाले भाटकयानमागच्छति। कृष्णः, कमला, शशी च तदारोहन्ति। वायुयानपत्तनं प्राप्य ते वायुयानमारोहन्ति। यथाकालं च वायुयानस्योड्डयनं भवति।)

(Sāyaṁkālo bhavati. Aṣṭavādanakāle bhātakayānamāgacchati. Kṛṣṇaḥ, Kamalā Śaśī ca tadārohanti. Vāyuyānapattanaṁ prāpya te vāyuyānamārohanti. Yathākālaṁ ca vāyuyānasyoḍḍayanaṁ bhavati).

(शाम का समय होता है। आठ बजे टैक्सी आ जाती है। कृष्ण, कमला और शशी उस पर चढ़ जाते हैं। विमान के अड्डे पर पहुँचकर वे जहाज़ पर चढ़ जाते हैं और समयानुसार जहाज़ की उड़ान होती है।)

(It becames evening time. The taxi reaches at eight O'clock. Krishna, Kamala and Shashi get into it. After reaching the aerodrome, they get seats in the plane and at due time the aeroplane flies.)

विशेष (Note) :- उकारान्त नपुंसकलिंग शब्दों के रूप **'मधु'** के रूपों के समान चलते हैं। परिशिष्ट – 1 से **'मधु'** के रूप समझ लीजिए। (Words of neuter gender ending in u are declined like **'madhu'**. Understand the declensions of **'madhu'** from appendix-1).

शब्दकोश = Vocabulary :-

दृष्टाङ्कम्	(dṛṣṭāṅkam)	=	वीसा	(visa)
ह्यः	(hyaḥ)	=	बीता कल	(yesterday)
उड्डयनम्	(uḍḍayanam)	=	उड़ान	(flight)
मधु	(madhu)	=	शहद	(honey)
प्रति + आ + गम्	(prati + ā + gam)	=	लौटना	(to come back)
अष्टवादनकाले	(aṣṭavādanakāle)	=	आठ बजे	(at eight O'clock)
अग्रिम	(agrima)	=	पेशगी	(advance)
श्वः	(śvaḥ)	=	आने वाला कल	(tomorrow)
चिटिकापत्रम्	(citikāpatram)	=	टिकट	(ticket)
कार्यद्वयम्	(kāryadvayam)	=	दोनों काम	(both works)
कासः	(kāsaḥ)	=	खाँसी	(cough)
दातव्यमस्ति	(dātavyamasti)	=	देना है	(to be given)
वायुयानपत्तनम्	(vāyuyānapattanam)	=	विमानपत्तन	(aerodrome)

अभ्यासः (Exercise)

1. निम्नलिखित प्रश्नों के उत्तर संस्कृत में दीजिए (Answer the following questions in Sanskrit) :-

   1. अस्मिन् पाठे कः भर्ता, का भार्या कः च पुत्रः? (Asmin pāṭhe kaḥ bhartā, kā bhāryā, kaḥ ca putraḥ?)
   2. ते कुत्र गन्तुमुद्यताः सन्ति? (Te kutra gantumudyatāḥ santi?)
   3. कृष्णः कस्मै मधु आनीतवान्? (Kṛṣṇaḥ kasmai madhu ānītavān?)
   4. शशी केन पीडितः आसीत्? (Śaśī kena pīḍitaḥ āsīt?)
   5. विमानानि कुत्र तिष्ठन्ति? (Vimānāni kutra tiṣṭhanti?)
   6. कृष्णः अग्रिमं भाटकं कस्मै दत्तवान्? (Kṛṣṇaḥ agrimaṁ bhāṭakaṁ kasmai dattavān?)

2. निम्नलिखित वाक्यों का अनुवाद कीजिए (Translate the following sentences) :-

   1. किमस्माकं दृष्टाङ्कं सज्जमभवत्? (Kimasmākaṁ dṛṣṭāṅkaṁ sajjamabhavat?)

2. ह्यः एवाहं कार्यद्वयं कृतवान्। (Hyaḥ evāhaṁ kāryadvayaṁ kṛtavān.)
3. श्वः एव न्यूयार्कं प्राप्स्यामः। (Śvaḥ eva Nyūyārkaṁ prapsyāmaḥ.)
4. परं तदौषधं मधुना सह दातव्यमस्ति। (Paraṁ tadauṣadhaṁ madhunā saha dātavyamasti.)
5. कासस्यौषधं मधुना सह भक्षयित्वा नीरोगः भविष्यामि। (Kāsasyauṣadhaṁ madhunā saha bhakṣayitvā nīrogaḥ bhaviṣyāmi.)
6. यथाकालं च वायुयानस्योड्डयनं भवति। (Yathākālaṁ ca vāyuyānasyoḍḍayanaṁ bhavati.)

3. निम्नलिखित शब्दों के निर्दिष्ट विभक्तियों में रूप लिखिए (Write the declensions of the following words in the case-endings shown with then) :-
कृतवत् - पुं. प्रथमा, भवत् - पुं. द्वितीया, अस्मद् - तृतीया, शशिन् - सम्बोधन, मधु - चतुर्थी, यात्रा स्त्री. - पञ्चमी, विपणि स्त्री. - षष्ठी, एतत् - नपुं. द्वितीया। (Kṛtavat - mas. I, bhavat - mas. II, asmad - III, śaśin - vocative, madhu - IV, yātrā - fem. V, vipaṇi - fem. VI, etat - neut. II).

4. निम्नलिखित धातुरूपों के धातु, लकार, पुरुष और वचन बताइए (Tell the roots, lakāras, persons and numbers of the following verbs) :-
अभवत् (abhavat), करिष्यति (kariṣyati), करोमि (karomi), प्राप्स्यामः (prāpsyāmaḥ), वर्त्तते (varttate), प्रत्यागच्छति (pratyāgacchati), गमिष्यामः (gamiṣyāmaḥ), आरोहन्ति (ārohanti).

5. संस्कृत में अनुवाद कीजिए (Translate into Sanskrit) :-
1. वहाँ एक दुर्घटना हो गई। (An accident took place there.)
2. जो परिश्रम करेगा, वही सुख पायेगा। (One, who works hard will be happy.)
3. मैं आपके साथ ही कार्य करूँगा। (I shall work with you only.)
4. इस कुएँ (कूपे) में पानी नहीं है। (There is no water in this well.)
5. जैसे वानर वृक्षों पर चढ़ते हैं, वैसे ही तू भी चढ़ता है। (As the monkeys climb up the trees, in the same manner you also climb.)
6. पुस्तकें खरीद कर घर जा। (Go to your house after purchasing the books.)
7. हमारे घर में पाँच सदस्य हैं। (There are five members in our house.)
8. भोजन खाकर मैं खेलने जाऊँगा। (I shall go to play after taking my meals.)

पञ्चविंशः दिवसः पच्चीसवाँ दिन

Pañcaviṁśaḥ Divasaḥ Twenty Fifth Day

प्रेरकाः श्लोकाः (Prerakāḥ Ślokāḥ)

प्रेरक श्लोक (Instigator Verses)

नमन्ति फलिनो वृक्षाः, नमन्ति गुणिनो जनाः।
शुष्कवृक्षाश्च मूर्खाश्च, न नमन्ति कदाचन॥ १॥

Namanti phalino vṛkṣāḥ, namanti guṇino janāḥ I
Śuṣkavṛkṣāśca mūrkhāśca, na namanti kadācana II

फलदार पेड़ झुक जाते हैं, गुणवान् व्यक्ति नम्र हो जाते हैं। परन्तु सूखे पेड़ और मूर्ख लोग नम्र नहीं होते; वे नहीं झुकते।

The trees having fruits bow down, the meritorious persons are polite but the dry trees and fools never bow down and show politeness.

विद्या ददाति विनयं, विनयाद् याति पात्रताम्।
पात्रत्वाद्धनमक्षय्यम्, धनाद्धर्मः ततः सुखम्॥ २॥

Vidyā dadāti vinayaṁ, vinayād yāti pātratām I
Pātratvāddhanamakṣayyam, dhanāddharmaḥ tataḥ sukham II

विद्या विनय को देती है, विनय से मनुष्य योग्यता को पा लेता है, योग्य होने से स्थायी धन की प्राप्ति हो जाती है। फिर धन से धर्म किया जाता है और धर्म के कार्यों से सुख मिलता है।

Education yields politeness, politeness makes a man deserving, a deserving man gets money, money becomes helpful in religious works and these works give happiness.

अयं निजः परो वेति, गणना लघुचेतसाम्।
उदारचरितानां तु, वसुधैव कुटुम्बकम्॥ ३॥

Ayaṁ nijaḥ paro veti, gaṇanā laghucetasām I
Udāracaritānāṁ tu, vasudhaiva kuṭumbakam II

यह अपना है या दूसरे का है, इस प्रकार का भेद-भाव छोटे दिल वालों में होता है। उदार आचरण वालों के लिए तो सारी पृथ्वी ही अपना परिवार-सा होता है।

This is mine and that is of others, such kind of discrimination remains in the minds of lowhearted persons. For the persons who are generous, the whole earth is like their own family.

यथा खनन् खनित्रेण, नरो वार्यधिगच्छति।
तथा गुरुगतां विद्याम्, शुश्रूषुरधिगच्छति॥ ४॥

Yathā khanan khanitreṇa, naro vāryadhigacchati I
Tathā gurugatāṁ vidyāṁ, śuśrūṣuradhigacchati II

जैसे कुदाल से खोदता हुआ मनुष्य भूमि से पानी प्राप्त कर लेता है, उसी प्रकार सेवा करने वाला व्यक्ति गुरु में स्थित विद्या को पा लेता है।

As a man gets water from the earth by digging it with a hoe, in the same manner one who serves his teacher well, receives education by his grace.

उद्यमेन हि सिध्यन्ति कार्याणि न मनोरथैः।
न हि सुप्तस्य सिंहस्य प्रविशन्ति मुखे मृगाः॥ ५॥

Udyamena hi sidhyanti kāryāṇi na manorathaiḥ I
Na hi suptasya siṁhasya praviśanti mukhe mṛgāḥ II

सभी कार्य मेहनत से ही सिद्ध होते हैं, चाहने मात्र से नहीं। सोए हुए शेर के मुख में प्राणी स्वयं नहीं आ घुसते।

Hard work is the key to success in all works. Animals never enter into the mouth of a lion by themselves.

काव्यशास्त्रविनोदेन कालो गच्छति धीमताम्।
व्यसनेन तु मूर्खाणां, निद्रया कलहेन वा॥ ६॥

Kāvya-śāstravinodena kālo gacchati dhīmatām I
Vyasanena tu mūrkhāṇāṁ, nidrayā kalahena vā II

बुद्धिमानों का समय साहित्य तथा धार्मिक पुस्तकों का आनन्द लेते हुए बीतता है परन्तु मूर्खों का समय किसी बुरी आदत, नींद या लड़ाई-झगड़े द्वारा बीतता है।

The time of wisemen is spent in the entertainment through literature or good books, but the fools spend it in addiction, sleep or fighting.

एक एव सुहृद्धर्मो निधनेऽप्यनुयाति यः।
शरीरेण समं नाशं सर्वमन्यत्तु गच्छति॥ ७॥

Eka eva suhṛddharmo nidhane'pyanuyāti yaḥ I
Śarīreṇa samaṁ nāśaṁ, sarvamanyattu gacchati II

केवल धर्म ही एक ऐसा मित्र है, जो मरने पर साथ जाता है। शेष अन्य सब शरीर के साथ ही नष्ट हो जाता है।

Morality is only such a friend who accompanies with a man when he dies. All other things perish when this body is destroyed.

स्वमांसं परमांसेन, यो वर्धयितुमिच्छति।
नास्ति क्षुद्रतरस्तस्मात्, स नृशंसतरो नरः॥ ८॥

Svamāṁsaṁ paramāṁsena, yo vardhayitumicchati I
Nāsti kṣudratarastasmāt, sa nṛśaṁsataro naraḥ II

दूसरे के मांस से जो अपना मांस बढ़ाना चाहता है, उससे नीच कोई नहीं है। वह मनुष्य तो बहुत ही क्रूर है।

One who wishes to add to his own flesh by eating the meat of others, is a mean fellow and no body is more cruel than him.

मातृवत्परदारेषु, परद्रव्येषु लोष्ठवत्।
आत्मवत् सर्वभूतेषु, यः पश्यति सः पण्डितः॥ ९॥

Mātṛvatparadāreṣu, paradravyeṣu loṣṭhavat I
Ātmavat sarvabhūteṣu, yaḥ pāśyati saḥ paṇḍitaḥ II

जो व्यक्ति दूसरों की पत्नियों को माता के समान, दूसरे के धन को ढेले के समान और सब प्राणियों को अपने समान समझता है, वही वस्तुतः ज्ञानी है।

The person who considers the wives of others as his mothers, who looks at the wealth of others as a lump of earth and one who regards all creatures like himself is really a wiseman.

सन्तुष्टो भार्यया भर्ता, भर्त्रा भार्या तथैव च।
यस्मिन्नेव कुले नित्यं, कल्याणं तत्र वै ध्रुवम्॥ १०॥

Santuṣṭo bhāryayā bhartā, bhartrā bhāryā tathaiva ca I
Yasminneva kule nityaṁ, kalyāṇaṁ tatra vai dhruvam II

जिस परिवार में पत्नी से पति और पति से पत्नी सदा सन्तुष्ट रहते हैं, वहाँ निश्चितरूप से कल्याण ही होता है।

Indeed eternal happiness stays for ever in that family, in which husband is pleased with the wife and so the wife is pleased with her husband.

विशेष (Note) :- **'वारि'** नपुंसकलिंग ह्रस्व 'इ' वाले शब्द के रूप परिशिष्ट-1 में देखें। (See the declension of **'vāri'** ending in short i may be noted from the appendix-1).

शब्दकोश = Vocabulary :-

कदाचन	**(kadācana)**	=	कभी भी	(ever)
विनयः	**(vinayaḥ)**	=	नम्रता	(politeness)
पात्रता	**(pātratā)**	=	योग्यता	(deservingness)
लघुचेतसाम्	**(laghucetasām)**	=	छोटे दिल वालों का	(of low-minded)
वसुधा	**(vasudhā)**	=	पृथ्वी	(earth)
अधि + गम्	**(adhi + gam)**	=	पाना	(to get)
सिध्	**(sidh)**	=	सिद्ध होना	(to get success)
धीमत्	**(dhīmat)**	=	बुद्धिमान्	(wise)
कलहः	**(kalahaḥ)**	=	झगड़ा	(fight, quarrel)
निधनम्	**(nidhanam)**	=	मृत्यु	(death)
नृशंसतरः	**(nṛśaṁsataraḥ)**	=	अधिक जालिम	(more cruel)
वै	**(vai)**	=	निश्चय से	(certainly)
ददाति	**(dadāti)**	=	देती है	(gives)
याति	**(yāti)**	=	जाता है, प्राप्त करता है	(gains)
अक्षय्यम्	**(akṣayyam)**	=	स्थायी	(permanent)
वारि	**(vāri)**	=	पानी	(water)
शुश्रूषुः	**(śuśrūṣuḥ)**	=	सेवा करने वाला, ध्यान से सुनने वाला	(one who serves, desirious of hearing)
व्यसनम्	**(vyasanaṁ)**	=	ऐब	(addiction)
सुहृद्	**(suhṛd)**	=	मित्र	(friend)
अनु + या	**(anu + yā)**	=	पीछे जाना	(to follow)
ध्रुवम्	**(dhruvam)**	=	स्थायी	(permanent)

अभ्यासः (Exercise)

1. निम्नलिखित शब्दों का सन्धिच्छेद कीजिए (Disjoin the following words) :-

फलिनो वृक्षाः, मूर्खाश्च, धनाद्धर्मः, परो वेति, वसुधैव, वार्यधिगच्छति, शुश्रूषुरधिगच्छति, एक एव, निधनेऽप्यनुयाति, क्षुद्रतरस्तस्मात्, तथैव, यस्मिन्नेव। (Phalino vṛkṣāḥ, mūrkhāśca, dhanāddharmaḥ, paro veti, vasudhaiva, vāryadhigacchati, śuśrūṣuradhigacchati, eka eva, nidhane'pyanuyāti, kṣudratarastasmāt, tathaiva, yasminneva).

2. निम्नलिखित प्रश्नों के संस्कृत में उत्तर लिखिए (Answer the following questions in Sanskrit) :-

   1. **के न नमन्ति? (Ke na namanti?)**
   2. **विद्या किं ददाति? (Vidyā kiṁ dadāti?)**
   3. **केषां वसुधैव कुटुम्बकम् भवति? (Keṣāṁ vasudhaiva kuṭumbakaṁ bhavati?)**
   4. **गुरुगतां विद्यां कः अधिगच्छति? (Gurugatāṁ vidyāṁ kaḥ adhigacchati?)**
   5. **कार्याणि केन सिध्यन्ति? (Kāryāṇi kena sidhyanti?)**
   6. **धीमताम् कालः केन गच्छति? (Dhīmatāṁ kālaḥ kena gacchati?)**
   7. **निधनेऽपि कः अनुयाति? (Nidhane'pi kaḥ anuyāti?)**
   8. **नृशंसतरः नरः कः अस्ति? (Nṛśaṁsataraḥ naraḥ kaḥ asti?)**
   9. **पण्डितः परदारेषु किंवत् पश्यति? (Paṇḍitaḥ paradāreṣu kiṁvat paśyati?)**
   10. **कस्मिन् कुले कल्याणं ध्रुवं भवति? (Kasmin kule kalyāṇaṁ dhruvaṁ bhavati?)**

3. छठे, आठवें और दसवें श्लोकों के अर्थ लिखिए। (Write the meanings of sixth, eighth and tenth verses.)

4. 'वारि' शब्द के पूरे रूप लिखिए। (Decline **vāri** completely.)

5. निम्नलिखित शब्दों का अपने वाक्यों में प्रयोग कीजिए। (Use the following words in your own sentences) :-

कदाचन, एव, यथा - तथा, वर्धयितुम्, लोष्ठवत्, वसुधा। (kadācana, eva, yathā - tathā, vardhayitum, loṣṭhavat, vasudhā.)

6. निम्नलिखित शब्दों के मूल शब्द, विभक्ति और वचन बताइए (Tell the original words, case-endings and numbers of the following words) :-
विनयात्, अयम्, खनित्रेण, वारि, सिंहस्य, धीमताम्, निद्रया, सुहृत्, तस्मात्, भार्यया, भर्त्रा। (Vinayāt, ayam, khanitreṇa, vāri, siṁhasya, dhīmatām, nidrayā, suhṛt, tasmāt, bhāryayā, bhartrā).

7. संस्कृत में अनुवाद कीजिए (Translate into Sanskrit) :-
   1. सीता निज पति के साथ वन को गई। (Sita went to the forest with her husband.)
   2. वारि में कमल खिलते हैं। (Lotuses bloom in water.)
   3. बुद्धिमान् सोचकर ही कार्य करते हैं। (Wise persons do their work after thinking.)
   4. सुकरात की भार्या क्रूर थी। (The wife of Sukarat was cruel.)
   5. श्रेष्ठ पुरुष दूसरे के धन को ढेले के समान देखते हैं। (Good persons look at the money of others like a lump of earth.)
   6. फलदार वृक्ष झुक जाते हैं। (The trees having fruits bow down.)
   7. मनुष्य धन से ही धर्म के कार्य करता है। (A man does the charity works with his money only.)
   8. कार्य तो उद्यम से ही सिद्ध होते हैं। (Works are completed by hard work only.)

परिशिष्ट – 1
Appendix - I

संज्ञाओं तथा सर्वनामों की रूपावली
(Declension of nouns and pronouns)

संज्ञाओं या सर्वनामों के रूपों को समझने से पूर्व निम्नलिखित बातें जान लेनी चाहिए। (For understanding the declensions of nouns and pronouns one must know the following things) :-

(1) रूप सात विभक्तियों और तीन वचनों में चलते हैं। सम्बोधन प्रथमा विभक्ति का ही एक रूप है। (Declensions occur in 7 case-endings and three numbers. Vocative case is similar to first case-ending except in singular number).

(2) सर्वनामों का सम्बोधन नहीं होता। (Pronouns are not declined in vocative).

(3) प्रत्येक विभक्ति प्रायः निम्नलिखित अर्थों में प्रयुक्त होती है। (Each case-ending is generally used in the following meanings) :-

प्रथमा विभक्ति — कर्ता के रूप में। इसका चिह्न कोई नहीं होता या 'ने' के अर्थ में होता है। (I case-ending is used with the subject and has no symbol).

द्वितीया विभक्ति — कर्म के रूप में। इसका चिह्न 'को' या कुछ नहीं होता। (II case-ending is used with an object. Its symbol is 'to' or nothing).

तृतीया विभक्ति — इसका चिह्न 'से, के साथ' या 'के द्वारा' का अर्थ देता है और यह साधन बताती है। (III case-ending denotes instrument and is used in the sense of 'with' or 'by'.

चतुर्थी विभक्ति — इसका चिह्न 'के लिए' या 'को' का अर्थ देता है। (IV case-ending is used in the sense of 'for' or 'to'.

पञ्चमी विभक्ति — अलगाव को बताने वाले 'से' के अर्थ में इसका प्रयोग होता है, जैसे 'वृक्षात् पतति।' (V case-ending is used in the sense of 'from'.

षष्ठी विभक्ति — इसका प्रयोग 'का, के, की, रा, रे, री' के अर्थों में होता है। (VI case-ending is used in the sense of 'of' and denotes possessive case).

सप्तमी विभक्ति — इसका प्रयोग 'में, पर' के अर्थों में होता है। (VII case-ending is used in the sense of 'on, at, in' or 'within'.

सम्बोधन — यह किसी को पुकारने के अर्थ में प्रयुक्त होता है। (This case-ending is used as vocative).

1. अकारान्त पुं. 'देव' शब्द
'Deva' masculine word ending in 'a'

विभक्ति Case-ending	एकवचन Singular	द्विवचन Dual	बहुवचन Plural
प्रथमा I	देवः devaḥ	देवौ devau	देवाः devāḥ
द्वितीया II	देवम् devam	देवौ devau	देवान् devān
तृतीया III	देवेन devena	देवाभ्याम् devābhyām	देवैः devaiḥ
चतुर्थी IV	देवाय devāya	देवाभ्याम् devābhyām	देवेभ्यः devebhyaḥ
पञ्चमी V	देवात् devāt	देवाभ्याम् devābhyām	देवेभ्यः devebhyaḥ
षष्ठी VI	देवस्य devasya	देवयोः devayoḥ	देवानाम् devānām
सप्तमी VII	देवे deve	देवयोः devayoḥ	देवेषु deveṣu
सम्बोधन Vocative	हे देव He deva	हे देवौ He devau	हे देवाः He devāḥ

इसी प्रकार **'अ'** से समाप्त होने वाले सभी पुं. शब्दों के रूप चलेंगे, परन्तु जिन शब्दों के मध्य में **र्, ष्** या **ऋ** आएँगे प्राय: उनके स्वरयुक्त **न्** को **ण्** हो जाएगा। जैसे – **पुरुषाणाम्, वृक्षेण**। पूरा नियम-सन्धि प्रकरण में पढ़ लीजिए। (In the same manner all the words of masculine gender ending in **'a'** are declined, but the words which have **'r, ṛ** or **ṣ'** ending in vowel, their **'n'** is changed into **'ṇ'**; as **puruṣāṇam, vṛkṣeṇa.** The complete rule is given in sandhi-rules).

---

2. अकारान्त नपुं. 'फल' शब्द
'Phala' neuter gender ending in 'a'

विभक्ति Case-ending	एकवचन Singular	द्विवचन Dual	बहुवचन Plural
प्रथमा I	फलम् phalam	फले phale	फलानि phalāni
द्वितीया II	फलम् phalam	फले phale	फलानि phalāṇi
सम्बोधन Vocative	हे फल He phala	हे फले He phale	हे फलानि He phalāni

शेष रूप 'देव' के समान ही है। न् को ण् का नियम यहाँ भी लगेगा और 'पत्र-पत्राणि, पुष्प-पुष्पाणि' रूप बनेंगे। (The rest of the declensions are like that of **'Deva'**. The rule of **n** into **ṇ** is the same as above; as **patrāṇi, puṣpāṇi**).

---

3. आकारान्त स्त्रीलिंग 'लता' शब्द
Feminine word 'latā' ending in 'ā'

विभक्ति **Case-ending**	एकवचन **Singular**	द्विवचन **Dual**	बहुवचन **Plural**
प्रथमा **I**	लता **latā**	लते **late**	लताः **latāḥ**
द्वितीया **II**	लताम् **latām**	लते **late**	लताः **latāḥ**
तृतीया **III**	लतया **latayā**	लताभ्याम् **latābhyām**	लताभिः **latābhiḥ**
चतुर्थी **IV**	लतायै **latāyai**	लताभ्याम् **latābhyām**	लताभ्यः **latābhyaḥ**
पञ्चमी **V**	लतायाः **latāyāḥ**	लताभ्याम् **latābhyām**	लताभ्यः **latābhyaḥ**
षष्ठी **VI**	लतायाः **latāyāḥ**	लतयोः **latayoḥ**	लतानाम् **latānām**
सप्तमी	लतायाम् **latāyām**	लतयोः **latayoḥ**	लतासु **latāsu**
सम्बोधन **Vocative**	हे लते **He late**	हे लते **He late**	हे लताः **He latāh**

इसी प्रकार सभी 'आ' से समाप्त होने वाले स्त्रीलिंग शब्दों के रूप होंगे। यहाँ भी न् को ण् का नियम लगेगा। जैसे - **रमाणाम्, क्रियाणाम्**। (In the same way all other feminine words ending in **'ā'** are declined. The rule of **ṇ** to **n** is the same; as - **Ramāṇām, kriyāṇām**).

---

4. इकारान्त पुं. 'मुनि' शब्द
'Muni' mas. ending in short 'i'

विभक्ति **Case-ending**	एकवचन **Singular**	द्विवचन **Dual**	बहुवचन **Plural**
प्रथमा **I**	मुनिः **muniḥ**	मुनी **munī**	मुनयः **munayaḥ**
द्वितीया **II**	मुनिम् **munim**	मुनी **munī**	मुनीन् **munīn**

तृतीया III	मुनिना muninā	मुनिभ्याम् munibhyām	मुनिभिः munibhiḥ
चतुर्थी IV	मुनये munaye	मुनिभ्याम् munibhyām	मुनिभ्यः munibhyaḥ
पञ्चमी V	मुनेः muneḥ	मुनिभ्याम् munibhyām	मुनिभ्यः munibhyaḥ
षष्ठी VI	मुनेः muneḥ	मुन्योः munyoḥ	मुनीनाम् munīnām
सप्तमी VII	मुनौ munau	मुन्योः munyoḥ	मुनिषु muniṣu
सम्बोधन Vocative	हे मुने He mune	हे मुनी He munī	हे मुनयः He munayaḥ

इसी प्रकार **कवि, ऋषि, कपि,** रवि आदि पुं. इकारान्त शब्दों के रूप होंगे। **न्-ण्** का नियम वही रहेगा; जैसे –**ऋषिणा, ऋषीणाम्।** (In the same way **ṛsi, kavi, kapi, ravi** etc. will be declined but the rule of **ṇ** is the same; as - **ṛṣiṇā, ṛṣīṇām).**

---

5. इकारान्त स्त्री. 'मति' शब्द
'Mati' fem. ending in short 'i'

विभक्ति Case-ending	एकवचन Singular	द्विवचन Dual	बहुवचन Plural
प्रथमा I	मतिः matiḥ	मती matī	मतयः matayaḥ
द्वितीया II	मतिम् matim	मती matī	मतीः matīḥ
तृतीया III	मत्या matyā	मतिभ्याम् matibhyām	मतिभिः matibhiḥ
चतुर्थी IV	मतये, मत्यै mataye, matyai	मतिभ्याम् matibhyām	मतिभ्यः matibhyaḥ
पञ्चमी V	मतेः, मत्याः mateḥ, matyāḥ	मतिभ्याम् matibhyām	मतिभ्यः matibhyaḥ
षष्ठी VI	मतेः, मत्याः mateḥ, matyāḥ	मत्योः matyoḥ	मतीनाम् matīnām
सप्तमी VII	मतौ, मत्याम् matau, matyām	मत्योः matyoḥ	मतिषु matiṣu
सम्बोधन Vocative	हे मते He mate	हे मती He matī	हे मतयः He matayaḥ

केवल स्थूलाक्षरों वाले ही शब्दरूप '**मुनि**' के रूपों से भिन्न हैं। जहाँ दो रूप हैं, उनमें से किसी का भी प्रयोग किया जा सकता है। इसी प्रकार **कीर्ति, प्रीति, नीति, कृषि** आदि शब्दों के रूप होंगे। (The forms which are shown in bold letters differ from those of '**muni**'. Where two forms are shown, any one of them may be used. **Kīrti, prīti, nīti, kṛṣi** etc. words ending in '**i**' are declined like '**mati**').

6. ह्रस्व इकारान्त नपुं. 'वारि' शब्द
'Vāri' ending in short 'i' of neuter gender

विभक्ति Case-ending	एकवचन Singular	द्विवचन Dual	बहुवचन Plural
प्रथमा I	वारि vāri	वारिणी vāriṇī	वारीणि vārīṇi
द्वितीया II	वारि vāri	वारिणी vāriṇī	वारीणि vārīṇi
तृतीया III	वारिणा vāriṇā	वारिभ्याम् vāribhyām	वारिभिः vāribhiḥ
चतुर्थी IV	वारिणे vāriṇe	वारिभ्याम् vāribhyām	वारिभ्यः vāribhyaḥ
पञ्चमी V	वारिणः vāriṇaḥ	वारिभ्याम् vāribhyām	वारिभ्यः vāribhyaḥ
षष्ठी VI	वारिणः vāriṇaḥ	वारिणोः vāriṇoḥ	वारीणाम् vārīṇām
सप्तमी VII	वारिणि vāriṇi	वारिणोः vāriṇoḥ	वारिषु vāriṣu
सम्बोधन Vocative	हे वारि, वारे He vāri, vāre	हे वारिणी He vāriṇī	हे वारीणि He vārīṇi

इसी प्रकार प्रायः सभी नपुंसक लिंग इकारान्त शब्दों के रूप होते हैं। दधि, अक्षि और अस्थि के रूप कुछ भिन्न होते हैं। (All words ending in short '**i**' of neuter gender are declined like **vāri**, but '**dadhi, akṣi, asthi**' have some difference.)

7. ईकारान्त स्त्री. 'नदी' शब्द
'Nadī' fem. word ending in long 'ī'

विभक्ति Case-ending	एकवचन Singular	द्विवचन Dual	बहुवचन Plural
प्रथमा I	नदी nadī	नद्यौ nadyau	नद्यः nadyaḥ

द्वितीया II	नदीम् nadīm	नद्यौ nadyau	नदीः nadīḥ
तृतीया III	नद्या nadyā	नदीभ्याम् nadībhyām	नदीभिः nadībhiḥ
चतुर्थी IV	नद्यै nadyai	नदीभ्याम् nadībhyām	नदीभ्यः nadībhyaḥ
पञ्चमी V	नद्याः nadyāḥ	नदीभ्याम् nadībhyām	नदीभ्यः nadībhyaḥ
षष्ठी VI	नद्याः nadyāḥ	नद्योः nadyoḥ	नदीनाम् nadīnām
सप्तमी VII	नद्याम् nadyām	नद्योः nadyoḥ	नदीषु nadīṣu
सम्बोधन Vocative	हे नदि He nadi	हे नद्यौ He nadyau	हे नद्यः He nadyaḥ

इसी प्रकार **कुमारी, श्रीमती, देवकी, किशोरी** आदि ईकारान्त स्त्रीलिंग शब्दों के रूप होंगे। (**Kumārī, śrīmatī, devakī, kiśorī** etc. words ending in long 'ī' will be declined like 'nadī')?

8. उकारान्त पुं. 'साधु' शब्द
'Sadhu' word mas. ending in short 'u'

विभक्ति Case-ending	एकवचन Singular	द्विवचन Dual	बहुवचन Plural
प्रथमा I	साधुः sādhuḥ	साधू sādhū	साधवः sādhavaḥ
द्वितीया II	साधुम् sādhum	साधू sādhū	साधून् sādhūn
तृतीया III	साधुना sādhunā	साधुभ्याम् sādhubhyām	साधुभिः sādhubhiḥ
चतुर्थी IV	साधवे sādhave	साधुभ्याम् sādhubhyām	साधुभ्यः sādhubhyaḥ
पञ्चमी V	साधोः sādhoḥ	साधुभ्याम् sādhubhyām	साधुभ्यः sādhubhyaḥ
षष्ठी VI	साधोः sādhoḥ	साध्वोः sādhvoḥ	साधूनाम् sādhūnām
सप्तमी VII	साधौ sādhau	साध्वोः sādhvoḥ	साधुषु sādhuṣu

सम्बोधन Vocative	हे साधो He sādho	हे साधू He sādhū	हे साधवः He sādhavaḥ

इसी प्रकार **भानु, वायु, गुरु, बाहु, मनु, शुश्रूषु** आदि ह्रस्व उकारान्त पुं. शब्दों के रूप होंगे। (**Bhānu, vayu, guru, bahu, manu** and **śuśrūṣu** etc. which end in **u** in mas. will be declined like **sādhu**).

---

9. ह्रस्व उकारान्त स्त्री. 'धेनु' शब्द
'Dhenu' fem. word ending in short 'u'

विभक्ति Case-ending	एकवचन Singular	द्विवचन Dual	बहुवचन Plural
प्रथमा I	धेनुः dhenuḥ	धेनू dhenū	धेनवः dhenavaḥ
द्वितीया II	धेनुम् dhenum	धेनू dhenū	धेनूः dhenūḥ
तृतीया III	**धेन्वा** **dhenvā**	धेनुभ्याम् dhenubhyām	धेनुभिः dhenubhiḥ
चतुर्थी IV	धेनवे, **धेन्वै** dhenve, **dhenvai**	धेनुभ्याम् dhenubhyām	धेनुभ्यः dhenubhyaḥ
पञ्चमी V	धेनोः, **धेन्वाः** dhenoḥ, **dhenvāḥ**	धेनुभ्याम् dhenubhyām	धेनुभ्यः dhenubhyaḥ
षष्ठी VI	धेनोः, **धेन्वाः** dhenoḥ, **dhenvāḥ**	धेन्वोः dhenvoḥ	धेनूनाम् dhenūnām
सप्तमी VII	धेनौ, **धेन्वाम्** dhenau, **dhenvām**	धेन्वोः dhenvoḥ	धेनुषु dhenuṣu
सम्बोधन Vocative	हे धेनो He dheno	हे धेनू He dhenū	हे धेनवः He dhenavaḥ

स्थूलाक्षरों वाले रूप ही 'साधु' के रूपों से भिन्न है। इसी प्रकार 'रज्जु, तनु' आदि उकारान्त स्त्रीलिंग शब्दों के रूप होंगे। (Only bold typed forms differ from those of **sadhu. Rajju, tanu** etc. words will be declined like **dhenu**).

---

10. उकारान्त नपुंसकलिंग. 'मधु' शब्द
'Madhu' word of neut. ending in short 'u'

विभक्ति Case-ending	एकवचन Singular	द्विवचन Dual	बहुवचन Plural
प्रथमा I	मधु madhu	मधुनी madhunī	मधूनि madhūni

द्वितीया II	मधु madhu	मधुनी madhunī	मधूनि madhūni
तृतीया III	मधुना madhunā	मधुभ्याम् madhubhyām	मधुभिः madhubhiḥ
चतुर्थी IV	मधुने madhune	मधुभ्याम् madhubhyām	मधुभ्यः madhubhyaḥ
पञ्चमी V	मधुनः madhunaḥ	मधुभ्याम् madhubhyām	मधुभ्यः madhubhyaḥ
षष्ठी VI	मधुनः madhunaḥ	मधुनोः madhunoḥ	मधूनाम् madhūnām
सप्तमी VII	मधुनि madhuni	मधुनोः madhunoḥ	मधुषु madhuṣu
सम्बोधन Vocative	हे मधु, हे मधो He madhu, madho	हे मधुनी He madhunī	हे मधूनि He madhūni

इसी प्रकार **वस्तु**, जानु, दारु तथा नपुंसकलिंग स्वादु, साधु, लघु आदि विशेषणों के रूप चलेंगे। (In the same manner **vastu, jānu, dāru** and neuter adjectives like **(Svādu) sadhu**, and **laghu** etc. will be declined).

11. ऋकारान्त पुं. 'पितृ' शब्द
'Pitṛ' mas. word ending in 'ṛ'

विभक्ति Case-ending	एकवचन Singular	द्विवचन Dual	बहुवचन Plural
प्रथमा I	पिता pitā	पितरौ pitarau	पितरः pitaraḥ
द्वितीया II	पितरम् pitaram	पितरौ pitarau	पितॄन् pitṝn
तृतीया III	पित्रा pitrā	पितृभ्याम् pitṛbhyām	पितृभिः pitṛbhiḥ
चतुर्थी IV	पित्रे pitre	पितृभ्याम् pitṛbhyām	पितृभ्यः pitṛbhyaḥ
पञ्चमी V	पितुः pituḥ	पितृभ्याम् pitṛbhyām	पितृभ्यः pitṛbhyaḥ
षष्ठी VI	पितुः pituḥ	पित्रोः pitroḥ	पितॄणाम् pitṝṇām
सप्तमी VII	पितरि pitari	पित्रोः pitroḥ	पितृषु pitṛṣu

सम्बोधन **Vocative**	हे पितः **He pitaḥ**	हे पितरौ **He pitarau**	हे पितरः **He pitaraḥ**

इसी प्रकार **'भ्रातृ'** शब्द के रूप होंगे। (**'Bhrātṛ'** word will be declined similarly).

---

12. **'मातृ' शब्द के रूप** :– मातृ शब्द के रूप **'पितृ'** के समान ही चलते हैं; केवल द्वितीया के बहुवचन में **'मातॄः'** रूप बनता है। (**Mātṛ** word is declined just like **pitṛ** but in the plural number of the second case it will be formed **'mātṝḥ'**).

---

13. 'दातृ' पुं. शब्द के रूप
'dātṛ' mas. word ending in 'ṛ'

विभक्ति Case-ending	एकवचन Singular	द्विवचन Dual	बहुवचन Plural
प्रथमा **I**	दाता **dātā**	दातारौ **dātārau**	दातारः **dātāraḥ**
द्वितीया **II**	दातारम् **dātāram**	दातारौ **dātārau**	दातॄन् **dātṝn**
सम्बोधन **Vocative**	हे दातः **He dātaḥ**	हे दातारौ **He dātārau**	हे दातारः **He dātāraḥ**

'पितृ' शब्द के रूपों से अन्तर यह है कि यहाँ 'र्' से पूर्व 'त' में 'आ' की मात्रा लग गई है। शेष रूप 'पितृ' के समान ही होंगे। **कर्तृ, भर्तृ** आदि शब्दों के रूप ऐसे ही चलेंगे। (The difference from the forms of **pitṛ** is this that long **ā** has been added before **'r'** in **'tā'**. All other forms are like those of **pitṛ**. **Kartṛ bhartṛ** etc. words are declined like **dātṛ**).

---

14. दुहितृ (लड़की) के रूप 'मातृ' के समान होंगे। स्वसृ (बहिन) के रूप 'दातृ' के समान होंगे, परन्तु द्वितीया के बहुवचन में 'स्वसॄः' बनेगा। (**Duhitṛ** (daughter) is declined like **mātṛ. Svasṛ** (sister) is declined like **dātṛ** but in the plural of the II case the form will be **'svasṝḥ'**.

---

15. वत् से समाप्त होने वाला 'बलवत्' पुं. शब्द
'Balavat' mas. word ending in vat

विभक्ति Case-ending	एकवचन Singular	द्विवचन Dual	बहुवचन Plural
प्रथमा **I**	बलवान् **balavān**	बलवन्तौ **balavantau**	बलवन्तः **balavantaḥ**
द्वितीया **II**	बलवन्तम् **balavantam**	बलवन्तौ **balavantau**	बलवतः **balavataḥ**
तृतीया **III**	बलवता **balavatā**	बलवद्भ्याम् **balavadbhyām**	बलवद्भिः **balavadbhiḥ**

चतुर्थी IV	बलवते balavate	बलवद्भ्याम् balavadbhyām	बलवद्भ्यः balavadbhyaḥ
पञ्चमी V	बलवतः balavataḥ	बलवद्भ्याम् balavadbhyām	बलवद्भ्यः balavadbhyaḥ
षष्ठी VI	बलवतः balavataḥ	बलवतोः balvatoḥ	बलवताम् balavatām
सप्तमी VII	बलवति balavati	बलवतोः balvatoḥ	बलवत्सु balavatsu
सम्बोधन Vocative	हे बलवन् He balavan	हे बलवन्तौ He balavantau	हे बलवन्तः He balavantaḥ

इसी प्रकार मत् या वत् से समाप्त होने वाले श्रीमत्, धनवत्, आयुष्मत्, ज्ञानवत् आदि शब्दों के पुं. में रूप होंगे। स्त्रीलिंग में ऐसे शब्दों के अन्त में 'ई' लगाकर 'नदी' के तरह रूप चला लें। जैसे – श्रीमती, बलवती आदि के। (In the same manner words ending in **'vat'** or **'mat'** will be declined; as - **śrīmat, dhanavat, āyuṣmat, jñānavat** etc. In feminine gender such kind of words have **ī** at their end and are declined like **'nadī'**.

---

16. शतृ प्रत्यय से बने **'गच्छत्, पठत्, लिखत्'** आदि शब्दों के दो विभक्तियों में रूप भिन्न होते हैं उन्हें देख लें, जैसे :-
The words which are formed by adding **śatṛ** suffix, have different forms in two cases; as :-

'पठत्' के रूप
Paṭhat (reading)

विभक्ति Case-ending	एकवचन Singular	द्विवचन Dual	बहुवचन Plural
प्रथमा I	पठन् paṭhan	पठन्तौ paṭhantau	पठन्तः paṭhantaḥ
द्वितीया II	पठन्तम् paṭhantam	पठन्तौ paṭhantau	पठतः paṭhataḥ
सम्बोधन Vocative	हे पठन् He paṭhan	हे पठन्तौ He paṭhantau	हे पठन्तः He paṭhantaḥ

शेष रूप **'बलवत्'** के तरह ही चलेंगे। (The rest of the declensions are like those of **balavat**).

---

17. नपुंसक लिंग में 'बलवत्' के रूप
Balavat in neuter gender

विभक्ति Case-ending	एकवचन Singular	द्विवचन Dual	बहुवचन Plural
प्रथमा I	बलवत् balavat	बलवती balavatī	बलवन्ति balavanti

द्वितीया II	बलवत् balavat	बलवती balavatī	बलवन्ति balavanti
सम्बोधन Vocative	हे बलवत् He balavat	हे बलवती He balavatī	हे बलवन्ति He balavanti

इसी प्रकार **'जगत्'** आदि नपुंसकलिंग शब्दों के रूप चलेंगे। (The rest of the declensions are like those of masculine word. **Jagat** and other words ending in 'at' of neuter gender will be dclined like **'balvat'** neuter or **'jagat'**).

---

18. दकारान्त पुं. सुहृद् के रूप
'Suhṛd' word mas. ending in 'd'

विभक्ति Case-ending	एकवचन Singular	द्विवचन Dual	बहुवचन Plural
प्रथमा I	सुहृद् suhṛd	सुहृदौ suhṛdau	सुहृदः suhṛdaḥ
द्वितीया II	सुहृदम् suhṛdam	सुहृदौ suhṛdau	सुहृदः suhṛdaḥ
तृतीया III	सुहृदा suhṛdā	सुहृद्भ्याम् suhṛdbhyām	सुहृद्भिः suhṛdbhiḥ
चतुर्थी IV	सुहृदे suhṛde	सुहृद्भ्याम् suhṛdbhyām	सुहृद्भ्यः suhṛdbhyaḥ
पञ्चमी V	सुहृदः suhṛdaḥ	सुहृद्भ्याम् suhṛdbhyām	सुहृद्भ्यः suhṛdbhyaḥ
षष्ठी VI	सुहृदः suhṛdaḥ	सुहृदोः suhṛdoḥ	सुहृदाम् suhṛdām
सप्तमी VII	सुहृदि suhṛdi	सुहृदोः suhṛdoḥ	सुहृत्सु suhṛtsu
सम्बोधन Vocative	हे सुहृद् He suhṛd	हे सुहृदौ He suhṛdau	हे सुहृदः He suhṛdaḥ

इसी प्रकार स्त्रीलिंग वाले **आपद, विपद, सम्पद** आदि शब्दों के भी रूप होंगे। (In the same manner **āpad, vipad,** and **sampad** feminine words also will be declined) **विद्युत्** या **मरुत्** के रूपों में स्वर साथ लगने पर 'द्' के बदले 'त्' रहेगा, जैसे – **विद्युता, विद्युते** इत्यादि। (In the declensions of **'vidyut'** or **'marut'** 't' will remain before any vowel in place of 'd' as **'vidyutā, vidyute'** etc.

---

19. 'इन्' से समाप्त होने वाले 'गुणिन्' पुं. के रूप
'Guṇin' word ending in 'in'

विभक्ति Case-ending	एकवचन Singular	द्विवचन Dual	बहुवचन Plural
प्रथमा I	गुणी guṇī	गुणिनौ guṇinau	गुणिनः guṇinaḥ

द्वितीया II	गुणिनम् guṇinam	गुणिनौ guṇinau	गुणिनः guṇinaḥ
तृतीया III	गुणिना guṇinā	गुणिभ्याम् guṇibhyām	गुणिभिः guṇibhiḥ
चतुर्थी IV	गुणिने guṇine	गुणिभ्याम् guṇibhyām	गुणिभ्यः guṇibhyaḥ
पञ्चमी V	गुणिनः guṇinaḥ	गुणिभ्याम् guṇibhyām	गुणिभ्यः guṇibhyaḥ
षष्ठी VI	गुणिनः guṇinaḥ	गुणिनोः guṇinoḥ	गुणिनाम् guṇinām
सप्तमी VII	गुणिनि guṇini	गुणिनोः guṇinoḥ	गुणिषु guṇiṣu
सम्बोधन Vocative	हे गुणिन् He guṇin	हे गुणिनौ He guṇinau	हे गुणिनः He guṇinaḥ

इसी प्रकार **स्वामिन्, शशिन्, फलिन्, धनिन्, मन्त्रिन्** आदि शब्दों के पुं. में रूप चलेंगे। स्त्रीलिंग में **'न्'** का **''नी''** बनाकर **'नदी'** की भाँति रूप चलेंगे। **(Svamin, śaśin, phalin, dhanin, mantrin** etc. words will be declined like **'guṇin'**).

सर्वनामों के रूप

Declensions of Pronouns

अधिक प्रयोग में आने वाले सर्वनाम ये हैं :- (The following pronouns are commonly used :-

सर्व, तत्, यत्, किम्, अन्य, एतत्, इदम्, युष्मद् और अस्मद्। (Sarva, tat, yat, kim, anya, etat, idam, yuṣmad, asmad).

सर्वनामों के तीनों लिंगों में रूप चलते हैं और इनका प्रयोग विशेषण के समान होता है। प्रथम पुरुषवाची **'तत्'** के तीनों लिंगों में रूप देखिए :- तत् को पुल्लिग में 'त' स्त्रीलिंग में 'ता' और नपुं में ''त'' हो जाता है। इनका सम्बोधन नहीं होता।

Pronouns are declined in three genders and they are used as adjectives. **'Tat'** is a pronoun of third person and it becomes **ta** (in mas.), **tā** (in feminine) and **ta** (in neuter.) They have no vocative case.

तत् (वह, उस, उन) पुँल्लिंग में
Tat (that) masculine

विभक्ति Case-ending	एकवचन Singular	द्विवचन Dual	बहुवचन Plural
प्रथमा I	सः saḥ	तौ tau	ते te

द्वितीया II	तम् tam	तौ tau	तान् tān
तृतीया III	तेन tena	ताभ्याम् tābhyām	तैः taiḥ
चतुर्थी IV	तस्मै tasmai	ताभ्याम् tābhyām	तेभ्यः tebhyaḥ
पञ्चमी V	तस्मात् tasmāt	ताभ्याम् tābhyam	तेभ्यः tebhyaḥ
षष्ठी VI	तस्य tasya	तयोः tayoḥ	तेषाम् teṣām
सप्तमी VII	तस्मिन् tasmin	तयोः tayoḥ	तेषु teṣu

स्त्रीलिंग — तत् = ता
Feminine – tat = tā

विभक्ति Case-ending	एकवचन Singular	द्विवचन Dual	बहुवचन Plural
प्रथमा I	सा sā	ते te	ताः tāḥ
द्वितीया II	ताम् tām	ते te	ताः tāḥ
तृतीया III	तया tayā	ताभ्याम् tābhyām	ताभिः tābhiḥ
चतुर्थी IV	तस्यै tasyai	ताभ्याम् tābhyām	ताभ्यः tābhyaḥ
पञ्चमी V	तस्याः tasyāḥ	ताभ्याम् tābhyām	ताभ्यः tābhyaḥ
षष्ठी VI	तस्याः tasyāḥ	तयोः tayoḥ	तासाम् tāsām
सप्तमी VII	तस्याम् tasyām	तयोः tayoḥ	तासु tāsu

नपुंसकलिंग — तत्
Neuter – tat

विभक्ति Case-ending	एकवचन Singular	द्विवचन Dual	बहुवचन Plural
प्रथमा I	तत् tat	ते te	तानि tāni

द्वितीया	तत्	ते	तानि
II	tat	te	tāni

शेष रूप पुं. के समान होंगे। (The rest declensions are like that of masculine).

निम्नलिखित सर्वनाम प्रथमा एकवचन को छोड़कर भिन्न-भिन्न लिंगों में ये मूलरूप धारण कर लेते हैं और फिर उनके रूप चलते हैं :- (The following pronouns are declined changing their forms as below except singular number of I case) :-

सर्वनाम Pronoun	पुं. Mas.	स्त्री. Fem.	नपुंसक Neut.
एतत् etat	एत eta	एता etā	एत eta
यत् yat	य ya	या yā	य ya
किम् kim	क ka	का kā	क ka

'सर्व' और 'अन्य' में कोई परिवर्तन नहीं। इदम्, युष्मद् अस्मद् के रूप सर्वथा स्वतन्त्र होते हैं। पहले बताए सर्वनामों का प्रथमा विभक्ति में रूप देख लें। ('Sarva' and 'anya' have no change. The declensions of 'idam, asmad and yuṣmad' are independent. Note the declentions of all these in first case) :-

	एकवचन Singular	द्विवचन Dual	बहुवचन Plural
सर्व (पुं.) sarva (mas.)	सर्वः (सारा) sarvaḥ	सर्वौ sarvau	सर्वे sarve
सर्व (स्त्री.) sarva (fem.)	सर्वा sarvā	सर्वे sarve	सर्वाः sarvāḥ
सर्व (नपुं.) sarva (neut.)	सर्वम् sarvam	सर्वे sarve	सर्वाणि sarvāṇi
यत् (पुं.) yat (mas.)	यः (जो) yaḥ	यौ yau	ये ye
यत् (स्त्री.) yat (fem.)	या yā	ये ye	याः yāḥ
यत् (नपुं.) yat (neut.)	यत् yat	ये ye	यानि yāni
किम् (पुं.) kim (mas.)	कः (कौन) kaḥ	कौ kau	के ke

किम् (स्त्री.) kim (fem.)	का kā	के ke	काः kāḥ
किम् (नपुं.) kim (neut.)	किम् (क्या) kim	के ke	कानि kāni
एतत् (पुं.) etat (mas.)	एषः (यह) eṣaḥ	एतौ etau	एते ete
एतत् (स्त्री.) etat (fem.)	एषा eṣā	एते ete	एताः etāḥ
एतत् (नपुं.) etat (neut.)	एतत् etat	एते ete	एतानि etāni
अन्य (पुं.) anya (mas.)	अन्यः (दूसरा) anyaḥ	अन्यौ anyau	अन्ये anye
अन्य (स्त्री.) anya (fem.)	अन्या anyā	अन्ये anye	अन्याः anyāḥ
अन्य (नपुं.) anya (neut.)	अन्यम् anyam	अन्ये anye	अन्यानि anyāni

इदम् (यह) शब्द के पुंल्लिंग में पूरे रूप
'Idam' complete declensions in mas.

विभक्ति Case-ending	एकवचन Singular	द्विवचन Dual	बहुवचन Plural
प्रथमा I	अयम् ayam	इमौ imau	इमे ime
द्वितीया II	इमम् imam	इमौ imau	इमान् imān
तृतीया III	अनेन anena	आभ्याम् ābhyām	एभिः ebhiḥ
चतुर्थी IV	अस्मै asmai	आभ्याम् ābhyām	एभ्यः ebhyaḥ
पञ्चमी V	अस्मात् asmāt	आभ्याम् ābhyām	एभ्यः ebhyaḥ
षष्ठी VI	अस्य asya	अनयोः anayoḥ	एषाम् eṣām
सप्तमी VII	अस्मिन् asmin	अनयोः anayoḥ	एषु eṣu

इदम् — स्त्रीलिंग
Idam – Feminine

विभक्ति Case-ending	एकवचन Singular	द्विवचन Dual	बहुवचन Plural
प्रथमा I	इयम् iyam	इमे ime	इमाः imāḥ
द्वितीया II	इमाम् imām	इमे ime	इमाः imāḥ
तृतीया III	अनया anayā	आभ्याम् ābhyām	आभिः ābhiḥ
चतुर्थी IV	अस्यै asyai	आभ्याम् ābhyām	आभ्यः ābhyaḥ
पञ्चमी V	अस्याः asyāḥ	आभ्याम् ābhyām	आभ्यः ābhyaḥ
षष्ठी VI	अस्याः asyāḥ	अनयोः anayoḥ	आसाम् āsām
सप्तमी VII	अस्याम् asyām	अनयोः anayoḥ	आसु āsu

इदम् — नपुंसक
Idam – Neuter

प्रथमा I	इदम् idam	इमे ime	इमानि imāni
द्वितीया II	इदम् idam	इमे ime	इमानि imāni

शेष रूप पुंल्लिंग के रूपों जैसे होंगे। (The rest are like the declensions in masculine).

सब लिंगों में समान अस्मद् (मैं, हम) के रूप
'Asmad' common in all genders

विभक्ति Case-ending	एकवचन Singular	द्विवचन Dual	बहुवचन Plural
प्रथमा I	अहम् aham	आवाम् āvām	वयम् vayam
द्वितीया II	माम् (मा) mām (mā)	आवाम् (नौ) āvām (nau)	अस्मान् (नः) asmān (naḥ)
तृतीया III	मया mayā	आवाभ्याम् āvābhyām	अस्माभिः asmābhiḥ

चतुर्थी IV	मह्यम् (मे) mahyam (me)	आवाभ्याम् (नौ) āvābhyām (nau)	अस्मभ्यम् (नः) asmabhyam) (naḥ)
पञ्चमी V	मत् mat	आवाभ्याम् āvābhyām	अस्मत् asmat
षष्ठी VI	मम (मे) mama (me)	आवयोः (नौ) āvayoḥ (nau)	अस्माकम् (नः) asmākaṁ (naḥ)
सप्तमी VII	मयि mayi	आवयोः āvayoḥ	अस्मासु asmāsu

द्वितीया, चतुर्थी और षष्ठी में दो-दो रूप बनते हैं। (II, IV and VI cases have two forms in each number).

सब लिंगों में समान युष्मद् (तू, तुम) के रूप
'Yuṣmad' common in all genders

विभक्ति Case-ending	एकवचन Singular	द्विवचन Dual	बहुवचन Plural
प्रथमा I	त्वम् tvam	युवाम् yuvām	यूयम् yūyam
द्वितीया II	त्वाम् (त्वा) tvām (tvā)	युवाम् (वाम्) yuvām (vam)	युष्मान् (वः) yuṣmān (vaḥ)
तृतीया III	त्वया tvayā	युवाभ्याम् yuvābhyām	युष्माभिः yuṣmābhiḥ
चतुर्थी IV	तुभ्यम् (ते) tubhyam (te)	युवाभ्याम् (वाम्) yuvābhyām (vām)	युष्मभ्यम् (वः) yuṣmābhyam (vaḥ)
पञ्चमी V	त्वत् tvat	युवाभ्याम् yuvābhyām	युष्मत् yuṣmat
षष्ठी VI	तव (ते) tava (te)	युवयोः (वाम्) yuvayoḥ (vām)	युष्माकम् (वः) yuṣmākam (vaḥ)
सप्तमी VII	त्वयि tvayi	युवयोः yuvayoḥ	युष्मासु yuṣmāsu

इसके भी द्वितीया, चतुर्थी और षष्ठी में दो-दो रूप बनते हैं। (This also has two forms in II, IV and VI cases).

परिशिष्ट – 2
Appendix - II

धातु–प्रकरण (Context of Roots)

धातुओं के रूपों आदि को समझने से पूर्व निम्नलिखित बातें ध्यान में बिठा लीजिए (Before learning the conjugations of roots etc. you should note the following things) :-

1. धातुओं के रूप लकारों में चलते हैं और वे लकार विभिन्न कालों और दशाओं का बोध कराते हैं। (The roots are conjugated according to **lakāras** and **lakāras** indicate different tenses and moods).

2. धातुओं के रूप सभी लिंगों में समान होते हैं। (Conjugations are common for all the genders).

3. प्रत्येक लकार के तीन पुरुष और प्रत्येक पुरुष के तीन वचन होते हैं। 'तू, तुम' के लिए मध्यम पुरुष, 'मैं, हम' के लिए उत्तम पुरुष और शेष सबके लिए प्रथम पुरुष का प्रयोग होता है। एक के लिए एकवचन, दो के लिए द्विवचन और बहुतों के लिए बहुवचन का रूप प्रयुक्त किया जाता है। (Every **lakāra** has three persons and every person has three numbers. For 'you,' second person is used, for 'I and we' first person that is '**uttama puruṣa**' is used and for all others third person that is '**prathama puruṣa**' is used. The first person of English is called '**uttama puruṣa**' in Saṁskṛta, the second person of English is called '**madhyama puruṣa**' in Saṁskṛta and the third person of English is called '**prathama puruṣa**' in Saṁskṛta. For one we use '**ekavacana**', for two '**dvivacana**' and for more than two is used '**bahuvacana**'.

4. धातुएँ दो प्रकार की होती हैं – **परस्मैपदी** और **आत्मनेपदी**। 'ति, तः, अन्ति' आदि प्रत्यय जिन धातुओं से लगते हैं, वे परस्मैपदी और 'ते, इते, अन्ते' जिनमें लगते हैं, वे आत्मनेपदी कहलाती हैं। '**पठ्**' परस्मैपदी और '**सेव्**' आत्मनेपदी के उदाहरण हैं। (Roots are of two kinds - **Parasmaipadī** and **Ātmanepadī**. The first kinds have '**ti, taḥ, anti**' etc. suffixes as applied with '**paṭh**' and the second kinds have '**te, ite ante**' etc. suffixes, as applied with '**sev**').

5. धातु के बाद अन्तिम प्रत्ययों से पूर्व कुछ में 'अ' कुछ में 'य' कुछ में 'ना' कुछ में 'नु' आदि प्रत्यय जुड़ जाते हैं। इन्हें विकरण कहते हैं। धातुओं के रूपों में कई प्रकार के अन्य भी परिवर्तन होते हैं। (Roots have some other kinds of suffixes before the last suffixes and they are called '**vikaraṇas**', as '**ā, ya, nu, nā**' etc).

6. धातुओं से ही **त्वा, तुमुन्** आदि प्रत्यय जुड़कर नये शब्द भी बनते हैं। उन्हें भी आप पढ़ेंगे। (To form new words some other suffixes are added to them as '**tva, tum**' etc., which you will also study).

पठ् धातु, लट् लकार — वर्तमान काल
Paṭh, Laṭ Lakāra – Present Tense

पुरुष Puruṣa	एकवचन Singular	द्विवचन Dual	बहुवचन Plural
प्रथम Prathama	पठति (पढ़ता है) paṭhati (reads)	पठतः paṭhataḥ	पठन्ति paṭhanti
मध्यम Madhyama	पठसि (तू पढ़ता है) paṭhasi	पठथः paṭhathaḥ	पठथ paṭhatha
उत्तम Uttama	पठामि (मैं पढ़ता हूँ) paṭhāmi	पठावः paṭhāvaḥ	पठामः pathāmaḥ

लङ् लकार — भूतकाल
Laṅ Lakāra – Past Tense

पुरुष Puruṣa	एकवचन Singular	द्विवचन Dual	बहुवचन Plural
प्रथम Prathama	अपठत् (पढ़ा) apaṭhat	अपठताम् apaṭhatām	अपठन् apaṭhan
मध्यम Madhyama	अपठः (तूने पढ़ा) apaṭhaḥ	अपठतम् apaṭhatam	अपठत apaṭhata
उत्तम Uttama	अपठम् (मैंने पढ़ा) apaṭham	अपठाव apaṭhāva	अपठाम apaṭhāma

लृट् लकार — भविष्यत्काल
Lṛṭ Lakāra – Future Tense

पुरुष Puruṣa	एकवचन Singular	द्विवचन Dual	बहुवचन Plural
प्रथम Prathama	पठिष्यति (पढ़ेगा) paṭhiṣyati	पठिष्यतः paṭhiṣyataḥ	पठिष्यन्ति paṭhiṣyanti
मध्यम Madhyama	पठिष्यसि (तू पढ़ेगा) paṭhiṣyasi	पठिष्यथः paṭhiṣyathaḥ	पठिष्यथ pathisyatha
उत्तम Uttama	पठिष्यामि (मैं पढ़ूँगा) pathiṣyāmi	पठिष्यावः pathiṣyāvaḥ	पठिष्यामः pathiṣyāmaḥ

लोट् लकार — आज्ञा, प्रार्थना आदि
Loṭ Lakāra – Imperative Mood

पुरुष Puruṣa	एकवचन Singular	द्विवचन Dual	बहुवचन Plural
प्रथम Prathama	पठतु (पढ़े) paṭhatu	पठताम् paṭhatām	पठन्तु paṭhantu

मध्यम Madhyama	पठ (तू पढ़) paṭha	पठतम् paṭhatam	पठत paṭhata
उत्तम Uttama	पठानि (मैं पढ़ूँ) paṭhāni	पठाव paṭhāva	पठाम paṭhāma

विधिलिङ् लकार — लोट् तथा सम्भावना के अर्थ में
Vidhilin Lakāra – Potential Mood

पुरुष Puruṣa	एकवचन Singular	द्विवचन Dual	बहुवचन Plural
प्रथम Prathama	पठेत् pṭhet	पठेताम् paṭhetām	पठेयुः paṭheyuḥ
मध्यम Madhyama	पठेः paṭheḥ	पठेतम् paṭhetam	पठेत paṭheta
उत्तम Uttama	पठेयम् paṭheyam	पठेव paṭheva	पठेम paṭhema

इसी प्रकार '**भ्रम्, नम्, क्रीड्**' आदि धातुओं के रूप चलेंगे। कुछ धातुओं का मूलरूप भविष्यत्काल में चलता है और कोष्ठ वाला रूप शेष लकारों में रहता है। ऐसी धातुएँ निम्नलिखित हैं :- (In the same way conjugations are formed of **'bhram, nam, krīḍ'** etc. roots. Some roots are changed in other forms as shown in brackets except in **'Lṛṭ'**, e.g. :-

दृश् (पश्य्), स्था (तिष्ठ्), दा (यच्छ्), गम् (गच्छ्), इष् (इच्छ्), प्रच्छ (पृच्छ्)।
dṛś (paśy), stha (tiṣṭh), dā (yacch), gam (gacch), iṣ (icch), pracch (pṛcch).

सभी धातुओं के प्रत्येक लकार का पहला रूप आगे दी गई तालिका में से देखकर आप पूरे रूप बना सकते हैं। (The first form of every root in every **lakāra** wil be shown in the table, with the help of which you may form complete conjugation.

अस् (होना) — लट्
As (to be) – Laṭ

पुरुष Puruṣa	एकवचन Singular	द्विवचन Dual	बहुवचन Plural
प्रथम Prathama	अस्ति (है) asti	स्तः staḥ	सन्ति santi
मध्यम Madhyama	असि (तू है) asi	स्थः sthaḥ	स्थ stha
उत्तम Uttama	अस्मि (मैं हूँ) asmi	स्वः svaḥ	स्मः smaḥ

असू — लङ्
As – Laṅ

पुरुष Puruṣa	एकवचन Singular	द्विवचन Dual	बहुवचन Plural
प्रथम Prathama	आसीत् (था) āsīt	आस्ताम् āstām	आसन् āsan
मध्यम Madhyama	आसीः (तू था) asīḥ	आस्तम् āstam	आस्त āsta
उत्तम Uttama	आसम् (मैं था) āsam	आस्व āsva	आस्म āsma

अस् — लृट्
As – Lṛṭ

इस लकार में अस् को 'भू' हो जाता है और 'भविष्यति' आदि भू जैसे रूप बनते हैं। ('As' is changed into **'bhū'** in this **lakāra** and is conjugated like **'bhū'** root, as **'bhaviṣyati'**).

अस् — लोट्
As – Loṭ

पुरुष Puruṣa	एकवचन Singular	द्विवचन Dual	बहुवचन Plural
प्रथम Prathama	अस्तु (हो) astu	स्ताम् stām	सन्तु santu
मध्यम Madhyama	एधि (तू हो) edhi	स्तम् stam	स्त sta
उत्तम Uttama	असानि (मैं होऊँ) asāni	असाव asāva	असाम asāma

अस् — विधिलिङ्
As – Vidhiliṅ

पुरुष Puruṣa	एकवचन Singular	द्विवचन Dual	बहुवचन Plural
प्रथम Prathama	स्यात् syāt	स्याताम् syātām	स्युः syuḥ
मध्यम Madhyama	स्याः syāḥ	स्यातम् syātam	स्यात syāta
उत्तम Uttama	स्याम् syām	स्याव syāva	स्याम syāma

विशेष Note :- 'अस्' धातु महत्त्वपूर्ण है, परन्तु इसके रूप अपने ही ढंग के निराले हैं। ('As' root is very important but its conjugation are of special kind.)

कृ (करना) — लट्
Kṛ (to do) – Laṭ

पुरुष Puruṣa	एकवचन Singular	द्विवचन Dual	बहुवचन Plural
प्रथम Prathama	करोति (करता है) karoti	कुरुतः kurutaḥ	कुर्वन्ति kurvanti
मध्यम Madhyama	करोषि karoṣi	कुरुथः kuruthaḥ	कुरुथ kurutha
उत्तम Uttama	करोमि karomi	कुर्वः kurvaḥ	कुर्मः kurmaḥ

कृ — लङ्
Kṛ – Laṅ

पुरुष Puruṣa	एकवचन Singular	द्विवचन Dual	बहुवचन Plural
प्रथम Prathama	अकरोत् (किया) akarot	अकुरुताम् akurutām	अकुर्वन् akurvam
मध्यम Madhyama	अकरोः akaroḥ	अकुरुतम् akurutam	अकुरुत akuruta
उत्तम Uttama	अकरवम् akaravam	अकुर्व akurva	अकुर्म akurma

कृ — लृट्
Kṛ – Lṛṭ

पुरुष Puruṣa	एकवचन Singular	द्विवचन Dual	बहुवचन Plural
प्रथम Prathama	करिष्यति (करेगा) kariṣyati	करिष्यतः kariṣyataḥ	करिष्यन्ति kariṣyanti
मध्यम Madhyama	करिष्यसि kariṣyasi	करिष्यथः kariṣyathaḥ	करिष्यथ kariṣyatha
उत्तम Uttama	करिष्यामि kariṣyāmi	करिष्यावः kariṣyāvaḥ	करिष्यामः kariṣyāmaḥ

कृ — लोट्
Kṛ – Loṭ

पुरुष Puruṣa	एकवचन Singular	द्विवचन Dual	बहुवचन Plural
प्रथम Prathama	करोतु (करे) karotu	कुरुताम् kurutām	कुर्वन्तु kurvantu

मध्यम Madhyama	कुरु (कर) kuru	कुरुतम् kurutam	कुरुत kuruta
उत्तम Uttama	करवाणि (करूँ) karavāṇi	करवाव karavāva	करवाम karavāma

कृ — विधिलिङ्
Kṛ – Vidhiliṅ

पुरुष Puruṣa	एकवचन Singular	द्विवचन Dual	बहुवचन Plural
प्रथम Prathama	कुर्यात् kuryāt	कुर्याताम् kuryātām	कुर्युः kuryuḥ
मध्यम Madhyama	कुर्याः kuryāḥ	कुर्यातम् kuryātam	कुर्यात kuryāta
उत्तम Uttama	कुर्याम् kuryām	कुर्याव kuryāva	कुर्याम kuryāma

प्र + आप् (पाना) — लट् लकार
Pra + āp (to get) – Laṭ Lakāra

पुरुष Puruṣa	एकवचन Singular	द्विवचन Dual	बहुवचन Plural
प्रथम Prathama	प्राप्नोति prāpnoti	प्राप्नुतः prāpnutaḥ	प्राप्नुवन्ति prāpnuvanti
मध्यम Madhyama	प्राप्नोषि prāpnoṣi	प्राप्नुथः prāpnuthaḥ	प्राप्नुथ prāpnutha
उत्तम Uttama	प्राप्नोमि prapnomi	प्राप्नुवः prāpnuvaḥ	प्राप्नुमः prāpnumaḥ

प्र + आप् (प्राप्त करना) धातु के मध्य 'नु' आदि लगाकर रूप चलेंगे। 'प्र' उपसर्ग है, अतः लङ् लकार में 'अ या आ' धातु से पूर्व लगेंगे, न कि उपसर्ग से पूर्व। (**Pra + āp** (to receive) has 'nu' etc. in its centre while conjugating 'a' or '**ā**' in **laṅ lakāra** will take place before the verb **'āp'** and not before 'pra', as pra' is a prefix.)

प्र + आप् — लङ् लकार
Pra + āp – Laṅ Lakāra

पुरुष Puruṣa	एकवचन Singular	द्विवचन Dual	बहुवचन Plural
प्रथम Prathama	प्राप्नोत् prāpnot	प्राप्नुताम् prāpnutām	प्राप्नुवन्तु prānuvantu
मध्यम Madhyama	प्राप्नोः prapnoḥ	प्राप्नुतम् prāpnutam	प्राप्नुत prāpnuta

उत्तम Uttama	प्राप्नवम् prāpnavam	प्राप्नुव prāpnuva	प्राप्नुम prāpnuma

प्र + आप् — लृट् लकार
Pra + āp – Lṛt Lakāra

पुरुष Puruṣa	एकवचन Singular	द्विवचन Dual	बहुवचन Plural
प्रथम Prathama	प्राप्स्यति prāpsyati	प्राप्स्यतः prāpsyataḥ	प्राप्स्यन्ति prāpsyanti
मध्यम Madhyama	प्राप्स्यसि prāpsyasi	प्राप्स्यथः prāpsyathaḥ	प्राप्स्यथ prāpsyatha
उत्तम Uttama	प्राप्स्यामि prāpsyāmi	प्राप्स्यावः prapsyāvaḥ	प्राप्स्यामः prāpsyāmaḥ

प्र + आप् — लोट् लकार
Pra + āp – Loṭ Lakāra

पुरुष Puruṣa	एकवचन Singular	द्विवचन Dual	बहुवचन Plural
प्रथम Prathama	प्राप्नोतु prāpnotu	प्राप्नुताम् prāpnutām	प्राप्नुवन्तु prāpnuvantu
मध्यम Madhyama	प्राप्नुहि prāpnuhi	प्राप्नुतम् prāpnutam	प्राप्नुत prāpnuta
उत्तम Uttama	प्राप्नवानि prāpnavāni	प्राप्नवाव prāpnavāva	प्राप्नवाम prāpnavāma

प्र + आप् — विधिलिङ्
Pra + āp – Vidhiliṅ

पुरुष Puruṣa	एकवचन Singular	द्विवचन Dual	बहुवचन Plural
प्रथम Prathama	प्राप्नुयात् prāpnuyāt	प्राप्नुयाताम् prāpnuyātām	प्राप्नुयुः prāpnuyuḥ
मध्यम Madhyama	प्राप्नुयाः prāpnuyāḥ	प्राप्नुयातम् prāpnuyātam	प्राप्नुयात prāpnuyāta
उत्तम Uttama	प्राप्नुयाम् prāpnuyām	प्राप्नुयाव prāpnuyāva	प्राप्नुयाम prāpnuyāma

प्राप् के समान ही 'श्रु' धातु के रूप चलते हैं, परन्तु लृट् को छोड़कर अन्य लकारों में इसको शृ हो जाता है। क्रमशः प्रत्येक लकार का पहला रूप देखकर पूरे रूप चला लें – **शृणोति** (लट्), **अशृणोत्** (लङ्), **श्रोष्यति** (लृट्), **शृणोतु** (लोट्) और **शृणुयात्** (विधिलिङ्), इसी प्रकार '**शक्**' (सकना) धातु के भी रूप चलेंगे। **('Śṛu'** root is also conjugated like **pra + āp,** but it is changed as **'Śṛ'** except in **'lṛt'**. See first form of every **lakāra :- śṛṇoti (laṭ), aśṛṇot (laṅ), śroṣyati (lṛṭ), śṛnotu (loṭ)** and **śṛṇuyāt (vidhiliṅ). 'śak'** root also is conjugated like **'prāp'**.

कुछ धातुओं के मध्य 'ना' का प्रयोग होता है और 'ना' में भी कहीं-कहीं परिवर्तन हो जाता है। ऐसी मुख्य धातु 'क्री' है। उसके रूप देखिए। (Some roots have **'nā'** in their conjugation and **'nā'** is changed into some other forms. **Krī** is the specimen root of this kind. See its conjugations) :-

क्री (खरीदना) — लट् लकार
Krī (to buy) – Laṭ Lakāra

पुरुष **Puruṣa**	एकवचन **Singular**	द्विवचन **Dual**	बहुवचन **Plural**
प्रथम **Prathama**	क्रीणाति **krīṇāti**	क्रीणीतः **krīṇītaḥ**	क्रीणन्ति **krīṇanti**
मध्यम **Madhyama**	क्रीणासि **krīṇāsi**	क्रीणीथः **krīṇīthaḥ**	क्रीणीथ **krīṇītha**
उत्तम **Uttama**	क्रीणामि **krīṇāmi**	क्रीणीवः **krīṇīvaḥ**	क्रीणीमः **krīṇīmaḥ**

क्री — लङ् लकार
Krī – Laṅ Lakāra

पुरुष **Puruṣa**	एकवचन **Singular**	द्विवचन **Dual**	बहुवचन **Plural**
प्रथम **Prathama**	अक्रीणात् **akrīṇāt**	अक्रीणीताम् **akrīṇītām**	अक्रीणन् **akrīṇan**
मध्यम **Madhyama**	अक्रीणाः **akrīṇāḥ**	अक्रीणीतम् **akrīṇītam**	अक्रीणीत **akrīṇīta**
उत्तम **Uttama**	अक्रीणाम् **akrīṇām**	अक्रीणीव **akrīṇīva**	अक्रीणीम **akrīṇīma**

क्री — लृट् लकार
Krī – Lṛṭ Lakāra

पुरुष **Puruṣa**	एकवचन **Singular**	द्विवचन **Dual**	बहुवचन **Plural**
प्रथम **Prathama**	क्रेष्यति **kreṣyati**	क्रेष्यतः **kreṣyataḥ**	क्रेष्यन्ति **kreṣyanti**
मध्यम **Madhyama**	क्रेष्यसि **kreṣyasi**	क्रेष्यथः **kreṣyathaḥ**	क्रेष्यथ **kreṣyatha**
उत्तम **Uttama**	क्रेष्यामि **kreṣyāmi**	क्रेष्यावः **kreṣyāvaḥ**	क्रेष्यामः **kreṣyāmaḥ**

क्री — लोट् लकार
Krī – Loṭ Lakāra

पुरुष Puruṣa	एकवचन Singular	द्विवचन Dual	बहुवचन Plural
प्रथम Prathama	क्रीणातु krīṇātu	क्रीणीताम् krīṇītām	क्रीणन्तु krīṇarntu
मध्यम Madhyama	क्रीणीहि krīṇīhi	क्रीणीतम् krīṇītam	क्रीणीत krīṇīta
उत्तम Uttama	क्रीणानि krīṇāni	क्रीणाव krīṇāva	क्रीणाम krīṇāma

क्री — विधिलिङ्
Krī – Vidhiliṅ

पुरुष Puruṣa	एकवचन Singular	द्विवचन Dual	बहुवचन Plural
प्रथम Prathama	क्रीणीयात् krīṇīyāt	क्रीणीयाताम् krīṇīyātām	क्रीणीयुः krīṇīyuḥ
मध्यम Madhyama	क्रीणीयाः krīṇīyāḥ	क्रीणीयातम् krīṇīyātam	क्रीणीयात krīṇīyāta
उत्तम Uttama	क्रीणीयाम् krīṇīyām	क्रीणीयाव krīṇīyāva	क्रीणीयाम krīṇīyāma

इसी प्रकार वि + क्री (बेचना) के रूप होंगे। परन्तु लङ् लकार में सन्धि होकर **'व्यक्रीणात्, व्यक्रीणीताम्, व्यक्रीणन्'** आदि रूप बनेंगे। (Similarly **vi + krī** will be conjugated but in **laṅ** after joining of 'a' with 'i' the forms will be **'vyakrīṇāt, vyakrīṇītām, vyakrīṇan'** etc).

इसी प्रकार ग्रह (लेना) और ज्ञा (जानना) धातुओं के प्रायः रूप चलेंगे। इन धातुओं में थोड़ा-थोड़ा परिवर्तन हो जाता है। **'ग्रह'** को 'गृह' और **'ज्ञा'** को 'जा' लृट् के अतिरिक्त सभी लकारों में हो जाता है। प्रत्येक धातु का प्रत्येक लकार का एक-एक रूप देख लें। (Similarly **'grah'** (to take) and **'jñā'** (to know) will be conjugated. There will be some change except in **lṛṭ**. **'grah'** will be changed as **'gṛh'** and **'jñā'** as **'ja'**. See the first form of each root in all **lakāras**).

ग्रह् - गृह्णाति, अगृह्णात्, ग्रहीष्यति, गृह्णातु, गृह्णीयात्। लोट् मध्यम पुरुष के एकवचन में इसका **'गृहाण'** बनेगा। **(Gṛhṇāti, agṛhṇāt, grahīṣyati, gṛhṇātu, gṛhṇīyat.** In singular number of loṭ **'gṛhāṇa'** will be the form of the root grah).

ज्ञा - जानाति, अजानात्, ज्ञास्यति, जानातु, जानीयात्। शेष रूप **'क्री'** के समान ही होंगे। **(Jānāti, ajānāt, jñāsyati, jānātu jānīyat.** All other forms are like those of **'krī'**).

कुछ धातुओं के मध्य 'अय्' लग कर सभी लकारों में रूप चलते हैं। धातु में कुछ परिवर्तन भी हो जाता है। 'चुर्' (चुराना) इस प्रकार की प्रथम धातु है। इसके प्रत्येक लकार का पहला रूप देखकर 'पठ्' के समान रूप चला लीजिए। **लट् - चोरयति, लङ् - अचोरयत्, लृट् - चोरयिष्यति, लोट् - चोरयतु, विधिलिङ् - चोरयेत्।**

इसी प्रकार '**गण्**' (गिनना) - गणयति, अगणयत्, गणयिष्यति, गणयतु, गणयेत्। (Some roots are conjugated after adding 'ay' in all **lakāras**. The root is changed somewhat. '**cur**' (to steal) is the specimen root of this kind which has the following first forms of every lakāra - **corayati, acorayat corayiṣyati, corayatu, corayet**. '**Gaṇ**' (to count) is also conjugated similarly;

as - **gaṇayati, agaṇayat, gaṇayiṣyati, gaṇayatu, gaṇyet**. All such roots are conjugated like '**paṭh**' in all **lakāras**).

विशेष Note :- सभी धातुएँ प्रेरणार्थक बनने पर '**चुर्**' के समान अपने रूप बनाती हैं; जैसे - **पठ् - पाठय् - पाठयति** (पढ़ाता है), **चल् - चालय् - चालयति** (चलाता है), **हस् - हासय् - हासयति** (हँसाता है)। धातुओं के मूल प्रेरणार्थक रूप तालिका में देखकर आप उनका प्रयोग करें। (All roots when they become causative are conjugated like 'cur', as - **paṭh - pāṭhay - pāṭhayati** (makes read), **cal - cālay - cālayati** (causes to move), **has - hasay - hāsayati** (causes to laugh). The causative forms of all written roots are given in the table. You learn them and use in your own sentences.

आत्मनेपदी धातु 'सेव्' (सेवा करना)
Ātmanepadī root 'sev' (to serve)

सेव् — लट् लकार
Sev – Laṭ Lakāra

पुरुष / Puruṣa	एकवचन / Singular	द्विवचन / Dual	बहुवचन / Plural
प्रथम / Prathama	सेवते / sevate	सेवेते / sevete	सेवन्ते / sevante
मध्यम / Madhyama	सेवसे / sevase	सेवेथे / sevethe	सेवध्वे / sevadhve
उत्तम / Uttama	सेवे / seve	सेवावहे / sevāvahe	सेवामहे / sevāmahe

सेव् — लङ् लकार
Sev – Laṅ Lakāra

पुरुष / Puruṣa	एकवचन / Singular	द्विवचन / Dual	बहुवचन / Plural
प्रथम / Prathama	असेवत / asevata	असेवेताम् / asevetām	असेवन्त / asevanta
मध्यम / Madhyama	असेवथाः / asevathāḥ	असेवेथाम् / asevethām	असेवध्वम् / asevadhvam
उत्तम / Uttama	असेवे / aseve	असेवावहि / asevāvahi	असेवामहि / asevāmahi

सेव् — लृट् लकार
Sev – Lṛṭ Lakāra

पुरुष Puruṣa	एकवचन Singular	द्विवचन Dual	बहुवचन Plural
प्रथम Prathama	सेविष्यते seviṣyate	सेविष्येते seviṣyete	सेविष्यन्ते seviṣyante
मध्यम Madhyama	सेविष्यसे seviṣyase	सेविष्येथे seviṣyethe	सेविष्यध्वे seviṣyadhve
उत्तम Uttama	सेविष्ये seviṣye	सेविष्यावहे seviṣyāvahe	सेविष्यामहे seviṣyāmahe

सेव् — लोट् लकार
Sev – Loṭ Lakāra

पुरुष Puruṣa	एकवचन Singular	द्विवचन Dual	बहुवचन Plural
प्रथम Prathama	सेवताम् sevatām	सेवेताम् sevetām	सेवन्ताम् sevantām
मध्यम Madhyama	सेवस्व sevasva	सेवेथाम् sevethām	सेवध्वम् sevadhvam
उत्तम Uttama	सेवै sevai	सेवावहै sevāvahai	सेवामहै sevāmahai

सेव् — विधिलिङ्
Sev – Vidhiliṅ

पुरुष Puruṣa	एकवचन Singular	द्विवचन Dual	बहुवचन Plural
प्रथम Prathama	सेवेत seveta	सेवेयाताम् sevayātām	सेवेरन् severan
मध्यम Madhyama	सेवेथाः sevethāḥ	सेवेयाथाम् seveyāthām	सेवेध्वम् sevedhvam
उत्तम Uttama	सेवेय seveya	सेवेवहि sevevahi	सेवेमहि sevemahi

निम्नलिखित धातुओं के रूप भी 'सेव्' के समान चलते हैं। प्रत्येक धातु के प्रत्येक लकार का पहला रूप आगे दी गई तालिका में से देखकर पूरे रूप चला लीजिए :- (The following roots also are conjugated like **'sev'**. The first form of each root in each lakara is given in the table that follows. See them and conjugate.)

यत् = यत्न करना। वृध् = बढ़ना। वन्द् = नमस्कार करना। जन् = पैदा होना।
(yat = to strive, vṛdh = to grow, vand = to greet, Jaṇ = to take birth.)

कुछ प्रत्यय (Some Suffixes)

नीचे कुछ धातुओं से जुड़ने वाले प्रत्यय दिये जाते हैं। उन्हें समझिए और तालिका में से देखकर प्रत्यय-युक्त धातु का रूप जानिए और प्रयोग कीजिए। (some suffixes are given below which are added to roots. Note these suffixes and the words formed by adding them) :-

1. **क्त्वा** - इसका शेष **त्वा** रह जाता है और यह मुख्य क्रिया से पूर्व क्रिया की समाप्ति बतलाता है, अर्थात् 'करके' का अर्थ देता है, जैसे - **पठित्वा = पढ़कर, गत्वा = जाकर।**

Ktvā - **'Tvā'** remains out of this suffix and shows the completion of first work; as **pathitvā = after reading, gatvā** = after going.

2. **ल्यप्** - इसका 'य' शेष रहता है। जिन धातुओं से पूर्व उपसर्ग होता है, वहाँ **त्वा** के बदले 'य' लग जाता है। जैसे - **आ + गम् + य = आगम्य = आकर, प्र + नम् + य = प्रणम्य = प्रणाम करके। वि + क्री + य = विक्रीय = बेचकर।**

Lyap - 'Ya' remains out of lyap, which is used in place of **tvā** when a root proceeds a prefix; as - **ā + gam + ya = āgamya (after coming), pra + nam + ya = praṇamya** (after greeting).

3. **तुमुन्** - इसका **'तुम्'** शेष रह जाता है और यह मुख्य क्रिया के उद्देश्य को बताता है; जैसे - **पठ् + तुम् = पठितुम्** (पढ़ने को), **श्रु + तुम् = श्रोतुम्** (सुनने को)।

Tumun - **'Tum'** remains out of **'tumun',** which shows the purpose of the main verb; as -**paṭh + tum = paṭhitum** (for reading), **śru + tum = śrotum** (to hear).

4. **शतृ, शानच्** - शतृ का अत् और शानच् का 'आन' या 'मान' शेष रह जाता है। ये प्रत्यय वर्तमानकालिक विशेषण (होता हुआ आदि)को बताते हैं। परस्मैपदी धातुओं से शतृ और आत्मनेपदी धातुओं से शानच् हो जाता है। जैसे - **सः पठन् वदति। रामः चलन् हसति। वर्धमानाः वृक्षाः शोभन्ते। यतमानाः जनाः सफलाः भवन्ति।**

Śatṛ, śānac - The two suffixes are used to show present participle. **Śatṛ** is used after **Parasmaipadī** roots and **śānac** after **Ātmanepadī** roots. 'At' remains out of **śatṛ'** and **'āna'** or **'māna'** of **śānac**. Examples - **Saḥ paṭhan vadati. Rāmāḥ calan hasati. Vardhamānāḥ vṛkṣāḥ śobhante. Yatamānāḥ janāḥ saphalāḥ bhavanti.**

5. **(क) क्त** - इसका 'त' शेष रहता है। यह भूतकालिक विशेषण बनाता है; जैसे - **गम् + क्त = गत -गतः कालः न प्रत्यागच्छति।** स्त्रीलिंग में **'गता'** और नपुंसक लिंग में **'गतम्'** बनाकर विशिष्य (संज्ञा) के अनुसार लिंग, विभक्ति, वचन लगाकर प्रयोग करें। जैसे - पढ़े हुए पाठ को याद कर = **पठितं पाठं स्मर।**

Kta - 'Ta' remains out of it. Words made with **kta** are used as past partici-ples; as :- **Gataḥ kālaḥ na pratyagacchati** (gone time does not return); **paṭhitaṁ pāṭhaṁ smara** (learn by heart the lesson already learnt).

(ख) क्त - '**क्त**' का प्रयोग भूतकाल की क्रिया के रूप में भी होता है। इस पुस्तक में अकर्मक क्रियाओं के साथ इसका प्रयोग किया गया है। इसके लिंग और वचन कर्ता के अनुसार रखे जाते हैं; इसमें पुरुषों का भेद नहीं होता। जैसे – देव गया = **देवः गतः**। कन्या गई = **कन्या गता**। पत्ते गिरे = **पत्राणि पतितानि**।

Words made by kta may be used as the verbs of past tense but their gender and number should be according to the subjects in intransitive verbs, for which this suffix has been used in this book; as - **Devaḥ gataḥ** (Deva went), **kanyā gatā** (the girl went), **patrāṇi patitāni** (leaves fell).

6. **क्तवतु** - इसका प्रयोग भूतकाल की क्रिया के रूप में किया गया है। इसका तवत् शेष रहता है और 'बलवत्' के समान पुंल्लिंग में और स्त्रीलिंग में 'बलवती' बनाकर 'नदी' के समान तथा नपुंसक में 'बलवत्' नपुं. या 'जगत्' के समान रूपों का प्रयोग किया जाता है। लिंग और वचन को कर्ता के अनुसार इसमें भी रखिए। जैसे – राम ने पुस्तक पढ़ी = **रामः पुस्तकं पठितवान्।** छात्र स्कूल गए = **छात्राः विद्यालयम् गतवन्तः।** दस पत्ते गिरे = **दश पत्राणि पतितवन्ति।** दो लड़कियों ने कविता का पाठ किया = **द्वे कन्ये कवितायाः पाठं कृतवत्यौ।**

Ktavatu - Ir has been used as the verb of past tense. 'Tavat' remains out of this. The words made by this suffix have the same gender and number as their subjects have. They are declined like 'balavat' in masculine, like 'nadi' in feminine having **'ī'** at their end and like 'balvat' neut. 'jagat' in neuter gender; as - Rāma read the book = **Ramaḥ pustakaṁ paṭhitavān**. Students went to school = **Chātrāḥ vidyālayaṁ gatavantaḥ**. Ten leaves fell down = **Daśa patrāṇi patitavanti**. Two girls recited the poem = **Dve kanye kavitāyāḥ pāṭhaṁ kṛtavatyau.**

पठ् के समान रूपों वाली धातुएँ
(Roots Conjugated Like Paṭh)

धातु Root	अर्थ meaning	लट् Laṭ	लङ् Laṅ	लोट् Loṭ	लृट् Lṛṭ	विधिलिङ् Vidhiliṅ	प्रेरणार्थक Causative	त्वा Tvā	तुमुन् Tumun	शतृ śātṛ	क्त Kta	क्तवतु Ktavatu
इष्(इच्छ्) Iṣ (icch)	चाहना to wish	इच्छति icchat	ऐच्छत् aicchat	इच्छतु icchatu	एषिष्यति eṣiṣyati	इच्छेत् icchet	एषयति eṣayati	इष्ट्वा iṣṭvā	एष्टुम् eṣṭum	इच्छत् icchat	इष्ट iṣṭa	इष्टवत् iṣṭavat
कथ्(कथय्) Kath (kathay)	कहना to say	कथयति kathayati	अकथयत् akathayat	कथयतु kathayatu	कथयिष्यति kathyiṣyati	कथयेत् kathayet	कथयति kathayati	कथयित्वा kathayitvā	कथयितुम् kathyitum	कथयत् kathayat	कथित kathita	कथितवत् kathitavat
कृत्(कृन्त्) Kṛt (kṛnt)	कतरना (to cut or to know)	कृन्तति kṛntati	अकृन्तत् akṛntat	कृन्ततु kṛntatu	कर्त्तिष्यति karttiṣyati	कृन्तेत् kṛntet	कर्त्तयति karttayati	कर्तित्वा kartitvā	कर्तितुम् kartitum	कृन्तत् kṛntat	कृत्त kṛtta	कृत्तवत् kṛttvat
क्रीड् Krīḍ	खेलना To play	क्रीडति krīḍati	अक्रीडत् akrīḍat	क्रीडतु krīḍatu	क्रीडिष्यति krīḍiṣyati	क्रीडेत् krīḍet	क्रीडयति krīḍayati	क्रीडित्वा krīḍitvā	क्रीडितुम् krīḍitum	क्रीडत् krīḍat	क्रीडित krīḍita	क्रीडितवत् krīḍitavat
क्षल्(क्षालय्) Kṣal (kṣālay)	धोना To wash	क्षालयति kṣālayati	अक्षालयत् akṣālayat	क्षालयतु kṣālayatu	क्षालयिष्यति kṣālayisyati	क्षालयेत् kṣālayet	क्षालयति kṣālayati	क्षालयित्वा kṣālayitvā	क्षालयितुम् kṣālayitum	क्षालयत् kṣālayat	क्षालित kṣālita	क्षालितवत् kṣālitavat
क्षिप् Kṣip	फेंकना To throw	क्षिपति kṣipati	अक्षिपत् akṣipat	क्षिपतु kṣipatu	क्षेप्स्यति kṣepsyati	क्षिपेत् kṣipet	क्षेपयति kṣepayati	क्षिप्त्वा kṣiptvā	क्षेप्तुम् kṣeptum	क्षिपत् kṣipat	क्षिप्त kṣipta	क्षिप्तवत् kṣiptavat
खन् Khan	खोदना To dig	खनति khanati	अखनत् akhanat	खनतु khanatu	खनिष्यति khaniṣyati	खनेत् khanet	खनयति khanayati	खनित्वा khanitvā	खनितुम् khanitum	खनत् khanat	खनित khanita	खनितवत् khanitavat
खाद् Khād	खाना To eat	खादति khādati	अखादत् akhādat	खादतु khādatu	खादिष्यति khādiṣyati	खादेत् khādet	खादयति khādayati	खादित्वा khāditvā	खादितुम् khāditum	खादत् khadat	खादित khādita	खादितवत् khāditavat
गम्(गच्छ्) Gam (gacch)	जाना To go	गच्छति gacchati	अगच्छत् agacchat	गच्छतु gacchatu	गमिष्यति gamiṣyati	गच्छेत् gacchet	गमयति gamayati	गत्वा gatvā	गन्तुम् gantum	गच्छत् gacchat	गत gata	गतवत् gatavat
गर्ज् Garj	गरजना To roar	गर्जति garjati	अगर्जत् agarjat	गर्जतु garjatu	गर्जिष्यति garjiṣyati	गर्जेत् garjet	गर्जयति garjayati	गर्जित्वा garjitvā	गर्जितुम् garjitum	गर्जत् garjat	गर्जित garjita	गर्जितवत् garjitavat
गा(गाय्) Gā (gāy)	गाना To sing	गायति gāyati	अगायत् agāyat	गायतु gāyatu	गास्यति gāsyati	गायेत् gāyet	गापयति gāpayati	गीत्वा gītvā	गातुम् gātum	गायत् gāyat	गीत gīta	गीतवत् gītavat
घ्रा(जिघ्र) Ghra (jighr)	सूँघना To smell	जिघ्रति jighrati	अजिघ्रत् ajighrat	जिघ्रतु jigratu	घ्रास्यति ghrāsyati	जिघ्रेत् jighret	घ्रापयति ghrāpayati	घ्रात्वा ghrātā	घ्रातुम् ghrātum	जिघ्रत् jighrat	घ्रात ghrāta	घ्रातवत् ghrātavat

चर् Car	चरना, चलना To eat, to graze to walk	चरति carati	अचरत् acarat	चरतु caratu	चरिष्यति cariṣyati	चरेत् caret	चारयति cārayati	चरित्वा caritvā	चरितुम् caritum	चरत् carat	चरित carita	चरितवत् caritavat
चल् Cal	चलना To move	चलति calati	अचलत् acalat	चलतु calatu	चलिष्यति caliṣyati	चलेत् calet	चालयति cālayati	चलित्वा calitvā	चलितुम् calitum	चलत् calat	चलित calita	चलितवत् calitavat
चिन्त्(चिन्तय्) Cint (cintay)	सोचना To think	चिन्तयति cintayati	अचिन्तयत् acintayat	चिन्तयतु cintayatu	चिन्तयिष्यति cintayiṣyati	चिन्तयेत् cintayet	चिन्तयति cintayati	चिन्तयित्वा cintayitvā	चिन्तयितुम् cintayitum	चिन्तयत् cintayat	चिन्तित cintita	चिन्तितवत् cintitavat
चुर्(चोरय्) Cur (coray)	चुराना To steal	चोरयति corayati	अचोरयत् acorayat	चोरयतु corayatu	चोरयिष्यति corayiṣyati	चोरयेत् corayet	चोरयति corayati	चोरयित्वा corayitvā	चोरयितुम् corayitum	चोरयत् corayat	चोरित corita	चोरितवत् coritavat
जि(जय्) Ji (jay)	जीतना to win	जयति jayati	अजयत् ajayat	जयतु jayatu	जेष्यति jeṣyati	जयेत् jayet	जापयति jāpayati	जित्वा jitva	जेतुम् jetum	जयत् jayat	जित jita	जितवत् jitavat
ज्वल् Jval	जलना To burn	ज्वलति jvalati	अज्वलत् ājvalat	ज्वलतु jvalatu	ज्वलिष्यति jvaliṣyati	ज्वलेत् jvalet	ज्वालयति jvālayati	ज्वलित्वा jvalitvā	ज्वलितुम् jvalitum	ज्वलत् jvalat	ज्वलित jvalita	ज्वलितवत् jvalitavat
तड्(ताडय्) Taḍ (tāḍay)	पीटना To beat	ताडयति tāḍayati	अताडयत् atāḍayat	ताडयतु tāḍayatu	ताडयिष्यति tāḍayiṣyati	ताडयेत् tāḍayet	ताडयति tāḍayati	ताडयित्वा tāḍayitvā	ताडयितुम् tāḍyitum	ताडयत् tāḍayat	ताडित tāḍita	ताडितवत् tāḍitavat
तर्ज् Tarj	धमकाना To threaten	तर्जति tarjati	अतर्जत् atarjat	तर्जतु tarjatu	तर्जिष्यति tarjiṣyati	तर्जेत् tarjet	तर्जयति tarjayati	तर्जित्वा tarjitvā	तर्जितुम् tarjitum	तर्जत् tarjat	तर्जित tarjita	तर्जितवत् tarjitavat
तुल्(तोलय्) Tul (tolay)	तोलना To weight	तोलयति tolayati	अतोलयत् atolayat	तोलयतु tolayatu	तोलयिष्यति tolayiṣyati	तोलयेत् tolayet	तोलयति tolayati	तोलयित्वा tolayitvā	तोलयितुम् tolayitum	तोलयत् tolayat	तुलित tulita	तुलितवत् tulitavat
दा(यच्छ्) Dā (yacch)	देना To give	यच्छति yacchati	अयच्छत् ayacchat	यच्छतु yacchatu	दास्यति dāsyati	यच्छेत् yacchet	दापयति dāpayati	दत्त्वा dattvā	दातुम् dātum	यच्छत् yacchat	दत्त datta	दत्तवत् dattavat
दृश्(पश्य्) Dṛś (paśy)	देखना To see	पश्यति paśyati	अपश्यत् apśyat	पश्यतु paśyatu	द्रक्ष्यति drakṣyati	पश्येत् pśyet	दर्शयति darśayati	दृष्ट्वा dṛṣtvā	द्रष्टुम् draṣṭum	पश्यत् paśyat	दृष्ट dṛṣṭa	दृष्टवत् dṛṣṭavat
दंश् Daṁś	डसना To sting	दंशति daṁśati	अदंशत् adaṁśat	दंशतु daṁśatu	दंक्ष्यति daṁkṣyati	दंशेत् daṁśet	दंशयति daṁśayati	दष्ट्वा dasṭvā	दंष्टुम् daṁṣṭum	दंशत् daṁśat	दष्ट dasṭa	दष्टवत् dasṭavat
ध्वन् Dhvaṅ	शब्द करना To sound	ध्वनति dhvanati	अध्वनत् adhvanat	ध्वनतु dhvanatu	ध्वनिष्यति dhvaniṣyati	ध्वनेत् dhvanet	ध्वनयति dvanayati	ध्वनित्वा dhvanitvā	ध्वनितुम् dhvanitum	ध्वनत् dhvanat	ध्वनित dvanita	ध्वनितवत् dhvanitavat
नम् Nam	झुकना To bow	नमति namati	अनमत् anamat	नमतु namatu	नंस्यति naṁsyati	नमेत् namet	नमयति namayati	नत्वा natvā	नन्तुम् nantum	नमत् namat	नत nata	नतवत् natavat

नी(नय्) Nī (nay)	ले जाना To take	नयति nayati	अनयत् anayat	नयतु nayatu	नेष्यति neṣyati	नयेत् nayet	नाययति nāyayati	नीत्वा nītvā	नेतुम् netum	नयत् nayat	नीत nīta	नीतवत् nītavat
पच् Pac	पकाना To cook	पचति pacati	अपचत् apacat	पचतु pacatu	पक्ष्यति pakṣyati	पचेत् pacet	पाचयति pācayati	पक्त्वा paktvā	पक्तुम् paktum	पचत् pacat	पक्व pakva	पक्ववत् pakvavat
पठ् Paṭh	पढ़ना To read	पठति paṭhati	अपठत् apaṭhat	पठतु paṭhatu	पठिष्यति paṭhisyati	पठेत् paṭhet	पाठयति pāṭhayati	पठित्वा paṭhitvā	पठितुम् paṭhitum	पठत् paṭhat	पठित paṭhita	पठितवत् paṭhitavat
पत् Pat	गिरना To fall	पतति patati	अपतत् apatat	पततु patatu	पतिष्यति patiṣyati	पतेत् patet	पातयति pātayati	पतित्वा patitvā	पतितुम् patitum	पतत् patat	पतित patita	पतितवत् patitavat
प्रच्छ्(पृच्छ्) Pracch (pṛcch)	पूछना To ask	पृच्छति pṛcchati	अपृच्छत् apṛcchat	पृच्छतु pṛcchatu	प्रक्ष्यति prakṣyati	पृच्छेत् pṛcchet	प्रच्छयति praccha- yati	पृष्ट्वा pṛṣṭvā	प्रष्टुम् praṣṭun	पृच्छत् pṛcchat	पृष्ट pṛṣṭa	पृष्टवत् pṛṣṭavat
फल् Phal	फलना To produce	फलति phalati	अफलत् aphalat	फलतु phalatu	फलिष्यति phaliṣyati	फलेत् phalet	फलयति phalayati	फलित्वा phalitvā	फलितुम् phalitum	फलत् phalat	फलित phalita	फलितवत् phalitavat
भक्ष्(भक्षय्) Bhakṣ (bhakṣay)	खाना To eat	भक्षयति bhakṣa- yati	अभक्षयत् abhakṣa- yat	भक्षयतु bhakṣa- yatu	भक्षयिष्यति bhakṣayiṣ- yati	भक्षयेत् bhakṣa- yet	भक्षयति bhakṣa- yati	भक्षयित्वा bhakṣa- yitvā	भक्षयितुम् bhakṣa- yitum	भक्षयत् bhakṣa- yat	भक्षित bhak- ṣita	भक्षितवत् bhakṣita- vat
भर्त्स्(भर्त्सय्) Bharts (bhartsay)	धमकाना To threaton	भर्त्सयति bhartsa- yati	अभर्त्सयत् abhartsa- yat	भर्त्सयतु bhartsa- yatu	भर्त्सयिष्यति bhartsayiṣ- yati	भर्त्सयेत् bhartsa- yet	भर्त्सयति bhartsa- yati	भर्त्सयित्वा bhartsa- yitvā	भर्त्सयितुम् bhartsa- yitum	भर्त्सयत् bhartsa- yet	भर्त्सित bhart- sita	भर्त्सितवत् bhartsita- vat
भू(भव्) Bhu (bhav)	होना To be	भवति bhavati	अभवत् abhavat	भवतु bhavatu	भविष्यति bhaviṣyati	भवेत् bhavet	भावयति bhāvayati	भूत्वा bhūtvā	भवितुम् bhavitum	भवत् bhavat	भूत bhūta	भूतवत् bhūtavat
भ्रम् Bhram	घूमना To walk to move	भ्रमति bhramati	अभ्रमत् abhramat	भ्रमतु bhramatu	भ्रमिष्यति bhramiṣyati	भ्रमेत् bhramet	भ्रामयति bhrāma- yati	भ्रमित्वा bhramitvā	भ्रमितुम् bhramitum	भ्रमत् bhramat	भ्रान्त bhrānta	भ्रान्तवत् bhrāntavat
मुच्(मुञ्च्) Muc (munc)	छोड़ना To leave	मुञ्चति muñcati	अमुञ्चत् āmuñcat	मुञ्चतु muñcatu	मोक्ष्यति mokṣyati	मुञ्चेत् muñcet	मोचयति mocayati	मुक्त्वा muktvā	मोक्तुम् moktum	मुञ्चत् muñcat	मुक्त mukta	मुक्तवत् muktavat
यज् Yaj	यज्ञ करना To sacri- fice	यजति yajati	अयजत् ayajat	यजतु yajatu	यक्ष्यति yakṣyati	यजेत् yajet	याजयति yājayati	इष्ट्वा iṣṭvā	यष्टुम् yaṣṭum	यजत् yajat	इष्ट iṣṭa	इष्टवत् iṣṭavat
रक्ष् Rakṣ	रक्षा करना To save	रक्षति rakṣati	अरक्षत् arakṣat	रक्षतु rakṣatu	रक्षिष्यति rakṣiṣyati	रक्षेत् rakṣet	रक्षयति rakṣayat	रक्षित्वा rakṣitvā	रक्षितुम् rakṣitum	रक्षत् rakṣat	रक्षित rakṣita	रक्षितवत् rakṣitavat

रच्(रचय्) Rac (racay)	रचना To create	रचयति racayati	अरचयत् aracayat	रचयतु racayatu	रचयिष्यति racayiṣyati	रचयेत् racayet	रचयति racayati	रचयित्वा racayitvā	रचयितुम् racayitum	रचयत् racayat	रचित racita	रचितवत् racitvat
रट् Raṭ	रटना, दोहराना To repeat	रटति raṭati	अरटत् āraṭat	रटतु raṭatu	रटिष्यति ratiṣyati	रटेत् raṭet	रटयति raṭayati	रटित्वा raṭitvā	रटितुम् raṭitum	रटत् raṭat	रटित raṭita	रटितवत् raṭitavat
लिख् Likh	लिखना To write	लिखति likhati	अलिखत् alikhat	लिखतु likhatu	लेखिष्यति likhiṣyati	लिखेत् likhet	लेखयति lakhayati	लिखित्वा likhitvā	लेखितुम् lekhitum	लिखत् likhat	लिखित likhita	लिखितवत् likhitavat
लुप्(लुम्प) Lup (lump)	लुप्त करना To be vanished	लुम्पति lumpati	अलुम्पत् alumpat	लुम्पतु lumpatu	लोप्स्यति lopsyati	लुम्पेत् lumpet	लोपयति lopayati	लुप्त्वा luptvā	लोप्तुम् loptum	लुम्पत् lumpat	लुप्त lupta	लुप्तवत् luptavat
वद् Vad	बोलना To speak	वदति vadati	अवदत् avadat	वदतु vadatu	वदिष्यति vadiṣyati	वदेत् vadet	वादयति vādayati	उदित्वा uditvā	वदितुम् vaditum	वदत् vadat	उदित udita	उदितवत् uditavat
वस् Vas	रहना To live	वसति vasati	अवसत् avasat	वसतु vasatu	वत्स्यति vatsyati	वसेत् vaset	वासयति vāsayati	उषित्वा uṣitva	वस्तुम् vastum	वसत् vasat	उषित uṣita	उषितवत् uṣitavat
वह् Vah	बहना, ढोना To flow, to carry	वहति vahati	अवहत् avahat	वहतु vahatu	वक्ष्यति vakṣyati	वहेत् vahet	वाहयति vāhayati	ऊढ्वा ūḍhvā	वोढुम् voḍhum	वहत् vahat	ऊढ ūḍha	उढवत् ūḍhavat
वाञ्छ् Vañch	चाहना To desire	वाञ्छति vañchati	अवाञ्छत् avāñchat	वाञ्छतु vāñchatu	वाञ्छिष्यति vāñchiṣyati	वाञ्छेत् vāñchet	वाञ्छयति vañchayati	वाञ्छित्वा vañchitvā	वाञ्छितुम् vāñchitum	वाञ्छत् vāñchat	वाञ्छित vāñchita	वाञ्छितवत् vāñchitavat
विश् Viś	प्रवेश करना To enter	विशति viṣati	अविशत् āviśat	विशतु viśatu	वेक्ष्यति vekṣyati	विशेत् viśet	वेशयति veśayati	विष्ट्वा viṣṭvā	वेष्टुम् veṣṭum	विशत् viśat	विष्ट viṣṭa	विष्टवत् viṣṭavat
वृष् Vṛṣ	बरसना To rain	वर्षति varṣati	अवर्षत् avarṣat	वर्षतु varṣatu	वर्षिष्यति varṣiṣyati	वर्षेत् varṣet	वर्षयति varṣayati	वृष्ट्वा vṛṣṭvā	वर्षितुम् varṣitum	वर्षत् varṣat	वृष्ट vṛṣṭa	वृष्टवत् vṛṣṭavat
सिच्(सिञ्च्) Sic (siñc)	सींचना To irrigate	सिञ्चति siñcati	असिञ्चत् asiñcat	सिञ्चतु siñcatu	सेक्ष्यति sekṣyati	सिञ्चेत् siñcet	सेचयति secayati	सिक्त्वा siktvā	सेक्तुम् sektum	सिञ्चत् siñcat	सिक्त sikta	सिक्तवत् siktavat
स्था(तिष्ठ) Sthā (tiṣṭh)	ठहरना To stay	तिष्ठति tiṣṭhati	अतिष्ठत् ātiṣṭhat	तिष्ठतु tiṣṭhatu	स्थास्यति sthāsyati	तिष्ठेत् tiṣṭhet	स्थापयति sthāpayati	स्थित्वा sthitvā	स्थातुम् sthatum	तिष्ठत् tiṣṭhat	स्थित sthita	स्थितवत् sthitavat
हृ(हर्) Hṛ (har)	हरना, चुराना To take to steal	हरति harati	अहरत् aharat	हरतु haratu	हरिष्यति hariṣyati	हरेत् haret	हारयति hārayati	हृत्वा hṛtva	हर्तुम् hartum	हरत् harat	हृत hṛta	हृतवत् hṛtavat

कुछ विशेष धातुएँ

अस् As	होना To be	अस्ति asti	आसीत् āsīt	अस्तु astu	भविष्यति bhaviṣyati	स्यात् syāt	भावयति bhavayati	भूत्वा bhūtva	भवितुम् bhavitum	सत् sat	भूत bhūta	भूतवत् bhūtavat
अस् As	फेंकना To throw	अस्यति asyati	आस्यत् āsyat	अस्यतु asyatu	असिष्यति asiṣyati	अस्येत् asyet	आसयति āsayati	असित्वा asitvā	असितुम् asitum	अस्यत् asyat	अस्त asta	अस्तवत् astavat
कुप् Kup	गुस्से होना To be angry	कुप्यति kupyati	अकुप्यत् akupyat	कुप्यतु kupyatu	कोपिष्यति kopiṣyati	कुप्येत् kupyet	कोपयति kopayati	कुपित्वा kupitva	कोपितुम् kopitum	कुप्यत् kupyat	कुपित kupita	कुपितवत् kupiṭavat
क्रुध् Krudh	गुस्से होना To be angry	क्रुध्यति krudhyati	अक्रुध्यत् akrudhyat	क्रुध्यतु krudhyatu	क्रोत्स्यति krotsyati	क्रुध्येत् krudhyet	क्रोधयति krodhyati	क्रुद्ध्वा kruddhvā	क्रोद्धुम् krodd-hum	क्रुध्यत् krudh-yat	क्रुद्ध kru-ddha	क्रुद्धवत् krudd-havat
त्रस् Tras	डरना To be afraid	त्रस्यति trasyati	अत्रस्यत् atrasyat	त्रस्यतु trasyatu	त्रसिष्यति trasiṣyati	त्रस्येत् trasyet	त्रासयति trāsayati	त्रसित्वा trasitvā	त्रसितुम् trasitum	त्रस्यत् trasyat	त्रस्त trasta	त्रस्तवत् trastavat
त्रुट् Truṭ	टूटना To be broken	त्रुट्यति truṭyati	अत्रुट्यत् atruṭyat	त्रोट्यतु troṭyatu	त्रोटिष्यति troṭiṣyati	त्रुट्येत् truṭyet	त्रोटयति troṭayati	त्रुटित्वा truṭitvā	त्रोटितुम् troṭitum	त्रुट्यत् truṭyat	त्रुटित truṭita	त्रुटितवत् truṭitavat
नृत् Nṛt	नाचना To dance	नृत्यति nṛtyati	अनृत्यत् anṛtyat	नृत्यतु nṛtyatu	नर्तिष्यति nartiṣyati	नृत्येत् nṛtyet	नर्तयति nartayati	नर्तित्वा nartitva	नर्तितुम् nartitum	नृत्यत् nṛtyat	नृत्त nṛtta	नृत्तवत् nṛttvat
लुभ् Lubh	लोभ करना To be greedy	लुभ्यति lubhyati	अलुभ्यत् alubhyat	लुभ्यतु lubhatu	लोभिष्यति lobhiṣyati	लुभ्येत् lubhyet	लोभयति lobhayati	लुब्ध्वा lubdhvā	लोब्धुम् lobdhum	लुभ्यत् lubhyat	लुब्ध lubdha	लुब्धवत् lubdhvat
सिध् Sidh	सफल होना To get success	सिध्यति sidhyati	असिध्यत् asidhyat	सिध्यतु sidhyatu	सेत्स्यति setsyati	सिध्येत् sidhyet	सेधयति sedhayati	सिद्ध्वा siddhvā	सेद्धुम् seddhum	सिध्यत् sidhyat	सिद्ध siddha	सिद्धवत् siddhavat
आप् Āp	फैलना To spread	आप्नोति āpnoti	आप्नोत् āpnot	आप्नोतु āprotu	आप्स्यति āpsyati	आप्नुयात् āpnuyat	आपयति āpayati	आप्त्वा āptvā	आप्तुम् āptum	आप्नुवत् āpnuvat	आप्त āpta	आप्तवत् āptavat
शक् Śak	समर्थ होना To be able	शक्नोति śaknoti	अशक्नोत् aśaknot	शक्नोतु śaknotu	शक्ष्यति śkṣyati	शक्नुयात् śaknuyat	शाकयति śākayati	शक्त्वा śaktvā	शक्तुम् śaktum	शक्नुवत् śaknuvat	शक्त śakta	शक्तवत् śaktavat
श्रु Śru	सुनना To hear	शृणोति śṛṇoti	अशृणोत् aśṛṇot	शृणोतु śṛṇotu	श्रोष्यति śroṣyati	शृणुयात् śṛṇuyāt	श्रावयति śravayati	श्रुत्वा śrutvā	श्रोतुम् śrotum	शृण्वत् śṛṇvat	श्रुत śruta	श्रुतवत् śrutavat

क्री Krī	खरीदना To buy	क्रीणाति krīṇāti	अक्रीणात् akrīṇāt	क्रीणातु krīṇatu	क्रेष्यति kreṣyati	क्रीणीयात् krīṇīyāt	क्रापयति krāpayati	क्रीत्वा krītvā	क्रेतुम् kretum	क्रीणत् krīṇat	क्रीत krīta	क्रीतवन् krītavat
ज्ञा Jñā	जानना To know	जानाति jānāti	अजानात् ajānāt	जानातु jānātu	ज्ञास्यति jñāsyati	जानीयात् jāṇīyat	ज्ञापयति jñāpayati	ज्ञात्वा jñātvā	ज्ञातुम् jñatum	जानत् jānat	ज्ञात jñata	ज्ञातवत् jñātavat
ग्रह Grah	लेना, ग्रहण करना To take	गृह्णाति gṛhṇāti	अगृह्णात् agṛhṇāt	गृह्णातु gṛṇātu	ग्रहीष्यति grahīṣyati	गृह्णीयात् gṛhṇīyat	ग्राहयति grāhahayati	गृहीत्वा gṛhītvā	ग्रहीतुम् grahītum	गृह्णत् grahṇat	गृहीत gṛhīta	गृहीतवत् gṛhītavat

कुछ आत्मनेपदी धातुएँ

धातु Root	अर्थ meaning	लट् Laṭ	लङ् Laṅ	लोट् Loṭ	लृट् Lṛṭ	विधिलिङ् Vidhiliṅ	प्रेरणार्थक Causative	त्वा Tvā	तुमुन् Tumun	शानच् Sānac	क्त Kta	क्तवतु Ktavatu
चेष्ट् Ceṣṭ	चेष्टा करना To try	चेष्टते ceṣṭate	अचेष्टत aceṣṭata	चेष्टताम् ceṣṭatām	चेष्टिष्यते ceṣtiṣyate	चेष्टेत ceṣṭeta	चेष्टयति ceṣṭayati	चेष्टित्वा ceṣṭitvā	चेष्टितुम् ceṣṭitum	चेष्टमान ceṣṭamān	चेष्टित ceṣṭata	चेष्टितवत् ceṣṭitavat
जन् Jan	पैदा होना To be born	जायते jāyate	अजायत ajāyata	जायताम् jāyatām	जनिष्यते janiṣyate	जायेत jāyeta	जनयति janayati	जनित्वा janitvā	जनितुम् janitum	जायमान jāyamāna	जात jāta	जातवत् jatavat
मुद् Mud	खुश होना To be happy	मोदते modate	अमोदत amodata	मोदताम् modatām	मोदिष्यते modiṣyate	मोदेत modeta	मोदयति modayati	मुदित्वा muditvā	मोदितुम् moditum	मोदमान modamān	मुदित mudita	मुदितवत् muditavat
यत् Yat	यत्न करना To strive	यतते yatate	अयतत ayatata	यतताम् yatatām	यतिष्यते yatiṣyate	यतेत yateta	यातयति yātayati	यतित्वा yatitvā	यतितुम् yatitum	यतमान yatamāna	यतित yatita	यतितवत् yatitavat
रुच् Ruc	पसन्द होना To be liked	रोचते rocate	अरोचत arocata	रोचताम् rocatām	रोचिष्यते rocisyate	रोचेत roceta	रोचयति rocayati	रुचित्वा rucitvā	रोचितुम् rocitum	रोचमान rocamāna	रुचित rucita	रुचितवत् rucitavat
वन्द् Vand	नमस्कार करना To greet	वन्दते vandate	अवन्दत avandata	वन्दताम् vandatām	वन्दिष्यते vandiṣyate	वन्देत vandeta	वन्दयति vandayati	वन्दित्वा vanditvā	वन्दितुम् vanditum	वन्दमान vanda-māna	वन्दित vandita	वन्दितवत् vanditavat
वृध् Vṛdh	बढ़ना To increase	वर्धते vardhate	अवर्धत avardhata	वर्धताम् vardhatām	वर्धिष्यते vardhiṣyate	वर्धेत vardheta	वर्धयति vardhayati	वर्धित्वा vartitvā	वर्धितुम् vardhitum	वर्धमान vardha-māna	वृद्ध vṛddha	वृद्धवत् vṛdhavat

वृत् Vṛt	होना To be	वर्तते vartate	अवर्तत avartata	वर्तताम् vartatām	वर्तिष्यते vartiṣyate	वर्तेत varteta	वर्तयति vartayati	वर्तित्वा vartitvā	वर्तितुम् vbartitum	वर्तमान vartamāna	वृत्त vṛtta	वृत्तवत् vṛttavat
शिक्ष् Śikṣ	सीखना To get education	शिक्षते śikṣate	अशिक्षत aśikṣata	शिक्षताम् śikṣatām	शिक्षिष्यते śikṣiṣyate	शिक्षेत śikṣeta	शिक्षयति śikṣayati	शिक्षित्वा śikṣitvā	शिक्षितुम् śikṣitum	शिक्षमाण śikṣa-māṇa	शिक्षित śikṣita	शिक्षितवत् śikṣitavat
सेव् Sev	सेवा करना To serve	सेवते sevate	असेवत asevata	सेवताम् sevatām	सेविष्यते seviṣyate	सेवेत seveta	सेवयति sevayati	सेवित्वा sevitvā	सेवितुम् sevitum	सेवमान sevamāna	सेवित sevete	सेवितवत् sevetvat
उपसर्गपूर्वक कुछ धातुओं के रूप (Forms of some roots having prefixes)												
धातु Root	अर्थ meaning	लट् Laṭ	लङ् Laṅ	लोट् Loṭ	लृट् Lṛṭ	विधिलिङ् Vidhiliṅ	प्रेरणार्थक Causative	ल्यप् Lyap	तुमुन् Tumun	शतृ Śātṛ	क्त Kta	क्तवतु Ktavatu
आ + क्षिप्	आक्षेप करना	आक्षिपति	आक्षिपत्	आक्षिपतु	आक्षेप्स्यति	आक्षिपेत्	आक्षेपयति	आक्षिप्य	आक्षेप्तुम्	आक्षिपत्	आक्षिप्त	आक्षिप्तवत्
ā + kṣip	To object	ākṣipati	ākṣipat	ākṣipatu	ākṣepsyati	ākṣipet	aksepayati	ākṣipya	ākṣeptum	ākṣipat	ākṣipta	ākṣiptavat
सम् + क्षिप् sam + kṣip	संक्षेप करना To make brief	संक्षिपति saṁkṣi-pati	समक्षिपत् samakṣi-pat	संक्षिपतु saṁkṣi-patu	संक्षेप्स्यति saṁkṣeps-yati	संक्षिपेत् saṁkṣipet	संक्षेपयति saṁkṣe-payati	संक्षिप्य saṁkipya	संक्षेप्तुम् saṁkṣe-ptum	संक्षिपत् saṁkṣi-pat	संक्षिप्त saṁkṣ ṣipta	संक्षिप्तवत् saṁkṣip-tavat
आ + गम् (गच्छ्)	आना	आगच्छति	आगच्छत्	आगच्छतु	आगमिष्यति	आगच्छेत्	आगमयति	आगम्य / आगत्य	आगन्तुम्	आगच्छत्	आगत	आगतवत्
ā + gam	To come	āgacchati	āgacchat	āgacchatu	āgamiṣyati	āgacchet	āgama-yati	āgamya/ āgatya	āgantum	āgacchat	āgata	āgatavat
अधि + गम् adhi + gam	पाना To get	अधिगच्छति adhiga-cchati	अध्यगच्छत् adhyaga-cchat	अधिगच्छतु adhigacc-hatu	अधिगमिष्यति adhigamiṣ-yati	अधिगच्छेत् adhigacc-het	अधिगमयति adhigama-yati	अधिगम्य adhigamya	अधिगन्तुम् adhigan-tum	अधिगच्छत् adhigac-chat	अधिगत adhi-gata	अधिगतवत् adhigata vat
अव + गम् ava + gam	जानना To know	अवगच्छति avagacc-hati	अवागच्छत् avāgacc-hat	अवगच्छतु avagacc-hatu	अवगमिष्यति avagamiṣ-yati	अवगच्छेत् avagacc-het	अवगमयति avagama-yati	अवगम्य avagamya	अवगन्तुम् avagantum	अवगच्छत् avagacc-hat	अवगत avagata	अवगतवत् avagatavat
वि + जि (जय्) vi + ji (आत्मनै)	जीतना To win	विजयते vijayate	व्यजयत vyajayata	विजयताम् vijayatām	विजेष्यते vijeṣyate	विजयेत vijayata	विजापयति vijāpayati	विजित्य vijitya	विजेतुम् vijetum	विजयमान vijaya-māna	विजित vijita	विजितवत् vijitavat

प्र + दा (यच्छ्) pra + dā	देना To give	प्रयच्छति prāyacc-hati	प्रायच्छत् prāyacchat	प्रयच्छतु prayacc-hatu	प्रदास्यति pradāsyati	प्रयच्छेत् prayac-chet	प्रदापयति pradāpa-yati	प्रदाय pradāya	प्रदातुम् pradātum	प्रयच्छत् prayac-chat	प्रदत्त pra-datta	प्रदत्तवत् pradatta-vat
प्र + नम् pra + nam	प्रणाम करना To greet	प्रणमति praṇamati	प्राणमत् prāṇamat	प्रणमतु praṇamatu	प्रणंस्यति praṇaṁsyati	प्रणमेत् praṇamet	प्रणमयति praṇama-yati	प्रणम्य praṇamya	प्रणन्तुम् praṇan-tum	प्रणमत् praṇa-mat	प्रणत praṇata	प्रणतवत् praṇata-vat
आ + नी (नय्) ā + nī	लाना To bring	आनयति ānayati	आनयत् ānayat	आनयतु ānayatu	आनेष्यति āneṣyati	आनयेत् ānayet	आनाययति ānāyayati	आनीय ānīya	आनेतुम् ānetum	आनयत् ānayat	आनीत ānīta	आनीतवत् ānītavat
उत् + पत् ut + pat	उड़ना To fly	उत्पतति utpatati	उदपतत् udapatat	उत्पततु utpatatu	उत्पतिष्यति utpatisyati	उत्पतेत utpatet	उत्पातयति utpātayati	उत्पत्य utpatya	उत्पतितुम् utpatitum	उत्पतत् utpatat	उत्पतित utpatita	उत्पतितवत् utpatitavat
आ + रभ् ā + rabh	शुरू करना To begin	आरभते ārabhate	आरभत ārabhata	आरभताम् ārabhatām	आरप्स्यते ārapsyate	आरभेत ārabheta	आरम्भयति ārambha-yati	आरभ्य ārabhya	आरब्धुम् ārabdhum	आरभमाण arabha-māṇa	आरब्ध ārab-dha	आरब्धवत् ārabdha-vat
निः + सृ niḥ + sṛ	निकलना To go out	निःसरति niḥsarati	निरसरत् nirasarat	निःसरतु niḥsarata	निःसरिष्यति niḥsāriṣyati	निःसरेत् niḥsaret	निःसारयति niḥsārayati	निःसृत्य niḥsrtya	निःसर्तुम् niḥsartam	निःसरत् niḥsarat	निःसृत niḥsṛta	निःसृतवत् niḥsṛtavat
अनु + स्था anu + stha	करना To do	अनुतिष्ठति anutiṣ-ṭhati	अन्वतिष्ठत् anvatiṣṭhat	अनुतिष्ठतु anutiṣṭhatu	अनुष्ठास्यति anuṣṭhāsyati	अनुतिष्ठेत् anutiṣṭhet	अनुष्ठापयति anuṣṭhā-payati	अनुष्ठाय anuṣṭhāya	अनुष्ठातुम् anuṣṭhā-tum	अनुतिष्ठत् anutiṣ-ṭhat	अनुष्ठित anuṣ-ṭhita	अनुष्ठितवत् anuṣṭhita-vat
उप + विश् upa + viś	बैठना To sit	उपविशति upaviśati	उपाविशत् upāviśat	उपविशतु upaviśatu	उपवेक्ष्यति upavekṣyati	उपविशेत् upaviśet	उपवेशयति upaveśa-yati	उपविश्य upaviśya	उपवेष्टुम् upaveṣṭum	उपविशत् upaviśat	उपविष्ट upa-viṣṭa	उपविष्टवत् upaviṣṭa-vat
प्र + आप् pra + āp	प्राप्त करना To get	प्राप्नोति prāpnoti	प्राप्नोत् prāpnot	प्राप्नोतु prāpnotu	प्राप्स्यति prāpsyati	प्राप्नुयात् prāpnuyāt	प्रापयति prāpayati	प्राप्य prāpya	प्राप्तुम् prāptum	प्राप्नुवत् prāpnu-vat	प्राप्त prāpta	प्राप्तवत् prāpta-vat

परिशिष्ट – 3
Appendix - III

विशेष विभक्तियों का प्रयोग (Use of Special Case-endings)

1. **'प्रति'** (तरफ़) के प्रयोग में, जिसकी तरफ बताया जाये, उसमें द्वितीया विभक्ति होती है। जैसे – **शृगालः वनं प्रति धावति। मनुष्याः धनिकं प्रति आकृष्टाः भवन्ति।** (When **'prati'** (towards) is used the concerned noun takes second case-ending; as :- **'Śṛgālaḥ vanaṁ prati dhāvati. Manuṣyāḥ dhanikaṁ prati ākṛṣṭāḥ bhavanti).**

2. **विना** के योग में द्वितीया, तृतीया, पञ्चमी कोई भी विभक्ति हो सकती है। जैसे – **धर्मं** विना, **धर्मेण** विना, **धर्मात् विना वा सुखं न भवति।** (When 'vinā' is used, the concerned noun may take II, III or V case-ending; as - **Dharmaṁ vinā, dharmeṇa vinā, dharmāt vinā vā sukhaṁ na bhavati).**

3. जिस ओर गति होती हो, उसमें द्वितीया विभक्ति होती है। जैसे – **कृषकः क्षेत्रं गच्छति। मनुष्यः वृक्षम् आरोहति।** (The place towards which movement takes place is placed in II case-ending; as - **Kṛṣakaḥ kṣetraṁ gacchati. Manuṣyaḥ vṛikṣam ārohati).**

4. याच् और प्रच्छ धातुओं के योग में द्वितीया होती है जैसे – **भिक्षुकः धनिकं धनं याचते। छात्रः अध्यापकं प्रश्नान् पृच्छति।** (II case is used in the nouns concerned with yāc and prach roots as - **bhikṣukah dhanikam dhanaṁ yacate, chātraḥ adhyāpakaṁ praśnān pṛcchoti.**

5. **'सह, समम्, साकम्, सार्धम्'** इनका अर्थ साथ है। जिसके साथ क्रिया हो रही हो, उसमें तृतीया विभक्ति होती है। **('Saha, samaṁ, sākaṁ, sārdham'** these words are used in the meaning of 'with'. The noun with which action is shown, is placed in III case ending; as) - **रामेण सह सीता वनमगच्छत्। (Rāmeṇa saha Śītā vanamagacchat).**

6. **'अलम्'** अथवा **'कृतम्'** जब समाप्ति (बस) का अर्थ देते हैं, तो सम्बन्धित शब्द में तृतीया विभक्ति होती है, जैसे – (When **'alam'** or **'kṛtam'** indicate the termination of an activity, then the concerned noun takes III case-ending; as) - **अलं चिन्तया** (चिन्ता मत करो)। **कृतं शोकेन** (शोक बस करो।) **(Alaṁ cintayā** (enough of anxiety). **Kṛtaṁ śokena** (stop sorrowfulness.)

7. **'रुच्'** धातु के योग में जिसे वस्तु रुचे उसमें चतुर्थी विभक्ति होती है। (When 'ruc' root is used the noun which likes some-thing lakes IV case-ending as :- **मह्यम् पुष्पाणि रोचन्ते। गणेशाय मोदकानि रोचन्ते। (Mahyam puṣpāṇi rocante. Gaṇeśaya modakāni rocante.)**

8. **'नमः'** के योग में चतुर्थी विभक्ति होती है। (A noun takes IV case-ending when 'namaḥ' is used; as :- (**नमः शिवाय। नमः गुरवे**)। **(Namaḥ śivāya, namaḥ gurave).**

परिशिष्ट - 4
Appendix - IV

सन्धि-नियम (Rules of Sandhi)

सन्धि (Joining) :- वर्णों के पास-पास होने पर जो परिवर्तन होता है, उसे सन्धि कहते हैं। (The letters undergo some change due to proximity. This change is called sandhi).

सन्धियाँ मुख्य रूप से तीन प्रकार की हैं। Joinings mainly are of three kinds :- (1) स्वर सन्धि (Vowel-joining), (2) व्यञ्जन-सन्धि (Consonant-joining), and (3) विसर्ग-सन्धि (Visarga-joining).

इन तीन प्रकार की सन्धियों के भी अनेक भेद हैं। हम केवल स्वर-सन्धि के भेद विस्तार से बताएँगे और शेष के सन्धिच्छेद करने का ढंग बताएँगे। (These three kinds of sandhis are divided into other kinds also, but here we shall explain the 'Vowel-joinings' in details and for the rest, examples will be shown generally, so that you may be able to disjoin the words).

1. **दीर्घ सन्धि (Dīrgha Sandhi) :-** ह्रस्व या दीर्घ अ इ उ ऋ के बाद ह्रस्व या दीर्घ उसी प्रकार का स्वर आए तो दोनों का मिलकर एक दीर्घ हो जाता है, जैसे - (When a short or long a, i, u, ṛ is followed by the similar vowel, both of them are joined to be the long one; as).

   हिम + आलयः = हिमालयः (Hima + ālayaḥ = Himālayaḥ)

   रवि + इन्द्रः = रवीन्द्रः (Ravi + Indraḥ = Ravīndraḥ)

   भानु + उदयः = भानूदयः (Bhānu + Udayaḥ = Bhānūdayaḥ)

   पितृ + ऋणम् = पितॄणम् (Pitṛ + ṛṇam = Pitṝṇam)

2. **गुण सन्धि (Guṇa Sandhi) :-** ह्रस्व या दीर्घ अ के बाद यदि ह्रस्व या दीर्घ इ उ ऋ आ जाएँ तो अ के साथ मिलकर अगले वर्ण ए, ओ, अर् में बदल जाते हैं; जैसे - (When short or long 'a' is followed by short or long 'i, u, ṛ', then they are combined with 'a' to make 'e, o, ar' respectively, as) :-

   महा + ईशः = महेशः (Mahā + Īśaḥ = Maheśaḥ)

   गज + इन्द्रः = गजेन्द्रः (Gaja + Indraḥ = Gajendraḥ)

   सूर्य + उदयः = सूर्योदयः (Sūrya + Udayaḥ = Sūryodayaḥ)

   महा + ऋषिः = महर्षिः (Mahā + Ṛṣiḥ = Maharṣiḥ)

3. **वृद्धि सन्धि (Vṛddhi Sandhi) :-** ह्रस्व या दीर्घ अ के बाद ए या ऐ आने पर पूर्व-पर के मिलने से ऐ (ै) और ओ या औ आने पर पूर्व-पर के मिलने से औ (ौ) हो जाता है; जैसे - (When 'e' or 'ai' comes after 'a' or 'ā' then both are combined to be 'ai' and when 'o' or 'au' comes after 'a' or 'ā' then both are combined to be 'au'; as) :-

   सदा + एव = सदैव (Sadā + eva = Sadaiva)

महा + ऐश्वर्यम् = महैश्वर्यम् (Mahā + aiśvaryam = Mahaiśvaryam)

वन + ओषधिः = वनौषधिः (Vena + oṣadhiḥ = Vanauṣadhiḥ)

महा + औदार्यम् = महौदार्यम् (Mahā + audāryam = Mahaudāryam).

4. **यण् सन्धि (Yaṇ Sandhi) :-** यदि ह्रस्व या दीर्घ इ, उ, ऋ के बाद कोई असमान स्वर आ जाए, तो इ को य्, उ को व् और ऋ को र् हो जाता है; जैसे – (If short or long i, u, ṛ are followed by any different kind of vowel, then i is changed into y, u is changed into v and ṛ is changed into r; as) :-

देवी + उपासना = देव्युपासना (Devī + upāsanā = Devyupāsanā)

गुरु + आज्ञा = गुर्वाज्ञा (Guru + ājñā = Gurvājñā)

पितृ + आदेशः = पित्रादेशः (Pitṛ + ādeśaḥ = Pitrādeśaḥ)

5. **अयादि सन्धि (Ayādi Sandhi) :-** यदि ए, ऐ, ओ, औ के बाद कोई भी स्वर हो, तो ए को अय्, ऐ को आय्, ओ को अव् और औ को आव् हो जाता है, जैसे – (If e, ai, o, au are followed by any vowel then they are changed into ay, āy, av and āv respectively; as) :-

ने + अनम् = न् + अय् + अनम् = नयनम् (Ne + anam = Nayanam)

ने + अकः = न् + आय् + अकः = नायकः (Ne + akaḥ = Nāyakaḥ)

पो + अनः = प् + अव् + अनः = पवनः (Po + anaḥ = Pavanaḥ)

पौ + अकः = प् + आव् + अकः = पावकः (Pau + akaḥ = Pāvakaḥ)

6. **पूर्वरूप सन्धि (Pūrvarūpa Sandhi) :-** यह सन्धि संख्या 5 की सन्धि का अपवाद है। (This rule is the exception of the fifth sandhi). यदि शब्द के अन्तिम ए या ओ के बाद ह्रस्व अ आए तो उसे पहले का रूप हो जाता है, अर्थात् उसकी सत्ता नहीं रहती और वह था यह बताने के लिए अवग्रह चिह्न (ऽ) लगा देते हैं; जैसे – (If e or o comes at the end of a word and is followed by, short 'a' then 'a' is omitted and omission symbol is '’' inserted there; as) :-

वने + अपि = वनेऽपि (Vane + api = vane'pi)

सिंहो + अयम् = सिंहोऽयम् (Siṁho + ayam = siṁho'yam)

विशेष :- विसर्ग के बाद ह्रस्व अ आने पर अ के साथ मिलकर विसर्ग ओ में बदल जाता है और फिर पूर्वरूप हो जाता है। ऐसे शब्दों में सन्धिच्छेद करते समय पहले शब्द के अन्त में विसर्ग दिखाकर दूसरे शब्द के आरम्भ का 'अ' दिखा दें; जैसे – (If short 'a' comes after visarga, the visarga is changed into 'O' joining with the ending 'a', and the next 'a' is omitted due to Pūrvarūpa Sandhi, as) :-

सन्धिच्छेद (Disjoining) :-

ततोऽसौ = ततः + असौ (tato'sau = tataḥ + asau)

संसारोऽयम् = संसारः + अयम् (Saṁsāro'yam = saṁsāraḥ + ayam)

व्यञ्जन-सन्धियाँ (Consonant Joinings)

1. व्यञ्जन-सन्धियों में वर्गीय अक्षर पहला, तीसरा या पञ्चम में परिवर्तित हो जाता है। सन्धिच्छेद करते समय शब्दों के शुद्ध स्वरूप दिखा दीजिए; जैसे :-

तदस्ति =तत् + अस्ति। तन्मय =तत् + मय। विपत्तिः + विपद् + तिः।

(In consonant sandhis words of five-groups are changed into first, third or fifth. When you disjoin the words show their original forms; as) :-

tadasti = tat + asti, tanmaya = tat + maya, vipattiḥ = vipad + tiḥ.

2. तवर्गीय वर्ण चवर्गीय वर्णों में बदल जाते हैं। सन्धिच्छेद करते समय तवर्गीय वर्ण दिखा दें। जैसे :-**विपज्जाल = विपद् + जाल, उच्चारण =उत् + चारण, उच्छ्वासः = उत् + श्वासः।**

(While joining, ta-group is changed into ca-group. While dis-joining them show original letters; as) :-

vipajjāla = vipad + jāla, uccārana = ut + cārana, ucchvās = ut + śvās.

3. कई बार कुछ वर्ण द्वित्व हो जाते हैं। उन्हें सन्धिच्छेद करते समय मूल रूप में दिखा दें। जैसे :- **चलन्नपि = चलन् + अपि। सूर्य्यः = सूर्यः। धर्म्मः = धर्मः।**

Some times some letters are doubled. When you disjoin such words show single letters; as) :- **calannapi = calan + api, suryya = surya, dharmma = dharma.**

4. **न् को ण् का विशेष नियम** :- यदि ऋ, र्, ष् वाले शब्द में न् आ जाए और मध्य में चवर्ग, टवर्ग, तवर्ग और श्, स् को छोड़ कोई भी वर्ण आ जाए तो न् को ण् हो जाता है, परन्तु अन्तिम स्वरहीन न् को ण् नहीं होता। जैसे – **कृ + पनः = कृपणः, पत्र + आनि = पत्राणि, कृषक + इन = कृषकेण।** परन्तु **'रामान्, तृणेन, संरचना'** में न् को ण नहीं हुआ। क्यों? पूरा नियम देखकर उत्तर समझिए।

Special Rule of ṇ to n :- If ṛ, r, or ṣ is in a word and after that n comes, then n is changed into ṇ, but if any letter of ca-group, ṭa-group, ta-group or ś or s comes before n then n is not changed and also last n is not changed; as :-

Kṛ + panaḥ = kṛpaṇaḥ, patra + āni = patrāṇi, kṛṣaka + ina = kṛṣakeṇa. But in **Rāmān, tṛṇena, saṁracana** n is not changed. Why? study the complete rule and understand the answer.

विसर्ग-सन्धियाँ (Visarga Joinings)

विसर्गों को कहीं स्, कहीं श्, कहीं र् कहीं उ और कहीं उनका लोप हो जाता है। सन्धिच्छेद करते समय स्, श् आदि के बदले शब्दों के विसर्ग वाले मूल रूप को रख दीजिए ; तब सन्धिच्छेद हो जाएगा; जैसे – **ततश्च = ततः + च, मनुष्यस्तदा = मनुष्यः + तदा, रविरुदयति = रविः + उदयति, सिंहो यदा = सिंहः + यदा, अत एव = अतः एव, पुरुषा गच्छन्ति = पुरुषाः + गच्छन्ति।** (Visarga is changed into s, ś , r, u and some times that is omitted. While disjoining the words you should show their forms of visarga, as) :- **tataśca = tataḥ + ca, manuṣyas-tadā = manuṣyaḥ + tadā, ravirudayati = raviḥ + udyati, siṁho yadā = siṁhaḥ + yadā, ata eva = ataḥ + eva, puruṣā gacchanti = puruṣāḥ + gacchanti.**

परिशिष्ट – 5
Appendix - V

अव्यय (Indeclinables)

1. स्थानवाची अव्यय (Indeclinables of place) :-

अत्र, इह	(atra, iha)	=	यहाँ	(here)
तत्र	(tatra)	=	वहाँ	(there)
क्व, कुत्र	(kva, kutra)	=	कहाँ	(where)
यत्र	(yatra)	=	जहाँ	(where-ever)
सर्वत्र	(sarvatra)	=	सब जगह	(every where)
इतः	(itaḥ)	=	यहाँ से	(from here)
ततः	(tataḥ)	=	वहाँ से	(from there)
कुतः	(kutaḥ)	=	कहाँ से	(from where)
यतः	(yataḥ)	=	जहाँ से	(from which the place)
सर्वतः	(sarvataḥ)	=	सब ओर	(from all sides)
इतस्ततः	(itastataḥ)	=	इधर-उधर	(here and there)
उपरि	(upari)	=	ऊपर	(on, above)
अधः, अधस्तात्	(adhaḥ, adhastāt)	=	नीचे	(down, below)
उच्चैः	(uccaiḥ)	=	ऊँचा, ऊँचे	(high)
नीचैः	(nīcaiḥ)	=	नीचे, नीचा	(low, down)
बहिः	(bahiḥ)	=	बाहर	(out)
अन्तः	(antaḥ)	=	अन्दर	(inside)
पुरतः, अग्रतः	(purataḥ, agrataḥ)	=	सामने	(in front)

2. समयवाची अव्यय (Indeclinables showing time) :-

अद्य	(adya)	=	आज	(today)
अधुना, साम्प्रतम्, इदानीम्	(adhunā, sāmpratam idānīm)	=	अब, इस समय	(now)
तदा	(tadā)	=	तब	(then)
कदा	(kadā)	=	कब	(when)
यदा	(yadā)	=	जब	(at which time)
ततः	(tataḥ)	=	उसके बाद	(after that)
प्रातः	(prātaḥ)	=	सवेरा	(morning)
सायम्	(sāyaṁ)	=	शाम	(evening)
चिरम्, चिरात्, चिरेण	(ciram, cirāt, cireṇa)	=	देर	(late)

शीघ्रम्	(śīghram)	=	जल्दी	(soon)
त्वरितम्	(tvaritam)	=	जल्दी	(soon)
शनैः शनैः	(śanaiḥ śanaiḥ)	=	धीरे-धीरे	(slowly)
पुनः	(punaḥ)	=	फिर	(again)
यावत्	(yāvat)	=	जब तक	(as long)
तावत्	(tāvat)	=	तब तक	(so long)
अन्तिके, अभ्याशे, समीपे	(antike, abhyāśe, samipe)	=	पास, निकट	(near)
श्वः	(śvaḥ)	=	आने वाला कल	(tomorrow)
ह्यः	(hyaḥ)	=	बीता कल	(yesterday)
परश्वः	(paraśvaḥ)	=	आने वाला परसों	(day after tomorrow)
परह्यः	(parahyaḥ)	=	बीता परसों	(day before yesterday)
पुरा	(purā)	=	पुराने समय में	(in old days)
क्षिप्रम्	(kṣipram)	=	जल्दी	(at once)

3. संयोजक अव्यय (Conjuctions) :-

किम्	(kim)	=	क्या	(what)
अपि	(api)	=	क्या, भी	(also)
च	(ca)	=	और	(and)
तथा	(tathā)	=	वैसे	(like that)
यथा	(yathā)	=	जैसे	(as)
यत्	(yat)	=	कि	(that)
यतः	(yataḥ)	=	क्योंकि	(because)
परम्, परन्तु, किन्तु	(param, parantu, kintu)	=	लेकिन	(but)
यद्यपि	(yadhyapi)	=	चाहे	(though)
तथापि	(tathāpi)	=	तो भी	(yet)
यदि	(yadi)	=	अगर	(if)
तर्हि	(tarhi)	=	तो	(then)
तु	(tu)	=	तो	(even)
चेत्	(cet)	=	अगर, यदि	(if)

4. कुछ अन्य अव्यय (Some other indeclinables) :-

हि, खलु, ह	(hi, khalu, ha)	=	निश्चय से	(certainly)
न	(na)	=	नहीं	(not)
नैव	(naiva)	=	सर्वथा नहीं	(no, not at all)
नूनम्	(nūnam)	=	अवश्य	(must)

आम्, वाढम्	(ām, vāḍham)	=	हाँ	(yes)
इव	(iva)	=	समान, सदृश	(like)
इति	(iti)	=	यह, इस प्रकार	(this, in this way)
रे, अरे, भोः	(re, are, bhoḥ)	=	अरे	(O)
अहो	(aho)	=	आश्चर्य	(strange)
इत्थम्	(ittham)	=	इस प्रकार	(like this)
हा	(ha)	=	अफसोस	(alas)
हन्त	(hanta)	=	अफसोस	(alas)
सह, समम्, साकम्, सार्धम्	(saha, samam, sākam, sārdham)	=	साथ	(with)
अलम्	(alam)	=	बस, पर्याप्त	(stop, sufficient, enough)
नमः	(namaḥ)	=	प्रणाम, नमस्कार	(greetings)
विना, अन्तरेण	(vinā, antareṇa)	=	बगैर	(without)
मा	(mā)	=	मत, नहीं	(no, don't)
नितराम्	(nitarām)	=	सर्वथा	(completely)
स्वतः	(svataḥ)	=	अपने आप	(automatically)
एव	(eva)	=	ही	(only, certainly)
पृथक्	(pṛthak)	=	अलग	(separate)
परस्परम्, मिथः	(parasparam, mithaḥ)	=	आपस में	(mutually)
मिथ्या	(mithyā)	=	झूठ	(false)

परिशिष्ट – 6
Appendix - VI

कुछ व्यावहारिक विशेष वाक्य (Some practical special sentences)

(क) एक शब्द वाले वाक्य (Sentences having one word only) :-

(1)	आगम्यताम्	(Āgamyātām)	=	आइए	please (come)
(2)	आस्यताम्	(Āsyatām)	=	बैठिए	please (sit)
(3)	विश्राम्यताम्	(Viśrāmyatām)	=	आराम कीजिए	(take some rest)
(4)	गम्यताम्	(Gamyatām)	=	जाइए	please (Go)
(5)	श्रूयताम्	(Śrūyatām)	=	सुनिए	please (listen)
(6)	आरभ्यताम्	(Ārabhyatām)	=	शुरू कीजिए	please (begin)
(7)	चिन्त्यताम्	(Cintyatām)	=	सोचिए	please (think)
(8)	आकर्ण्यताम्	(Ākarṇyatām)	=	सुनिए	please (listen)
(9)	नीयताम्	(Nīyatām)	=	ले जाइए	please (take it)
(10)	आनीयताम्	(Ānīyatām)	=	ले आइए	please (bring)
(11)	क्रीयताम्	(Krīyatām)	=	खरीद. लीजिए	please (buy)
(12)	विक्रीयताम्	(Vikrīyatām)	=	बेच दीजिए	please (sell)
(13)	क्षम्यताम्	(Kṣamyatām)	=	क्षमा कीजिए	please (excuse me)

(ख) दो शब्द वाले वाक्य (Sentences having two words only) :-

(14)	चित्रं द्रष्टव्यम्	(Citraṁ draṣṭavyam)	=	पिक्चर देखनी चाहिए	(picture should be seen)
(15)	पाठः पठितव्यः	(Pāṭhaḥ paṭhitavyaḥ)	=	पाठ पढ़ना चाहिए	(lesson should be read)
(16)	भ्रमणं कर्त्तव्यम्	(Bhramanaṁ kartavyam)	=	सैर करनी चाहिए	(walk should be taken)
(17)	पुष्पाणि आनेतव्यानि	(Puṣpāṇi ānetvayāni)	=	फूल लाने चाहिए	(flowers should be brought)
(18)	सन्ध्या कर्त्तव्या	(Sandhyā kartavyā)	=	सन्ध्या करनी चाहिए	(meditation should be performed)
(19)	सत्यं वदितव्यम्	(Satyaṁ vadi tavyam)	=	सच बोलना चाहिए	(truth should be spoken)
(20)	तत्र गन्तव्यम्	(Tatra gantavyam)	=	वहाँ जाना चाहिए	(there must be gone)
(21)	गुरवः नन्तव्याः	(Guravaḥ nantavyāḥ)	=	गुरुओं को प्रणाम करना चाहिए	(teachers should be greeted)

विशेष (Note) :- 'तव्य' या 'अनीय' वाले वाक्यों में कर्म में प्रथमा लगानी चाहिए और कर्म के ही लिंग और

वचन के अनुसार 'तव्य' या 'अनीय' को रखना चाहिए। जब कर्ता दिखाना हो तो उसमें तृतीया विभक्ति लगाएँ। (The sentences which end in 'tavya' or 'anīya', the object takes first case-ending and the word made by 'tavya' or 'anīya' correspond to the gender and number of the object. If you want to show the subject also, that should be in III case-ending as :-

अकर्मक धातुओं का 'तव्य' प्रत्ययान्त शब्द नपुंसक लिंग एकवचन ही रहता है। (The word made by **'tavya'** with intransitive verbs remains in neuter gender and singular number).

(22)	**भवता / भवत्या मम वार्ता श्रोतव्या।**	=	**Bhavatā / bhavatyā mama vārtā śrotavyā.**
	आप को मेरी बात सुननी चाहिए।		You should listen to my talk.
(23)	**युष्माभिः आलस्यं न कर्त्तव्यम्।**	=	**Yuṣmābhiḥ ālasyaṁ na kartavyam.**
	तुम्हें आलस्य नहीं करना चाहिए।		You should not be lazy.
(24)	**बालकैः तत्र न गन्तव्यम्।**	=	**Bālakaiḥ tatra na gantavyam.**
	बालकों को वहाँ नहीं जाना चाहिए।		The boys should not go there.
(25)	**अस्माभिः प्रातः भ्रमितव्यम्।**	=	**Asmābhiḥ prātaḥ bhramitavyam.**
	हमें सवेरे घूमना चाहिए।		We should walk in the morning.
(26)	**तैः फलानि आनेतव्यानि।**	=	**Tailḥ phalāni ānetavyāni.**
	उन्हें फल लाने चाहिए।		They should bring fruits.

(ग) 'रोचते' के प्रयोग के वाक्य (Sentences using 'rocate') :-

(27)	**तुभ्यम् किं रोचते?**	=	**Tubhyaṁ kiṁ rocate?**
	तुझे क्या अच्छा लगता है?		What do you like?
(28)	**मह्यम् मिष्टान्नं रोचते।**	=	**Mahyaṁ miṣṭānnaṁ rocate.**
	मुझे मिठाई अच्छी लगती है।		I like sweets.
(29)	**किं तुभ्यमाम्राणि न रोचन्ते?**	=	**Kiṁ tubhyamāmrāṇi na rocante?**
	क्या तुम्हें आम अच्छे नहीं लगते?		Do you not like mangoes?
(30)	**मह्यमाम्राणि अपि रोचन्ते।**	=	**Mahyamāmrāṇi api rocante.**
	मुझे आम भी अच्छे लगते हैं।		I like mangoes also.
(31)	**कृष्णाय किं रोचते?**	=	**Kṛṣṇāya kim rocate?**
	कृष्ण को क्या पसन्द है?		What does Kṛṣṇa like?
(32)	**कृष्णाय नवनीतं रोचते।**	=	**Kṛṣṇāya navanītam rocate.**
	कृष्ण को मक्खन अच्छा लगता है।		Kṛṣṇa likes butter.
(33)	**मह्यम् कटुकौषधं न रोचते।**	=	**Mahyaṁ kaṭukauṣadhaṁ na rocate.**
	मुझे कड़वी दवाई नहीं भाती।		I donot like bitter medicine.

(घ) 'कृपया' का प्रयोग (Use of Kṛpayā) :-

(34)	**कृपया, मम वचनं श्रूयताम्।**	=	**Kṛpayā, mama vacanaṁ śrūyatām.**
	कृपा करके मेरी बात सुनिये।		Please, listen to my words.

(35) कृपया, तत्पुस्तकं दीयताम्। = Kṛpayā tat pustakaṁ dīyatām.
कृपा करके वह पुस्तक दे दीजिए। Please, give me that book.

(36) कृपया, शीतलं पेयं पीयताम्। = Kṛpayā, śītalam peyaṁ pīyatām.
कृपा करके ठण्डा पेय पी लीजिए। Please, drink the cold drink.

(37) कृपया, तत्र शीघ्रं गम्यताम्। = Kṛpayā tatra śīghraṁ gamyatām.
कृपा करके वहाँ जल्दी जाइए। Please, go there soon.

(ङ) क्तान्त शब्दों का विशेषण के रूप में प्रयोग (Use of words ending in 'kta' as adjectives) :-

(38) अहं श्रान्तोऽस्मि। = Ahaṁ śrānto'smi.
मैं थक गया हूँ। I am tired.

(39) अहं श्रान्ताऽस्मि। = Ahaṁ śrāntāsmi.
मैं थक गई हूँ। I am tired.

(40) सः बुभुक्षितोऽस्ति। = Saḥ bubhukṣito'sti.
वह भूखा है। He is hungry.

(41) सा बुभुक्षिताऽस्ति। = Sā bubhukṣitā'sti.
वह भूखी है। She is hungry.

(42) ते शिक्षिताः सन्ति। = Te śikṣitāḥ santi.
वे पढ़े लिखे हैं। The are educated.

(43) ताः अशिक्षिताः सन्ति। = Tāḥ aśikṣitaḥ santi.
वे अनपढ़ हैं। They (f.) are uneducated.

(44) पत्राणि पतितानि सन्ति। = Patrāṇi patitāni santi.
पत्ते गिरे हुए हैं। Leaves are fallen.

(45) ते गताः सन्ति। = Te gatāḥ santi.
वे गए हुए हैं। They have gone.

(46) ताः आगताः सन्ति। = Tāḥ āgatāḥ santi.
वे आई हुई है। Those (f.) have come.

(च) अकर्मक धातुओं के साथ क्रिया के रूप में 'क्त' का प्रयोग। (Use of kta with intransitve verbs as verbal forms) :-

(47) ते ग्रामं गताः। = Te grāmaṁ gatāḥ.
वे गाँव को गए हैं। They went to the village.

(48) वृक्षात् पत्राणि पतितानि। = Vṛkṣāt patrāṇi patitāni.
वृक्ष से पत्ते गिर गये हैं। Leaves have fallen from the tree.

(49) वयमधुनैव आगताः। = Vayamadhunaiva āgatāḥ.
हम अभी-अभी आए हैं। We have come just now.

(50) **ताः कुत्र गताः?** = **Tāḥ kutra gatāḥ?**
वे कहाँ गई हैं? Where have they gone (f.)?

(छ) शक् धातु का प्रयोग (Use of Śk root)

(51) **अहं चलितुं न शक्नोमि।** = **Ahaṁ calituṁ na śaknomi.**
मैं चल नहीं सकता। I cannot move.

(52) **बधिरः श्रोतुं न शक्नोति।** = **Badhiraḥ śrotuṁ na śaknoti.**
बहरा सुन नहीं सकता। A deaf man cannot hear.

(53) **अन्धः द्रष्टुं न शक्नोति।** = **Andhaḥ draṣṭum na śaknoti.**
अन्धा देख नहीं सकता। A blind man cannot see.

(54) **किं सा पठितुं शक्नोति?** = **Kiṁ sā paṭhitum śaknoti?**
क्या वह पढ़ सकती है? Can she read?

(55) **वयं पठितुं लेखितुं च शक्नुमः।** = **Vayaṁ paṭhitum lekhitum ca śaknumaḥ.**
हम पढ़ और लिख सकते हैं। We can read and write.

(56) **किं त्वं वृक्षमारोढुं शक्नोषि?** = **Kiṁ tvaṁ vṛkṣamāroḍhuṁ śaknoṣi?**
क्या तू वृक्ष पर चढ़ सकता है? Can you climb up a tree?

(57) **नैव, अहं वृक्षमारोढुं न शक्नोमि।** = **Naiva ahaṁ vṛkṣmāroḍhuṁ na śaknomi.**
नहीं, मैं वृक्ष पर नहीं चढ़ सकता। No, I cannot climb up the tree.

(58) **कमला गीतं गातुं शक्नोति।** = **Kamalā gītaṁ gātuṁ śaknoti.**
कमला गीत गा सकती है। Kamalä can sing a song.

(59) **मृगः तीव्रं धावितुं शक्नोति।** = **Mṛgaḥ tīvraṁ dhāvitum śaknoti.**
हरिण तेज दौड़ सकता है। A deer can run fast.

(ज) क्तवतु का क्रियाओं के रूप में प्रयोग (Use of 'ktavatu' as verbs)

(60) **सः कुत्र गतवान्?** = **Saḥ kutra gatavān?**
वह किधर गया? Where has he gone?

(61) **ते अत्रैव आगतवन्तः।** = **Te atraivāgatavantaḥ.**
वे यहीं आ गए हैं। They have come here.

(62) **ताः वस्त्राणि क्रीतवत्यः।** = **Tāḥ vastrāṇi krītavatyaḥ.**
उन (स्त्रियों) ने कपड़े खरीदे। Those (ladies) purchased clothes.

(63) **कमला ग्रामं गतवती।** = **Kamalā grāmaṁ gatavati.**
कमला गाँव को गई है। Kamala has gone to the village.

(64) **वयं तस्य भाषणं श्रुतवन्तः।** = **Vayaṁ tasya bhāṣaṇam śrutavantaḥ.**
हमने उसका भाषण सुना। We heard his speech.

(65) **त्वं प्रदर्शन्यां किं दृष्टवान्?** = **Tvaṁ pradarśanyāṁ kim dṛṣṭavān?**
तूने नुमायश में क्या देखा? What did you see in the exhibition?

(66)	अहं विविधानि पुस्तकानि दृष्टवान्, परं मम भगिनी वस्त्राणि दृष्टवती। मैंने कई पुस्तकें देखीं, परन्तु मेरी बहिन ने कपड़े देखे।	=	**Ahaṁ vividhāni pustakāni dṛṣṭavān, paraṁ mama bhaginī vastrāṇi dṛṣṭavatī.** I saw many books, but my sister saw clothes.
(67)	क्रिकेट-क्रीडायां भारतीयाः जितवन्तः। क्रिकेट के खेल में भारतीय जीत गए।	=	**Cricket-krīḍāyāṁ Bhāratīyāḥ jitavantaḥ.** Bharatiyas gained victory in the game of cricket.

(झ) मिले जुले वाक्य (Sentences of different kinds)

(68)	चिरायितोस्मि। मुझे (पुं.) देर हो रही है।	=	**Cirayito'smi** I (mas.) am being late.
(69)	चिरायिताऽस्मि। मुझे (स्त्री.) देर हो रही।	=	**Cirayitā'sim.** I (f.) am being late.
(70)	इदं कर्तुं समर्थो नास्मि। मैं यह नहीं कर सकता।	=	**Idaṁ kartuṁ samartho nāsmi.** I (m.) cannot do this.
(71)	इदं कर्तुं समर्था नास्मि। मैं यह नहीं कर सकती।	=	**Idaṁ kartuṁ samarthā nāsmi.** I (f.) cannot do this.
(72)	अपि स्वस्थो भवान्? क्या आप स्वस्थ तो हैं?	=	**Api svastho bhavān?** How do you do?
(73)	सर्वथा स्वस्थोऽस्मि। मैं बिल्कुल ठीक हूँ।	=	**Sarvathā svatho'smi.** I am quite healthy.
(74)	अपि स्वस्था भवती? क्या आप (स्त्री.) स्वस्थ हैं?	=	**Api svasthā bhavati?** How do you (f.) do?
(75)	सर्वथा स्वस्थाऽस्मि? मैं (स्त्री.) पूर्णरूप से स्वस्थ हूँ।	=	**Sarvathā svasthā'smi.** I (f.) am quite well.
(76)	किंचिदस्वस्थोऽस्मि। कुछ बीमार हूँ।	=	**Kiñcidasvastho'smi.** I (m.) am somewhat sick.
(77)	किंचिद्रुग्णोऽस्मि। कुछ रोगी हूँ।	=	**Kincidrugṇo'smi.** I am (m.) somewhat sick.
(78)	किंचिदस्वस्थाऽस्मि। मैं (स्त्री.) कुछ बीमार हूँ।	=	**Kimcidasvasthā'smi.** I (f.) am somewhat un-well.
(79)	धन्यवादः, भवतः / भवत्याः। आपका धन्यवाद।	=	**Dhanyavādaḥ bhavataḥ / bhavatyāḥ.** Thank you.
(80)	किं भवान् / भवती मया सह गमिष्यति? क्या आप मेरे साथ जाएँगे / जाएँगी?	=	**Kiṁ bhavān / bhavatī mayā saha gamiṣyati?** Will you go with me?

(81) आम्, अवश्यम्।
हाँ, जरूर।
= Ām, avaśyam.
Yes, certainly.

(82) प्रिय, इमानि फलानि गृह्यताम्।
प्रिय, ये फल ले लो।
= Priya, Imāni bhalani gṛhyatām.
Dear, take these fruits.

(83) श्रीमन् / महोदये, अनुगृहीतोऽस्मि / अनुगृहीताऽस्मि।
श्रीमान् जी / महोदया, मैं आपका / की अनुगृहीत हूँ।
= Śrīman / mahodye, anugṛhīto'smi / anugṛhītā'smi.
Sir, madam, I am thankful to you.

(84) कुत्र भवतः साक्षात्कारो भविष्यति?
आप से मेल कहाँ होगा?
= Kutra bhavataḥ sākṣathāro bhaviṣyati?
Where shall I see you?

(85) अहं पान्थालये स्थितोऽस्मि। तत्र भवताऽऽगन्तव्यम्।
मैं होटल में ठहरा हुआ हूँ। वहाँ आप आ जाइए।
= Ahaṁ pānthālaye sthito'smi, Tatra bhavatā' gantavayam.
I am staying in the hotel. You may reach there.

(86) यथासमयं प्राप्स्यामि।
मैं ठीक समय पर आ जाऊँगा।
= Yathāsamayaṁ prāpsyāmi.
I shall reach in time.

(87) आः भवतः / भवत्याः पुत्रजन्मोत्सवोऽयम्? दिष्ट्या वर्धते भवान् / भवती।
अहा, आपके पुत्र का जन्मोत्सव है। बधाई हो।
= Āḥ bhavataḥ / bhavatyāḥ putrajanmotsvo'yam? Diṣṭyā vardhate bhavān /bhavatī?
Oh! Is it the birth ceremony of your son? congratulations to you.

(88) उत्सवेऽवश्यमागन्तव्यम्।
उत्सव में अवश्य आना।
= Utsave'vaśyamāgantavyam.
Do attend the ceremony.

(89) अवश्यमेवागमिष्यामि।
जरूर आऊँगा / आऊँगी।
= Āvaśyamevāgamiṣyāmi.
I shall certainly come.

(90) भवान् / भवती कदा शिमलानगरं गमिष्यति?
आप शिमलानगर को कब जाएँगे / जाएँगी?
= Bhavān / bhavatī kadā śimalānagaraṁ gamiṣyati?
When will you leave for Śimalā town?

(91) मईमासस्याष्टादश्यां तिथौ गमिष्यामि।
मैं मई महीने की अठारह तारीख को जाऊँगा / जाऊँगी।
= Maymāsasyāṣṭadaśyāṁ tithau gamiṣyāmi.
I shall leave on the eighteenth of the month of May.

(92) केन यानेन भवान् / भवती गमिष्यति?
आप किस सवारी से जाएँगे / जाएँगी?
= Kena yānena bhavān / bhavatī gamiṣyati?
By which transport will you go there?

(93) रेलयानेन / बसयानेन।
रेलगाड़ी से / बस के द्वारा।
= Railyānena/basayānena.
By train/bus.

(94) रेलयानपर्यन्तं केन यानेन गमिष्यति भवान् / भवती ? = **Railyānaparyantaṁ kena yānena gamiṣyati bhavān / bhavatī?**
रेलगाड़ी तक आप किस सवारी से जाएँगे / जाएँगी। By which vehicle will you go upto train?

(95) भाटकयानेन तत्र पर्यन्तं गमिष्यामः। = **Bhāṭakayānena tatra paryantaṁ gamiṣyāmaḥ.**
टैक्सी द्वारा वहाँ तक हम जाएँगे। We shall go by a taxi upto that place.

(96) अन्यः कः का वा गमिष्यति ? = **Anyaḥ kaḥ kā vā gamiṣyati?**
और कौन जाएगा या जाएगी ? Who else will (male or female) go?

(97) मम भार्या / भर्ता, पुत्रः, पुत्री च। = **Mama bhāryā / bhartā, putraḥ putrī ca.**
मेरी पत्नी / मेरा पति, पुत्र और पुत्री। My wife / husband, a son and a daughter.

(98) अहमपि दिनद्वयानन्तरं शिमलानगरं प्राप्स्यामि। = **Ahamapi dinadvayānantaraṁ Śimalānagaraṁ prapsyāmi.**
मैं भी दो दिन के बाद शिमला नगर में पहुँच जाऊँगी। I shall also reach Shimla town after two days.

(99) बहुशोभनम्। = **Bahu śobhanam.**
बहुत अच्छा। Very well.

(100) भवान् दुर्घटनाग्रस्तो जातः इति ज्ञात्वा दुःखितोऽस्मि। = **Bhavān durghaṭanāgrasto jātaḥ iti jñātvā duḥkhito'smi.**
आप दुर्घटनाग्रस्त हो गए हैं; यह जानकर मैं दुःखित हूँ। I am sorry to know that you (m.) had an accident.

(101) भवती दुर्घटनाग्रस्ता जातेति ज्ञात्वा दुःखिताऽस्मि। = **Bhavatī durghaṭanāgrastā jāteti jñātvā dukhitā'smi.**
आप दुर्घटनाग्रस्त हो गई हैं, यह जानकर मैं दुःखी हो गई हूँ। You (f.) have had an accident, knowing this I (f.) feel very sorry.

(102) किं भवान् / भवती तीर्थयात्रायै गमिष्यति ? = **Kiṁ bhavān/bhavatī tīrthayātrāyai gamiṣyati?**
क्या आप तीर्थयात्रा के लिए जाएँगे / जाएँगी ? Will you go for pilgrimage?

(103) नैव, अहं गन्तुं न शक्नोमि। = **Naiva ahaṁ gantuṁ na śaknomi.**
नहीं मैं नहीं जा सकता / सकती। No, I am unable to go.

(104) वाढम्, अहं गमने प्रसन्नतामनुभविष्यामि। = **Vāḍham, ahaṁ gamane prasannatāmanubhaviṣyāmi.**
हाँ, मैं जाने में खुशी महसूस करूँगा/ करूँगी। Yes, I shall feel happy to go.

(105) भवान् / भवती प्रयागं गत्वा कुत्र स्थास्यति ? = **Bhavān / bhavatī prayāgaṁ gatvā kutra sthāsyati?**
आप प्रयाग में जाकर कहाँ ठहरेंगे/ ठहरेंगी Where shall you stay after reaching Prayaga?

(106) अहं पान्थशालायां स्थास्यामि, तत्र च सुरक्षितः / सुरक्षिता भविष्यामि। = **Ahaṁ Pānthaśālāyāṁ sthāsyāmi tatra ca surakṣitaḥ/surakṣitā bhaviṣyami.**
मैं होटल में ठहरूँगा / ठहरूँगी और वहाँ सुरक्षित रहूँगा/रहूँगी। I shall stay in a hotel and shall remain safe there.

(107) किमहमन्तः आगच्छेयम्? = **Kimahamantaḥ āgaccheyam?**
क्या मैं अन्दर आ सकता / सकती हूँ? May I come in?

(108) यथेच्छमागच्छतु भवान् / भवती। = **Yathecchamāgacchatu bhavān / bhavatī.**
आप इच्छानुसार आ सकते / सकती हैं। Yes, you may come as you wish?

(109) किमहं भवदीयं समाचारपत्रं पठितुमनुमतः / अनुमता? = **Kimahaṁ bhavadiyaṁ samācārapatraṁ paṭhitumanumataḥ / anumatā?**
क्या मैं आपका समाचारपत्र पढ़ सकता / सकती हूँ? May I read your newspaper?

(110) सहर्षं पठतु भवान् / भवती। = **Saharṣaṁ paṭhatu bhavān / bhavatī.**
प्रसन्नतापूर्वक पढ़िए। Read gladly.

(111) भद्र, किं वर्षीयान् भवान्? = **Bhadra, kiṁ varṣīyān bhavān?**
आप की उम्र क्या है, भाई? How old are you gentleman?

(112) भद्रे, किं वर्षीयसी भवती? = **Bhadre, kiṁvarṣīyasī bhavatī?**
बहिन, आप की उम्र क्या है? How old are you gentle-lady.

(113) अहमष्टाविंशति वर्षीयान् / वर्षीयसी अस्मि। = **Ahamaṣṭāviṁśati-varṣīyān / varṣīyasī asmi.**
मैं अट्ठाईस वर्ष का / की हूँ। I am twenty eight years old.

(114) कं व्यवसायं करोति भवान् / भवती? = **Kaṁ vyavasāyaṁ kroti bhavān / bhavatī?**
आप क्या काम करते / करती हैं? What do you do?

(115) अहं पत्रालयेऽधिकारी अस्मि। = **Ahaṁ patrālaye'dhikārī asmi.**
मैं डाकखाने में अधिकारी हूँ। I am an officer in the post office.

(116) अहं विद्यालयेऽध्यापिका अस्मि। = **Ahaṁ vidyālaye'dhyāpikā asmi.**
मैं स्कूल में अध्यापिका हूँ। I am a lady teacher in a school.

(117) किं युष्माकं संयुक्तो परिवारः? = **Kim yuṣmākaṁ saṁyukto parivāraḥ?**
क्या तुम्हारा संयुक्त परिवार है? Is your family joint?

(118) नैव, मम भ्राता भ्रातृजायया सह पृथक् वसति। = **Naiva, mama bhrātā bhratṛjāyayā saha pṛthak vasati.**
नहीं, मेरा भाई भावज के साथ अलग रहता है। No, my brother with his wife lives separately.

(119) कति ऋतवः भवन्ति? = **Kati ṛtavaḥ bhavanti?**
ऋतुएँ कितनी होती हैं? How many seasons are there?

(120)	ते षट् सन्ति - वसन्तर्तुः, ग्रीष्मर्तुः, वर्षर्तुः, शरदृतुः, हेमन्तर्तुः, शिशिरर्तुः च। =	Te ṣaṭ santi - Vasantartuḥ, Grīṣmartuḥ, Varṣartuḥ, Śardṛtuḥ, Hemantartuḥ, Śiśirartuḥ ca.
	वे छह हैं - वसन्तु ऋतु, ग्रीष्म ऋतु, वर्षा की ऋतु, शरद् ऋतु, हेमन्त ऋतु और शिशिर ऋतु।	They are six :- Spring season. Summer season, Rainy season, Śarad season, Hemanta season and Śiśira season.
(121)	कुत्रत्यः वास्तव्यो भवान्? =	Kutratyaḥ vastavyo bhavan?
	आप कहाँ के रहने वाले हैं?	Where do you (m.) live?
(122)	कुत्रत्या वास्तव्या भवती? =	Kuratyā vāstavyā bhavatī?
	आप कहाँ की रहने वाली हैं?	Where do you (f.) live?
(123)	अहं दिल्लीवास्तव्योऽस्मि। =	Ahaṁ Dillīvāstavyo'smi.
	मैं दिल्ली का रहने वाला हूँ।	I (m.) live in Delhi.
(124)	अहं कोलकातानगरवास्तव्याऽस्मि। =	Ahaṁ Kolakātānagaravāstavyā'smi.
	मैं कोलकाता नगर में रहती हूँ।	I (f.) live in Kolkata city.
(125)	कति सदस्याः सन्ति भवतः / भवत्याः परिवारे? =	Kati sadasyāḥ santi bhavataḥ / bhavatyāḥ parivāre?
	आपके परिवार में कितने सदस्य हैं?	How many members are there in your family?
(126)	मम परिवारे षट् सदस्याः सन्ति? =	Mama parivāre ṣaṭ sadasyāḥ santi.
	मेरे परिवार में छह सदस्य हैं।	There are six members in my family.
(127)	भवतः / भवत्याः परिवारे वर्षिष्ठः कोऽस्ति? =	Bhavataḥ / bhavatyāḥ parivāre varṣiṣṭhaḥ ko'sti?
	आपके परिवार में सबसे बड़ी आयु का कौन है?	Who is the eldest in your family?
(128)	मम परिवारे मम पिता वर्षिष्ठः अस्ति। =	Mama parivare mama pitā varṣiṣṭhaḥ asti.
	मेरे परिवार में मेरे पिता सबसे बड़ी आयु के हैं।	My father is the eldest in my family.
(129)	मम परिवारे मम श्वश्रूः, श्वशुरः च वर्षिष्ठौ स्तः। =	Mama parivāre mama śvaśrūḥ śvaśuraḥ ca varṣiṣṭhau staḥ.
	मेरे परिवार में मेरी सास और ससुर बड़े हैं।	My mother-in-law and my father-in-law are the eldest in my family.
(130)	कति बालाः सन्ति भवतः / भवत्याः परिवारे? =	Kati bālāḥ santi bhavataḥ / bhavatyāḥ parivāre?
	आपके परिवार में कितने बच्चे हैं?	How many children are there in your family?

(131) मम परिवारे त्रयः बालाः सन्ति, द्वौ बालकौ एका च कन्या। = **Mama parivāre trayaḥ bālāḥ santi, dvau bālakau ekā ca kanyā.**
मेरे परिवार में तीन बच्चे हैं - दो लड़के और एक लड़की। There are three children in my family - two boys and a girl.

(132) लघिष्ठः कोऽस्ति, तस्य च आयुः कियत्? = **Laghiṣṭhaḥ ko'sti, tasya ca āyuḥ kiyat?**
सबसे छोटा कौन है और उसकी उम्र क्या है? Who is the youngest of all and what is his age?

(133) लघिष्ठः मम पुत्र जयन्तोऽस्ति। तस्य आयुः द्विवर्षम् अस्ति। = **Laghiṣṭhaḥ mama putraḥ Jayanto'sti. Tasya āyuḥ dvivarṣam asti.**
सबसे छोटा मेरा पुत्र जयन्त है। उसकी आयु 2 साल की है। My son Jayanta is the youngest of all. He is two years old.

(134) कः का च कस्यां कस्यां कक्षायां पठतः? = **Kaḥ kā ca kasyāṁ kasyāṁ kakṣāyaṁ paṭhataḥ?**
कौन (लड़का) और कौन (लड़की) किस-किस कक्षा में पढ़ रहे हैं? In which classes are they reading?

(135) प्रवीणः षष्ठकक्षायाः छात्रोऽस्ति, सुधा च चतुर्थ्यां कक्षायां पठति? = **Pravina ṣaṣṭhakakṣāyāḥ chatro'sti Sudhā ca caturthyaṁ kakṣāyaṁ paṭhati.**
प्रवीण छठी कक्षा का विद्यार्थी है और सुधा-चौथी कक्षा में पढ़ती है। Pravina is a student of the sixth class and Sudha is reading in the fourth class.

(136) किं जयन्तोऽपि विद्यालयं गच्छति? = **Kiṁ jayanto'pi vidyālayaṁ gacchati?**
क्या जयन्त भी स्कूल जाता है? Does Jayanta also go to school?

(137) नैव, स तु विद्यालयं गन्तुमसमर्थः। सः गृहे एव तिष्ठति। = **Naiva, sa tu vidyālayaṁ gantumasamarthaḥ. Sa grihe eva tiṣṭhati.**
नहीं, वह तो स्कूल को जाने में असमर्थ है। वह घर पर ही रहता है। No, he is unable to go to school. He stays at home only.

(138) मित्र, भवतः परिवारस्तु संयुक्तो वर्तते। तत्र कति सदस्याः सन्ति? = **Mitra, bhavataḥ parivarastu saṁyukto vartate. Tatra kati sadasyāḥ santi?**
मित्र, आपका परिवार तो संयुक्त परिवार है। उस में कितने सदस्य हैं? Friend, your family is a joint family. How many members are there?

(139) अस्माकं संयुक्त-परिवारे षष्टिः जनाः सन्ति। = **Asmākaṁ saṁyukta-parivare ṣaṣṭih janāḥ santi.**
हमारे संयुक्त परिवार में साठ व्यक्ति हैं। There are sixty members in our joint-family.

(140) भवतः कति भ्रातरः कति च भगिन्यः अविवाहिताः सन्ति? = **Bhavataḥ kati bhrātaraḥ kati ca bhaginyaḥ avivāhitāḥ santi?**

	आपके कितने भाई और कितनी बहिनें, अविवाहित हैं?	How many of your brothers and sisters are unmarried?
(141)	आवां द्वौ भ्रातरौ विवाहितौ स्वः। एकः कनिष्ठः भ्राता एका च कनिष्ठा भगिनी अविवाहितौ स्तः। एका विवाहिता भगिनी स्व-श्वशुरालये एव वसति। हम दो भाई विवाहित हैं। एक सबसे छोटा भाई और एक सबसे छोटी बहिन अविवाहित हैं। एक विवाहित बहिन अपने ससुराल में ही रहती है।	Āvāṁ dvau bhrātarau vivāhitau svaḥ. Ekaḥ kaniṣṭhaḥ bhrātā ekā ca kaniṣṭhā bhaginī avivāhitau staḥ. Ekā vivāhitā bhaginī svaśvaśurālaye eva vasati. We two brothers are married. The youngest one brother and the youngest one sister are unmarried. One married sister is living in the house of her father-in-law.
(142)	कः कः मासस्य पक्षः भवति? महीने में कौन-कौन सा पक्ष होता है?	Kaḥ kaḥ māsasya pakṣaḥ bhavati? Which are the fortnights of a month?
(143)	मासस्य द्वौ पक्षौ भवतः – कृष्णपक्षः शुक्लपक्षः च। महीने के दो पक्ष होते हैं – कृष्णपक्ष और शुक्लपक्ष।	Māsasya dvau pakṣau bhavataḥ - Kṛṣṇa-pakṣaḥ Śuklapakṣaḥ ca. There are two fortnights in a month - Dark fortnight and Bright fortnight.
(144)	कस्मिन् पक्षे प्रतिदिनं चन्द्रस्य क्षयो भवति? किस पक्ष में चाँद हर रोज घटता है?	Kasmin pakṣe pratidinaṁ candrasya kṣayo bhavati? In which fortnight does the moon wane?
(145)	कृष्णे पक्षे चन्द्रस्य प्रतिदिनं क्षयो भवति। कृष्णपक्ष में चाँद घटता है।	Kṛṣṇe pakṣe candrasya pratidinaṁ kṣayo bhati. The moon wanes day by day in the dark fortnight.
(146)	कृष्णपक्षे कति तिथयः भवन्ति? कृष्णपक्ष में कितनी तिथियाँ होती हैं?	Kṛṣṇapakṣe kati tithayaḥ bhavanti? How many lunar days are there in the dark fortnight?
(147)	कृष्णपक्षे पञ्चदश तिथयः भवन्ति। अन्तिमा तिथिः अमावस्या भवति। कृष्णपक्ष में पन्द्रह तिथियाँ होती हैं। अन्तिम तिथि अमावस्या होती है।	Kṛṣṇapakṣe pañcadaśa tithayaḥ bhavanti. Antimā tithiḥ Amāvasyā bhavati. There are fifteen lunar days in the Black fortnight. The last one is called Amāvasyā.
(148)	कस्यां तिथौ चन्द्रः न प्रकाशते कस्यां च तिथौ वयं पूर्णं चन्द्रं पश्यामः?	Kasyāṁ tithau candraḥ na prakāśate kasyaṁ ca tithau vayuṁ pūrṇaṁ candraṁ paśyāmaḥ?

किस तिथि में चन्द्रमा नहीं चमकता और किस तिथि में हम पूरा चाँद देखते हैं? — In which lunarday the moon doesnot shine and in which do we see the full moon?

(149) अमावस्यायां चन्द्रः न प्रकाशते, परं पूर्णमास्यां वयं पूर्णं चन्द्रं पश्यामः। = **Amāvasyāyaṁ candraḥ na prakāśate, paraṁ purṇamāsyāṁ vayaṁ pūrnaṁ candraṁ paśyāmaḥ.**

अमावस्या में चाँद नहीं चमकता, पर पूर्णमासी को हम पूरा चाँद देखते हैं। — The moon does not shine on Amāvasyā, but we see full moon on Purnima.

(150) किं शुक्लपक्षेऽपि पञ्चदश तिथयः भवन्ति? = **Kiṁ śuklapakṣe'pi pañcadaśa tithayaḥ bhavanti?**

क्या शुक्ल पक्ष में भी पन्द्रह तिथियाँ होती हैं? — Are there fifteen lunardays in the bright fortnight?

(151) आम्, एवमेव। = **Ām, evameva.**

हाँ, ऐसा ही है। — Yes, it is so.

(152) तिथीनां नामानि वदतु भवान्। = **Tithīnām namāni vadatu bhavān.**

आप तिथियों के नाम सुनाइए। — Tell the names of lunardays.

(153) प्रतिपदा, द्वितीया, तृतीया, चतुर्थी, पञ्चमी, षष्ठी, सप्तमी, अष्टमी, नवमी, दशमी, एकादशी, द्वादशी, त्रयोदशी, चतुर्दशी। कृष्णपक्षस्य पञ्चदशीममावस्यां कथयामः, शुक्लपक्षस्य च पञ्चदशीं पूर्णमासीं वदामः। = **Pratipadā, dvitīyā, tṛtīyā, caturthī, pan-canī, ṣaṣṭhī, saptami, aṣṭamī, navamī, daśami, ekādaśī, dvādaśi, trayodaśī, caturdaśī. Kṛṣṇapakṣasya pañcadaśīm Māvasyaṁ kathayāmaḥ, Śuklapakṣasya ca pañcadaśīṁ Pūrṇamāsīṁ vadāmaḥ.**

प्रतिपदा आदि तिथियों के नाम हैं। कृष्ण पक्ष की पन्द्रहवीं तिथि अमा-वस्या और शुक्ल पक्ष की पूर्णमासी कहलाती है। = These days come one after the other. The fifteenth day of the Dark fortnight is called Amavasya and of the Bright one is called Purnamasi.

(154) कस्मिन् ऋतौ उष्णताधिका भवति? = **Kasmin ṛtau uṣṇatā'dhikā bhavati?**

किस ऋतु में गर्मी अधिक होती है? — In which season does maximum heat exist?

(155) ग्रीष्मर्तौ एव अधिकतमा उष्णता भवति। = **Grīṣmartau eva adhikatamā uṣṇatā bhavati.**

ग्रीष्म ऋतु में ही सबसे अधिक गर्मी होती है। — It is the summer season in which maximum heat takes place?

(156) ग्रीष्मर्तौ जनेभ्यः किं किं रोचते? = **Grīṣmartau janebhyaḥ kiṁ kiṁ rocate?**

ग्रीष्म ऋतु में लोग क्या-क्या पसन्द करते हैं। — What do the people like in the summer season?

(157) तेभ्यः शीतलं स्थानं, शीतलो वायुः शीतलानि पेयानि रोचन्ते। = **Tebhyaḥ śītalaṁ sthānaṁ, śītalo vāyuḥ, śītalāni ca peyāni rocante.**

उन्हें ठण्डी जगह, ठण्डी हवा और ठण्डे पेय पसन्द होते हैं। They like cool place, cool air, and cold drinks also.

(158) एतस्मिन् ऋतौ किं किमुपकरणं सुखदायकं भवति? = **Etasmin ṛtau kiṁ kimupakaraṇaṁ sukhadāyakaṁ bhavati?**

इस ऋतु में कौन-कौन सा साधन आराम पहुँचाता है? What tools are pleasing in this season?

(159) प्रशीतकाः, हिमकराः व्यजनानि च हितकराणि भवन्ति अस्मिन् ऋतौ। = **Praśītakāḥ, himakarāḥ vyajanāni ca hitakarāṇi bhavanti asmin ṛtau.**

कूलर, रैफ्रिजेटर और पंखे इस ऋतु में लाभप्रद होते हैं। Coolers, refrigerators and fans are useful in this season.

(160) शीततौं जनेभ्यः किं किं रोचते? = **Śītartau janebhyaḥ kiṁ kiṁ rocate?**

सर्दी की ऋतु में लोगों को क्या-क्या अच्छा लगता है? What things do the people like in the winter?

(161) एतस्मिन् ऋतौ जनेभ्यः उष्णानि स्थानानि, उष्णानि वस्त्राणि, उष्णानि पेयानि, शुष्काणि च फलानि रोचन्ते। = **Etasmin ṛtau janebhyaḥ uṣṇāni sthānāni, uṣṇāni vastrāṇi, uṣṇāni peyāni, śuṣkāṇi ca phalani rocante.**

इस ऋतु में लोग गर्म स्थान, गर्म कपड़े, गर्म पेय और सूखे मेवे पसन्द करते हैं। In this season the people like warm places, warm clothes, hot drinks and dry fruits.

(162) शीततौं कानि उपकरणानि सुखदायकानि भवन्ति? = **Śītartau kāni upakarṇāni sukhadāyakāni bhavanti?**

सर्दी के मौसम में कौन से उपकरण सुखदायक होते हैं। Which tools are pleasing in the winter?

(163) उष्मकाणि, उष्णवस्त्राणि, उष्णगृहाणि च हितकराणि अस्मिन् ऋतौ। = **Uṣmakāṇi, uṣṇavastrāṇi, uṣṇagṛhāṇi ca hitakarāṇi asmin ṛtau.**

हीटर, गर्म कपड़े, और गर्म घर इस ऋतु में सुखदायक होते हैं। Heaters, warm clothes and warm houses are pleasing in this season.

(164) कयोः ऋत्वोः वायुमण्डलं रोचते जनेभ्यः? = **Kayoḥ ṛtvoḥ vāyumaṇḍalaṁ rocate janebhyaḥ?**

किन दो ऋतुओं का मौसम लोग पसन्द करते हैं। Which are the two seasons, whose weather is liked by the people?

(165) वसन्तर्तोः शरदृतोः च वायुमण्डलं जनेभ्यः रोचते। = **Vasantartoḥ śaradṛtoḥ ca vāyumaṇḍalaṁ janebhyaḥ rocate.**

वसन्त-ऋतु और शरद् ऋतु का मौसम लोगों को अच्छा लगता है। The weather of the Spring and Śarad seasons is liked by the people.

(ञ) अस्माकं सहायकाः = हमारे सहायक
(Asmākam sahāyakāh) (Our helpers)

(166) अस्माकमनेके सहायकाः सन्ति, ये विविधानि कर्माणि कृत्वाऽस्मभ्यं सुखं यच्छन्ति। = **Asmākamaneke sahāyakāḥ santi, ye vividhāni karmāni kṛtvā'asmabhyaṁ sukhaṁ yacchanti.**
हमारे कई सहायक हैं, जो कई प्रकार के कार्य करके हमें सुख देतें हैं। Our helpers are many who please us by doing different works.

(167) रजकाः अस्माकं वस्त्राणि प्रक्षालयन्ति। = **Rajakāḥ asmākaṁ vastrāṇi prakṣālayanti.**
धोबी हमारे कपड़े धोते है। Washer-men wash our clothes.

(168) कुम्भकाराः अस्मभ्यं पात्राणि रचयन्ति। = **Kumbhakārāḥ asmabhyaṁ pātrāṇi racayanti.**
कुम्हार हमारे लिए बर्तन बनाते हैं। Potters make pots for us.

(169) नापिताः अस्माकं केशान् वपन्ति। = **Nāpitāḥ asmākaṁ keśān vapanti.**
नाई हमारे बालों को काटते हैं। Barbers make shaves and cut our hair.

(170) कृषकाः अस्मभ्यम् अन्नानि उत्पादयन्ति। = **Kṛṣakāḥ asmabhyam annāni utpādayanti.**
किसान हमारे लिए अनाज पैदा करते हैं। Farmer grow corns for us.

(171) भारिकाः अस्माकं भारमुत्थाप्य यथास्थानं प्रापयन्ति। = **Bhārikāḥ asmākaṁ bhāramutthāpya yathāsthānaṁ prāpayanti.**
भारवाहक (कुली) हमारा भार उठाकर ठीक स्थान पर पहुँचा देते हैं। Coolies carry our loads to the required place.

(172) मालाकाराः आरामेषु पादपान् आरोप्य वातावरणं मनोहरं कुर्वन्ति। = **Malākārāḥ ārāmeṣu pādapān aropya vātāvaraṇaṁ manoharaṁ kurvanti.**
माली पार्कों में पौधे लगाकर वातावरण को सुन्दर बनाते हैं। Gardners beautify the atomosphere by planting plants in parks.

(173) मार्जकाः भूमिं शोधयन्ति अवस्करं चापनयन्ति। = **Mārjakāḥ bhūmiṁ śodhayanti avaskaraṁ cāpanayanti.**
मेहतर भूमि को साफ करते और कूड़ा-कचरा दूर कर देते हैं। Sweapers clean the ground and remove rubbish.

(174) श्रमिकाः श्रमेण गृहाणां रचने सहायकाः सन्ति। = **Śramikāḥ śrameṇa gṛhāṇāṁ racane sahāyakāḥ santi.**
मज़दूर मेहनत द्वारा घरों को बनाने में सहायक होते हैं। Labourers are helpful in building of houses.

(175) वास्तुकलाकाराः गृहाणि रचयन्ति। = **Vastukalākārāḥ gṛhāṇi racayanti.**
मिस्त्री लोग घरों को बनाते हैं। Artisans build our houses.

(176)	चिकित्सकाः रोगान् अपहरन्ति, जनान् च स्वस्थान् कुर्वन्ति।	=	**Cikitsakāḥ rogān apaharanti, janān ca svasthān kurvanti.**
	डाक्टर रोगों को दूर करते और लोगों को स्वस्थ बनाते हैं।		Doctors remove deseases and make the people healthy.
(177)	अध्यापकाः अध्यापिकाः च छात्रान् छात्राः च पाठयित्वा साक्षरान् साक्षराः च कुर्वन्ति।	=	**Adhyāpakāḥ ādhyāpikāḥ ca chātrān chātraḥ ca pāṭhayitvā sākṣarān sākṣarāḥ ca kurvanti.**
	अध्यापक और अध्यापिकाएँ छात्रों और छात्राओं को पढ़ाकर उन्हें साक्षर बना देते हैं।		Teachers teach the students and make them literate.
(178)	आपणिकाः स्थानात् स्थानात् वस्तूनि संगृह्य अस्माकमावश्यकताः पूरयन्ति।	=	**Āpaṇikāḥ sthānāt sthānāt vastūni saṁgṛhya asmākamāvaśyakatāḥ purayanti.**
	दुकानदार जगह-जगह से वस्तुएँ इकट्ठी कर के हमारी आवश्यकताएँ पूर्ण करते हैं।		Shopkeeprs collect things from place to place and fulfil our demands.
(179)	रथवाहकाः यानैः अस्मान् अभीष्टं स्थानं प्रापयन्ति।	=	**Rathavāhakāḥ yānaiḥ asmān abhiṣṭaṁ sthānaṁ prapayanti.**
	ड्राइवर गाड़ियों द्वारा हमें इच्छित स्थानों पर पहुँचाते हैं।		Drivers carry us on their vehicles upto our desired places.
(180)	पत्रवाहकाः अस्मभ्यं प्रेषितपत्राणि प्रापयन्ति।	=	**Patravāhakāḥ asmabhyaṁ preṣita-patrāṇi prāpayanti.**
	डाकिए हमें डाक द्वारा आए हुए पत्र पहुँचा देते हैं।		Postmen deliver our letters to us.
(181)	सैनिकाः अस्माकं देशं परितः रक्षन्ति।	=	**Sainikāḥ asmākaṁ deśaṁ paritaḥ rakṣanti.**
	सैनिक हमारे देश की सब ओर से रक्षा करते हैं।		Soldiers protect our country from all sides.
(182)	आरक्षिणः देशे नागरिकाणां रक्षा-व्यवस्थाम् कुर्वन्ति।	=	**Ārakṣiṇaḥ deśe nāgarikāṇāṁ rakṣā-vyavasthām kurvanti.**
	पुलिस के सिपाही देश में नागरिकों की रक्षा का प्रबन्ध करते है।		Policemen save the citizens in the country.
(183)	न्यायाधिकारिणः अस्मभ्यं स्वाधिकारान् दत्त्वा महदुपकुर्वन्ति।	=	**Nyāyādhikāriṇaḥ asmabhyaṁ svādhi-kārān dattvā mahadupakurvanti.**
	न्यायाधिकारी हमें अपने अधिकार दे कर बहुत उपकार करते हैं।		Judges help us very much by giving us our rights.
(184)	उद्योगपतयः कार्यशालासु उपयोगीनि वस्तूनि सज्जीकृत्य अस्माकं कष्टानि हरन्ति।	=	**Udyogapatayaḥ kāryaśalāsu upayogīni vastūni sajjīkṛtya asmākaṁ kastāni haranti.**

	उद्योगपति कारखानों में उपयोगी वस्तुएँ तैयार करके हमारे कष्ट दूर करते हैं।		Industrialists prepare useful things in their factories and lessen our inconveniences.
(185)	प्रबन्धकाः जनतायै सुखसुविधानां प्रबन्धं कुर्वन्ति।	=	**Prabandhakāḥ janatāyai sukha-suvidhānāṁ prabandhaṁ kurvanti.**
	प्रबन्धक जनता के लिए सुख-सुविधाओं का प्रबन्ध करते हैं।		Administrators manage comforts for the people.
(186)	एवं विविधाःकार्यकर्तारः विविधानि कार्याणि कृत्वा जनानां हितं साधयन्ति।	=	**Evaṁ vividhāḥ kāryakartāraḥ vividhāni kāryāṇi kṛtvā janānāṁ hitaṁ sādhayanti.**
	इस प्रकार भिन्न-भिन्न कार्यकर्ता भिन्न-भिन्न प्रकार के कार्य कर के लोगों का भला करते हैं।		In this way different kinds of workers help the people by doing different works.

(च) किं कर्त्तव्यं किं च न। (Kim karttvyam kiṁ ca na.)

क्या करना चाहिए और क्या नहीं (What to be done and what not)

(187)	सदा मधुरं वक्तव्यम्।	=	**Sadā madhuraṁ vaktavyam.**
	सदा मीठा बोलना चाहिए।		Sweet words should always be spoken.
(188)	कटुवचनानि न वक्तव्यानि।	=	**Kaṭuvacanāni na vaktavyāni.**
	कड़वे वचन नहीं बोलने चाहिए।		Bitter words should not be spoken.
(189)	सत्यमेव वक्तव्यम्।	=	**Satyameva vaktavyam.**
	सच ही बोलना चाहिए।		Only truth should be spoken.
(190)	असत्यं नैव वक्तवयम्	=	**Asatyaṁ naiva vaktavyam.**
	झूठ नहीं बोलना चाहिए।		One should not tell a lie.
(191)	असमर्थानां सहायता कर्त्तव्या।	=	**Asamarthānāṁ sahāyatā kartavyā.**
	असमर्थों की सहायता करनी चाहिए।		The unable should be helped.
(192)	वृद्धानामङ्गरहितानां विकृताङ्गानां चोपहासः न कर्त्तव्यः।	=	**Vṛddhānāmaṅgarahitānāṁ vikṛtāṅgānaṁ copahāsaḥ na kartavyaḥ.**
	बूढ़ों, अंगरहितों और विकृत अंगवालों का मज़ाक नहीं उड़ाना चाहिए।		One should not cut jokes at the old people and deprived of or with deformed organs.
(193)	सुपात्रेभ्यः एव दानं दातव्यम्।	=	**Supātrebhyaḥ eva dānaṁ dātavyam.**
	योग्य पात्रों को ही दान देना चाहिए।		Deserving persons should be given alms.

(194) कुपात्रेभ्यः समर्थेभ्यश्च दानं न दातव्यम्। = **Kupātrebhyaḥ samarthebhyaśca dānaṁ na dātavyam.**

अयोग्य और समर्थ व्यक्तियों को दान नहीं देना चाहिए। Do not donate such persons who do not deserve and who are well to do.

(195) एकेन स्वादु वस्तु न भक्षणीयम्। = **Ekena svādu vastu na bhakṣaṇīyam.**

अकेले स्वादु वस्तु नहीं खानी चाहिए। Alone one should not eat delicious things.

(196) समीपस्थेभ्यः विभज्य भक्षणीयम्। = **Samipasthebhyaḥ vibhajya bhakṣaṇīyam.**

पास में स्थित लोगों में बाँट कर खाना चाहिए। One should eat after dividing it among the nearly sitting persons.

(197) वृथा कलहो न कर्तव्यः। = **Vṛthā kalaho na kartavyaḥ.**

व्यर्थ में झगड़ा नहीं करना चाहिए। One should not quarrel without any purpose.

(198) तत्र वक्तव्यम् यत्र तस्य फलं स्यात्। = **Tatra vaktavyaṁ yatra tasya phalaṁ syāt.**

वहीं बोलना चाहिए, जहाँ उसका कुछ लाभ हो। One should speak only there where it has some effect.

(199) सभायां शान्त्या स्थातव्यम्। = **Sabhāyāṁ śāntya sthātavyam.**

सभा में शान्ति से रहना चाहिए। One should remain quiet in a meeting.

(200) द्वयोः मध्ये न वक्तव्यम्। = **Dvayoḥ madhye na vaktavyam.**

दो के बीच में नहीं बोलना चाहिए। One should not speak when two persons are talking.

(201) सदा न्यायस्यैव पक्षः स्वीकर्तव्यः। = **Sadā nyāyasyaiva pakṣaḥ svīkartavyaḥ.**

सदा इन्साफ की ही तरफदारी करनी चाहिए। Always side with jusice.

(202) न्यायविरुद्धं नाचरणीयम्। = **Nyāyaviruddhaṁ nācaraṇīyam.**

न्याय के विपरीत कार्य नहीं करना चाहिए। One should not go against justice.

(203) सूर्योदयात् पूर्वमेव शय्या व्यक्तव्या। = **Suryodayāt pūrvameva śayyā tyaktavyā.**

सूर्य निकलने से पूर्व ही बिस्तर छोड़ देना चाहिए। One should leave the bed before the sun-rise.

(204) प्रतिदिनम् द्वयोः कालयोः सन्ध्या कर्तव्या। = **Pratidinaṁ dvayoḥ kālyoḥ sandhyā kartayā.**

हर रोज़ दोनों समय संध्या करनी चाहिए। One should meditate daily twice a day.

(205) **शुभकार्येषु आलस्यं न कर्त्तव्यम्।**	=	**Śubhakāryeṣu ālasyaṁ na kartavyam.**
अच्छे काम करने में आलस्य नहीं करना चाहिए।		One should not be late for doing a good work.
(206) **परधनस्य लोभो न कर्त्तव्यः।**	=	**Paradhanasya lobho na kartavyaḥ.**
दूसरे के धन का लोभ नहीं करना चाहिए।		One should not be greedy for other's wealth.
(207) **आत्मवत् सर्वभूतेषु द्रष्टव्यम्।**	=	**Ātmavat sarvabhūteśu draṣṭavyam.**
सब प्रणियों को अपने समान देखना चाहिए।		Look at all creatures as you look at your self.
(208) **दुराचारात् दूरे स्थातव्यम्।**	=	**Durācārāt dūre sthātavyam.**
दुराचार से बचे रहना चाहिए।		One should remain away from cruelty.
(209) **सज्जनैः सह संगतिः कर्त्तव्या, दुर्जनैः सह नैव।**	=	**Sajjanaiḥ saha saṅgatiḥ kartavyā, durjanaiḥ saha naiva.**
श्रेष्ठ व्यक्तियों का ही संग करना चाहिए, दुजर्न लोगों का नहीं।		One should remain in the company of good people and keep off the company of bad people.

परिशिष्ट - 7
Appendix - VII

संख्याः (Saṁkhyāḥ) गिनती (Numbers)

संस्कृत में चार तक की गिनती की संख्याएँ तीनों लिंगों में अलग-अलग होती हैं, परन्तु शेष संख्याएँ सभी लिंगों में समान होती हैं, जैसे – (Cardinal numbers from one to four are different in all genders but the rest are common; as) :-

पुँल्लिंग (Masculine) एकः, द्वौ, त्रयः, चत्वारः (ekaḥ, dvau, trayaḥ, catvāraḥ).

स्त्रीलिंग (Feminine) एका, द्वे, तिस्रः, चतस्रः (ekā, dve, tisraḥ, catasraḥ).

नपुंकलिंग (Neuter) एकम्, द्वे, त्रीणि, चत्वारि (ekam, dve, trīṇi, catvāri).

'एक' एकवचन, 'द्वि' द्विवचन और शेष संख्याएँ बहुवचन वाची संज्ञाओं के लिए प्रयुक्त होती हैं। जैसे – एकः पुरुषः, द्वौ पुरुषौ, त्रयः पुरुषाः। ('eka' for singular, 'dvi' for dual and all other numbers are used for plural nouns; as 'ekaḥ puruṣaḥ, dvau puruṣau, trayaḥ puruṣāḥ).

अब शेष संख्याएँ देखिए (Now note other cardinal numbers) :-

पञ्च (Pañca)	पञ्चदश (Pañcadaśa)	पञ्चविंशतिः (Pañcaviṁśatiḥ)	पञ्चत्रिंशत् (Pañcatriṁśat)
षट् (Ṣaṭ)	षोडश (Ṣoḍaśa)	षड्विंशतिः (Ṣaḍviṁśatiḥ)	षट्त्रिंशत् (Ṣaṭtriṁśat)
सप्त (Sapta)	सप्तदश (Saptadaśa)	सप्तविंशतिः (Saptaviṁśatiḥ)	सप्तत्रिंशत् (Saptatriṁśat)
अष्ट, अष्टौ (Aṣṭa, Aṣṭau)	अष्टादश (Aṣṭādaśa)	अष्टाविंशतिः (Aṣṭāviṁśatiḥ)	अष्टात्रिंशत् (Aṣṭātriṁśat)
नव (Nava)	नवदश (Navadaśa)	नवविंशतिः (Navaviṁśatiḥ)	नवत्रिंशत् (Navatriṁśat)
दश (Daśa)	विंशतिः (Viṁśatiḥ)	त्रिंशत् (Triṁśat)	चत्वारिंशत् (Catvāriṁat)
एकादश (Ekādaśa)	एकविंशतिः (Ekaviṁśatiḥ)	एकत्रिंशत् (Ekatriṁśat)	एकचत्वारिंशत् (Ekacatvāriṁśat)
द्वादश (Dvādaśa)	द्वाविंशतिः (Dvāviṁśatiḥ)	द्वात्रिंशत् (Dvātriṁśat)	द्विचत्वारिंशत् (Dvicatvāriṁśat)
त्रयोदश (Trayodaśa)	त्रयोविंशतिः (Trayoviṁśatiḥ)	त्रयस्त्रिंशत् (Trayastriṁśat)	त्रिचत्वारिंशत् (Tricatvāriṁśat)
चतुर्दश (Caturdaśa)	चतुर्विंशतिः (Caturviṁśatiḥ)	चतुस्त्रिंशत् (Catustriṁśat)	चतुश्चत्वारिंशत् (Catuścatvāriṁśat)

पञ्चत्वारिंशत्
(Pañcacatvāriṁśat)

षट्त्वारिंशत्
(Ṣaṭcatvāriṁśat)

सप्तचत्वारिंशत्
(Saptacatvāriṁśat)

अष्टाचत्वारिंशत्
(Aṣṭācatvāriṁśat)

नवचत्वारिंशत्
(Navacatvāriṁśat)

पञ्चाशत्
(Pañcāśat)

एकपञ्चाशत्
(Ekapañcāśat)

द्विपञ्चाशत्
(Dvipañcāśat)

त्रिपञ्चाशत्
(Tripañcāśat)

चतुःपञ्चाशत्
(Catuḥpañcāśat)

पञ्चपञ्चाशत्
(Pañcapañcāśat)

षट्पञ्चाशत्
(Ṣaṭpañcāśat)

सप्तपञ्चाशत्
(Saptapañcāśat)

अष्टपञ्चाशत्
(Aṣṭapañcāśat)

नवपञ्चाशत्
(Navapañcāśat)

षष्टिः
(Ṣaṣṭiḥ)

एकषष्टिः
(Ekaṣaṣtiḥ)

द्विषष्टिः
(Dvisaṣtiḥ)

त्रिषष्टिः
(Triṣaṣṭiḥ)

चतुःषष्टिः
(Catuḥṣaṣṭiḥ)

पञ्चषष्टिः
(Pañcasaṣtiḥ)

षट्षष्टिः
(Saṭṣaṣtiḥ)

सप्तषष्टिः
(Saptaṣaṣṭiḥ)

अष्टषष्टिः
(Aṣṭaṣaṣṭiḥ)

नवषष्टिः
(Navaṣaṣṭiḥ)

सप्ततिः
(Saptatiḥ)

एकसप्ततिः
(Ekasaptatiḥ)

द्विसप्ततिः
(Dvisaptatiḥ)

त्रिसप्ततिः
(Trisaptatiḥ)

चतुःसप्ततिः
(Catuḥsaptatiḥ)

पञ्चसप्ततिः
(Pañcasaptatiḥ)

षट्सप्ततिः
(Ṣaṭsaptatiḥ)

सप्तसप्ततिः
(Saptasaptatiḥ)

अष्टसप्ततिः
(Aṣṭasaptatiḥ)

नवसप्ततिः
(Navasaptatiḥ)

अशीतिः
(Aśītiḥ)

एकाशीतिः
(Ekāśītiḥ)

द्व्यशीतिः
(Dvyaśītiḥ)

त्र्यशीतिः
(Tryaśītiḥ)

चतुरशीतिः
(Caturaśītiḥ)

पञ्चाशीतिः
(Pañcāśītiḥ)

षडशीतिः
(Ṣaḍaśītiḥ)

सप्ताशीतिः
(Saptāśītiḥ)

अष्टाशीतिः
(Aṣṭāśītiḥ)

नवाशीतिः
(Navāśītiḥ)

नवतिः
(Navatiḥ)

एकनवतिः
(Ekanavatiḥ)

द्विनवतिः
(Dvinavatiḥ)

त्रिणवतिः
(Triṇavatiḥ)

चतुर्णवतिः
(Caturṇavatiḥ)

पञ्चनवतिः
(Pancanavatiḥ)

षण्णवतिः
(Ṣaṇṇavatiḥ)

सप्तनवतिः
(Saptanavatiḥ)

अष्टनवतिः
(Aṣṭanavatiḥ)

नवनवतिः
(Navanavatiḥ)

शतम्
(Śatam)

सहस्रम् (Sahasram) = हज़ार (Thousand)
लक्षम् (Lakṣam) = लाख (Lac)
कोटिः (Koṭiḥ) = करोड़ (Hundred Lacs)

विशेष :- बड़ी संख्याओं को बताने के लिए सबसे कम मूल्य वाली संख्याओं को बताकर आगे 'अधिक' या 'उत्तर' शब्द जोड़कर अधिक मूल्य वाली संख्याएं बताते जाएँ। जैसे - 5642 को हम यों लिखेंगे - **द्विचत्वारिंशत-दुत्तरषट्शताधिकपञ्चसहस्रम्।** ऐसे ही 172202 = **द्वयधिकद्विशतोत्तरद्विसप्ततिसहस्रैकलक्षम्।**

Note :- To express higher numbers you should use 'adhika' or 'uttara' words after the numbers of less value and add numbers of higher value; as 5642 will be written in words in this way - **Dvicatvāriṁśaduttaraṣaṭśatādhikapancasahasram.** In the same way, we shall write 172202 in the following words :- **dvyadhikadviśato-ttaradvisptatisahsraikalakṣam.**

अब क्रमवाची संख्याओं को समझिए जो प्रत्येक लिंग में भिन्न-भिन्न होती हैं (Now understand the ordinal numbers which have different forms in each gender) :-

पुँल्लिंग **Masculine**	स्त्रीलिंग **Feminine**	नपुंसकलिंग **Neuter**
प्रथमः **prathamaḥ**	प्रथमा **prathamā**	प्रथमम् **prathamam**
द्वितीयः **dvitīyaḥ**	द्वितीया **dvitīyā**	द्वितीयम् **dvitīyam**
तृतीयः **tṛtīyaḥ**	तृतीया **tṛtīyā**	तृतीयम् **tṛtīyam**
चतुर्थः **caturthaḥ**	चतुर्थी **chaturthī**	चतुर्थम् **cadurtham**
पञ्चमः **pañcamaḥ**	पञ्चमी **pañcamī**	पञ्चमम् **pañcamam**
षष्ठः **Ṣasṭhaḥ**	षष्ठी **Ṣasṭhī**	षष्ठम् **Saṣṭham**
सप्तमः **saptamaḥ**	सप्तमी **saptamī**	सप्तमम् **saptamam**
अष्टमः **aṣṭamaḥ**	अष्टमी **aṣṭamī**	अष्टमम् **aśṭamam**
नवमः **navamaḥ**	नवमी **navamī**	नवमम् **navamam**
दशमः **daśamaḥ**	दशमी **daśamī**	दशमम् **daśamam**
एकादशः **ekādaśaḥ**	एकादशी **ekādaśī**	एकादशम् **ekādaśam**
द्वादशः **dvādaśaḥ**	द्वादशी **dvādaśī**	द्वादशम् **dvādaśam**
त्रयोदशः **trayodaśaḥ**	त्रयोदशी **trayodaśī**	त्रयोदशम् **trayodaśam**
चतुर्दशः **caturdaśaḥ**	चतुर्दशी **caturdaśī**	चतुर्दशम् **caturdaśam**
पञ्चदशः **pañcadaśaḥ**	पञ्चदशी **pañcadaśī**	पञ्चदशम् **pancadaśam**

षोडशः **Ṣoḍaśaḥ**	**षोडशी** **Ṣoḍaśī**	**षोडशम्** **Ṣoḍaśam**
सप्तदशः **saptadaśaḥ**	**सप्तदशी** **saptadaśī**	**सप्तदशम्** **saptadaśam**
अष्टादशः **aṣṭādaśaḥ**	**अष्टादशी** **aṣṭādaśī**	**अष्टादशम्** **aṣṭādaśam**
नवदशः **navadaśaḥ**	**नवदशी** **navadaśī**	**नवदशम्** **navadaśam**
विंशः, विंशतितमः **viṁṣaḥ, viṁśatitamaḥ**	**विंशी, विंशतितमी** **viṁśī, viṁśatitamī**	**विंशम्, विंशतितमम्** **viṁśam, viṁśatitamam**
त्रिंशः, त्रिंशत्तमः **triṁśaḥ, triṁśattamaḥ**	**त्रिंशी, त्रिंशत्तमी** **triṁśī, triṁśattamī**	**त्रिंशम्, त्रिंशत्तमम्** **triṁśam, triṁśattamam**
चत्वारिंशः, चत्वारिंशत्तमः **catvāriṁśah, catvā-riṁsattamaḥ**	**चत्वारिंशी, चत्वारिंशत्तमी** **catvārimśī, catvā-rimśattamī**	**चत्वारिंशम्, चत्वारिंशत्तमम्** **catvāriṁśam, catvā-riṁśattamam**
पञ्चाशः, पञ्चाशत्तमः **pañcāśaḥ, pañcāśattamaḥ**	**पञ्चाशी, पञ्चाशत्तमी** **pañcāśī, pancāśattamī**	**पञ्चाशम्, पञ्चाशत्तमम्** **pañcāśam, pañcāśattamam**

शेष संख्याओं के साथ **'तमः, तमी, तमम्'** जोड़कर पूरणार्थक संख्याएँ बना लीजिए, जैसे – (Add **'tamaḥ, tamī, tamam'** with other numbers to make ordinal numbers, as) **षष्टितमः, षष्टितमी, षष्टितमम्** **(Ṣaṣṭitamaḥ, Ṣaṣṭitamī, Ṣaṣṭitamam).**